3781

Eine Arbeitsgemeinschaft der Verlage

Böhlau Verlag · Wien · Köln · Weimar
Verlag Barbara Budrich · Opladen · Toronto
facultas.wuv · Wien
Wilhelm Fink · München
A. Francke Verlag · Tübingen und Basel
Haupt Verlag · Bern · Stuttgart · Wien
Julius Klinkhardt Verlagsbuchhandlung · Bad Heilbrunn
Mohr Siebeck · Tübingen
Nomos Verlagsgesellschaft · Baden-Baden
Ernst Reinhardt Verlag · München · Basel
Ferdinand Schöningh · Paderborn · München · Wien · Zürich
Eugen Ulmer Verlag · Stuttgart
UVK Verlagsgesellschaft · Konstanz, mit UVK / Lucius · München
Vandenhoeck & Ruprecht · Göttingen · Bristol
vdf Hochschulverlag AG an der ETH Zürich

Studienkurs
Management in der Sozialwirtschaft

Herausgegeben von
Prof. Dr. Armin Wöhrle

Helmut Kreidenweis

Lehrbuch
Sozialinformatik

2. Auflage

Nomos

Die Deutsche Nationalbibliothek verzeichnet diese Publikation in
der Deutschen Nationalbibliografie; detaillierte bibliografische
Daten sind im Internet über http://dnb.d-nb.de abrufbar.

ISBN 978-3-8252-3781-3 (UTB)

2. Auflage 2012

Vorwort

Was nicht lange vor der Jahrtausendwende noch wie Science Fiction anmutete oder emotionsgeladen abgelehnt wurde, ist heute längst Alltag: Pflegekräfte erfassen per Smartphone ihre Einsätze, Sozialarbeiter planen ihre Leistungen am PC und Führungskräfte sehen per Fingertipp am Tablet-Computer Auslastungs- oder Abbruchquoten von Hilfen. – Ist damit das Thema Informationstechnologie (IT) in sozialen Organisationen also passé? – Nein, es beginnt nun erst richtig spannend zu werden. Denn nicht der Computer ist das eigentliche Thema, sondern die Funktion von IT-Anwendungen im Prozess der Erbringung sozialer Dienstleistungen. Im Mittelpunkt stehen die damit verbundenen Potenziale und Risiken. Genau an dieser Stelle setzt die noch junge Wissenschaftsdisziplin mit dem Namen Sozialinformatik an. Ziel dieses Lehrbuchs ist es, in ihren aktuellen Wissensbestand einzuführen. Seit seiner ersten Auflage sind acht Jahre vergangen. Nicht so sehr die Änderung in der schnelllebigen Welt der Technologien – sie werden hier eher abstrakt behandelt – als vielmehr der Erkenntniszuwachs in der Sozialinformatik ließ eine Neuauflage dieses Buches dringend notwendig erscheinen.

Als Wissenschaft befasst sich die Sozialinformatik gleichermaßen mit organisationalen Aspekten des IT-Einsatzes wie mit fachlichen Fragen der IT-Nutzung in der Sozialen Arbeit. Ebenso zu ihrem Gegenstandsbereich gehört das Management der IT-Ressourcen in sozialen Einrichtungen und Verbänden. Entsprechend breit ist ihre Wissensbasis. Nicht alle Themen können deshalb hier vertiefend behandelt werden. Dies gilt insbesondere für einzelne fachliche Ausprägungen der IT-Nutzung wie die Online-Beratung, IT-Anwendungssysteme in den unterschiedlichen Arbeitsfeldern oder für den Technik-Einsatz im direkten Klienten-Kontakt, etwa in der psychosozialen Diagnostik. Teils fehlt es hier auch noch an gesicherten Wissensbeständen für eine fundierte Darstellung. Weitgehend unberücksichtigt bleibt auch die Auseinandersetzung der Sozialen Arbeit mit den Phänomenen der gesellschaftlichen Technisierung. Im Mittelpunkt dieses Bandes steht vielmehr die IT als Werkzeug für soziale Organisationen und Fachkräfte der Sozialen Arbeit.

Zielgruppe des Buches sind Studierende der Sozialen Arbeit, des Sozial- und Pflegemanagements sowie Fach- und Führungskräfte sozialer Organisationen, die sozialinformatisches Basiswissen für ihre (künftige) Arbeit benötigen und dazu beitragen möchten, den Nutzwert der IT in sozialen Organisationen zu steigern.

Augsburg/Eichstätt im April 2012   Prof. Helmut Kreidenweis

Aus Gründen der Übersichtlichkeit und um einen besseren Lesefluss zu ermöglichen, wird in diesem Buch auf die gleichzeitige Verwendung der weiblichen und der männlichen Form verzichtet. Wenn sinnvoll und möglich, wurden geschlechtsneutrale Formulierungen genutzt, ansonsten ist mit der männlichen Form immer auch die weibliche mit gemeint.

Inhaltsverzeichnis

Abbildungsverzeichnis 11

Weiterführende Grundlagenliteratur 17

1   Einführung in die Sozialinformatik 19
    1.1   Geschichte und Begriffsdefinition 19
    1.2   Gegenstand 21
    1.3   Wozu Sozialinformatik? 24
    1.4   Bezugspunkte der Sozialinformatik 25
    1.5   Theorieentwicklung und Methoden 28
    1.6   Forschung und Lehre 33
    1.7   Internationale Aspekte 34

2   Grundlagen der Informatik 37
    2.1   Informatik als Wissenschaft und Praxis 37
          2.1.1   Begriff, Gegenstand und Geschichte 37
          2.1.2   Disziplinen der Informatik 37
    2.2   Grundlagen der Informationsverarbeitung in
          Computern 38
          2.2.1   Daten und ihre Codierung 39
          2.2.2   Algorithmen und Programme 45
          2.2.3   Schichtenmodell 48
    2.3   Computer- und Netzwerk-Architekturen 49
          2.3.1   Computer 49
          2.3.2   Netzwerke 52
          2.3.3   Internet und Intranet 56
    2.4   Datenbank- und Software-Architekturen 57
          2.4.1   Aufbau und Klassifizierung von Datenbanken .. 57
          2.4.2   Softwarearchitektur-Konzepte 60
    2.5   Visionen und Grenzen der Informatik 64

3   Informationstechnologie in sozialen Organisationen 67
    3.1   Entwicklungslinien 67
    3.2   IT-Einsatz in sozialen Organisationen heute 71
          3.2.1   Betriebssysteme und Standardsoftware 72
          3.2.2   Betriebswirtschaftliche Software 75
          3.2.3   Software für die Personalwirtschaft 76
          3.2.4   Branchenspezifische Software 77
    3.3   Zukunftstrends 80
          3.3.1   Offenheit und Prozessorientierung 81

3.3.2 Customizing und Software-Integration 82
3.3.3 Cloud Computing 86
3.3.4 Mobile Computing 88
3.3.5 Ambient Assisted Living 89
3.4 Chancen und Risiken 90
Mögliche Chancen 91
Mögliche Risiken 92

4 IT-Nutzung in der Sozialen Arbeit 95

4.1 Soziale Arbeit als personenbezogene Dienstleistung 95
4.2 Standardisierungsdilemma 96
4.3 Formen der IT-Nutzung 99
4.3.1 Software zur Planung und Dokumentation von
Hilfen 100
4.3.2 Soziale Beratung im Internet 104
4.3.3 Internetgestützte Informationssysteme 107
4.4 Zukunftstrends 109

5 Informations- und Geschäftsprozessmanagement 113

5.1 Daten, Information und Wissen 113
5.2 Informationen und Prozesse 114
5.3 Information als Produktionsfaktor in sozialen
Organisationen 118
5.4 Informationsverarbeitung als Prozess 121
5.4.1 Analyse und Verbesserung von
Geschäftsprozessen 125
5.4.2 Analyse und Verbesserung der
Informationsversorgung 138
5.5 IT-Anwendungen für das Informationsmanagement 143
5.5.1 Intranets und Unternehmensportale 144
5.5.2 Dokumentenmanagement-Systeme 144
5.5.3 Bürokommunikationssysteme 145
5.5.4 Business Intelligence (BI) 146

6 IT-Management in sozialen Organisationen 149

6.1 Entwicklungsstufen des IT-Managements 150
6.2 IT-Strategie-Entwicklung 152
6.3 IT-Organisation 156
6.4 IT-Projektmanagement 160
6.5 Systemauswahl 167
6.5.1 Gestaltung und Ablauf 169

6.5.2 Pflichtenheft 171
6.5.3 Marktanalyse, Vorauswahl und
       Ausschreibung 179
6.5.4 Angebotsanalyse 181
6.5.5 Wirtschaftlichkeitsprüfung und
       Auswahlentscheidung 182
6.6 System-Einführung 186
6.6.1 Projektplanung 188
6.6.2 Software-Administration und Customizing 191
6.6.3 Mitarbeiter-Qualifikation 194
6.6.4 Datenerfassung, Testbetrieb, Rollout und
       Abnahme 196
6.7 IT-Servicemanagement 198
6.7.1 ITIL-Modell 199
6.7.2 ITIL in der Sozialwirtschaft 200
6.7.3 Ausgewählte ITIL-Prozesse für soziale
       Organisationen 202

7 Datenschutz und IT-Sicherheit 209
7.1 Datenschutz-Recht 211
7.1.1 Schutzwürdigkeit persönlicher Daten 214
7.1.2 Grundlegende gesetzliche Erfordernisse 215
7.2 IT-Sicherheit 222
7.2.1 Gefahren für Computersysteme und Daten 222
7.2.2 Organisatorische Verankerung 223
7.2.3 Konzeptionelle Grundlagen 224
7.2.4 Erstellung eines IT-Sicherheitskonzeptes 226

8 Anhang 231
8.1 Internet-Quellen 231
8.2 Lösung der Arbeitsaufgaben 233

Zum Verfasser 243

Abbildungsverzeichnis

Abbildung 1:   Dimensionen der Sozialinformatik   22
Abbildung 2:   Disziplinäre Verortung der Sozialinformatik   27
Abbildung 3:   Das TOM-Modell proklamiert eine
               gegenseitige Anpassung von Technik,
               Organisation und Mensch   31
Abbildung 4:   Das TOMP-Modell mit der Dimension des
               Handelns in Form von Prozessen und Aufgaben   31
Abbildung 5:   Äquivalente Begriffe aus Lebenswelt und
               Informatik   39
Abbildung 6:   Zeichenmengen verschiedener Alfabete   40
Abbildung 7:   Codetabelle zur Umwandlung des Binärcodes
               in den Dezimalcode   40
Abbildung 8:   Digitalisierung eines Bildes   41
Abbildung 9:   Länge von Maschinenworten in verschiedenen
               Computergenerationen   42
Abbildung 10: Beispiel einer Speicherzelle mit Text und
               Zahlen als Inhalt   43
Abbildung 11: Gatterschaltungen mit Transistoren   44
Abbildung 12: Elemente und Beispiele von Algorithmen   46
Abbildung 13: Schichten der Entwicklung und Formen der
               Übersetzung von Computerprogrammen   47
Abbildung 14: Das Schichtenmodell der Informatik   48
Abbildung 15: Grundelemente gängiger Computer-Systeme   50
Abbildung 16: Kleines lokales Netzwerk, beispielsweise für
               eine Beratungsstelle   52
Abbildung 17: Beispielkonfiguration eines größeren lokalen
               Netzes mit Terminal-Server-Architektur   54
Abbildung 18: Beispiel einer Datenbank-Tabelle mit
               Adressaten-Informationen   58
Abbildung 19: Verknüpfung zweier Datenbank-Tabellen   59
Abbildung 20: Anwender-Software mit Arbeitsgruppen- und
               Client-Server-Datenbank in einem klassischen
               lokalen Netzwerk (LAN)   60
Abbildung 21: Beispiel einer Kombination der Terminal-
               Server- mit der Client-Server-Architektur   62

Abbildung 22: Beispiel einer Web-Architektur in einem lokalen Netzwerk mit Anbindung von Außenstellen oder Heimarbeitsplätzen 63

Abbildung 23: Bildschirm-Maske eines weit verbreiteten DOS-Programms zur Heimverwaltung der C&S GmbH aus dem Jahr 1992 67

Abbildung 24: Erste Phase mit IT-Einsatz in der Verwaltung 68

Abbildung 25: Zweite Phase mit ersten Anwendungen für Leitung und fachliche Arbeit 69

Abbildung 26: Dritte Phase mit Anwendungen für die zentralen Funktionsbereiche sozialer Organisationen 70

Abbildung 27: Typisches Anwendungssoftware-Portfolio mittlerer bis großer sozialer Organisationen 72

Abbildung 28: Pinguin Tux – Maskottchen des Open Source Betriebssystems Linux 73

Abbildung 29: Vor- und Nachteile von Linux 74

Abbildung 30: Buchungsmaske aus dem branchenunabhängigen Programm Lexware Buchhalter für kleinere Unternehmen 76

Abbildung 31: Eingabe-Maske mit Daten für die Lohn- und Gehaltsabrechnung in der Software KIDICAP der GIP mbH 77

Abbildung 32: Bildschirm-Maske für die Verwaltung von Aufnahmen in eine Jugendhilfe-Einrichtung aus dem Programm QM-Center der Daarwin Beratungsgesellschaft mbH 79

Abbildung 33: Dienstplanungsmaske aus der Software Vivendi PEP der Connext GmbH 80

Abbildung 34: Ideal-Konfiguration eines ERP-Systems am Beispiel einer großen Sozialeinrichtung 84

Abbildung 35: Beispielhafte Darstellung der ERP-Realität in einer großen Sozialeinrichtung 85

Abbildung 36: Beispielkonfiguration einer künftig möglichen Serviceorientierten Architektur in einer sozialen Organisation 86

Abbildung 37: Mobile Smartphone-Lösung zur Erfassung von Daten in der ambulanten Pflege der Firma Connext GmbH 89

Abbildung 38: Formen der Abbildung von Realität und Grade der Abstrahierung in der Sozialen Arbeit 98

Abbildung 39: Matrix möglicher IT-Nutzungsformen in der Sozialen Arbeit 100

Abbildung 40: Startseite des Online-Beratungsdienstes kids-hotline 105

Abbildung 41: Startseite des Fachkräfte-Portals socialnet.de 108

Abbildung 42: Startseite des Intranet-Portals carinet.de 109

Abbildung 43: Beispiele für kontext- und bedeutungslose Daten 113

Abbildung 44: Durch Kontext-Bezug werden aus Daten Informationen 114

Abbildung 45: Daten, Informationen und Wissen bauen häufig aufeinander auf 114

Abbildung 46: Beispiele für Management-, Kern- und Unterstützungsprozesse in sozialen Organisationen 117

Abbildung 47: Informationen in der Sozialwirtschaft und ihre unternehmerische Bedeutung 120

Abbildung 48: Beispiel-Organigramm einer sozialen Organisation 121

Abbildung 49: Beispiel-Organigramm einer sozialen Organisation mit integriertem Arbeitsprozess 122

Abbildung 50: Das „magische Dreieck" des Geschäftsprozessmanagements mit den jeweiligen Zielkonflikten 124

Abbildung 51: Beispielhafte Darstellung der Detaillierungs-grade bei der Betrachtung von Geschäftsprozessen 126

Abbildung 52: Symbol-Bibliothek zur Modellierung von Geschäftsprozessen 128

Abbildung 53: Beispiel einer Prozessmodellierung in Form eines einfachen Flussdiagramms 129

Abbildung 54: Schwimmbahn-Diagramm mit einem Beispiel-Prozess im Ist-Zustand aus dem Bereich der Frühförderung 131

Abbildung 55: Beispiel eines Schwimmbahn-Diagramms mit Zusatzspalten für Medien, Bearbeitungszeiten und Schwachstellen im Prozess. 133

Abbildung 56: Prozessbezogene Lösungsansätze nach Krcmar   135

Abbildung 57: Neuorganisation des Geschäftsprozesses aus
               Abbildung 54   137

Abbildung 58: Übereinstimmung bzw. Diskrepanz von Bedarf,
               Nachfrage und Angebot von Information im
               Unternehmen   139

Abbildung 59: Tabelle zur Analyse und Verbesserung der
               Informationsversorgung   141

Abbildung 60: Bildschirm-Maske aus einem
               Dokumentenmanagement-System   145

Abbildung 61: Beispiel-Bildschirm aus einer BI- und
               Controlling-Software   146

Abbildung 62: Entwicklung des Selbstverständnisses des IT-
               Managements   150

Abbildung 63: Entwicklungsstufen des IT-Managements in
               sozialen Organisationen   151

Abbildung 64: Beispiel einer qualitativen Schwachstellen-
               Analyse im Rahmen der IT-Strategie-
               Entwicklung   155

Abbildung 65: Prozess der Formulierung einer IT-Strategie mit
               Zieloptionen und Zieldimensionen   155

Abbildung 66: Modelle der Verankerung des IT-Bereichs in
               der Organisationsstruktur   158

Abbildung 67: Beispiele einer zentralen und einer zentral-
               dezentral gemischten IT-Organisation   159

Abbildung 68: IT-Projektmanagement als taktische Ebene
               zwischen strategischer und operativer Ebene
               des IT-Managements   162

Abbildung 69: Der Ablauf von Projekten gliedert sich in
               verschiedene Schritte   162

Abbildung 70: Beispiel einer Projektorganisation für ein IT-
               Projekt   163

Abbildung 71: Gliederung von Projekten in Teilprojekte und
               Arbeitspakete   165

Abbildung 72: Beispiel-Projektplan für kleinere Projekte mit
               einem überschaubaren Aufgabenspektrum   166

Abbildung 73: Dimensionen fachspezifischer Software-
               Systeme, die beim Auswahlprozess
               berücksichtigt werden müssen   168

Abbildung 74: Schritte des umfassenden und des vereinfachten
               Auswahlprozesses   170
Abbildung 75: Raster für die tabellarische Anforderungs-
               definition mit Spalten für die Antworten der
               Anbieter   176
Abbildung 76: Beispiele für unpräzise und präzise
               Anforderungsformulierungen   177
Abbildung 77: Systematik für die Priorisierung von
               Anforderungen   178
Abbildung 78: Werteskala für die Erfüllung von
               Anforderungen durch die Anbieter   178
Abbildung 79: Beispiel für ein Vorauswahl-Raster zum
               Ausschreibungsverfahren   180
Abbildung 80: Kalkulationsraster zur Gegenüberstellung der
               Software-, Service- und Implementationskosten 184
Abbildung 81: Beispiel einer gewichteten Synopse aller
               Ergebnisse des Auswahlverfahrens   185
Abbildung 82: Phasen eines IT-Einführungsprozesses   187
Abbildung 83: Beispiel-Projektplan für einen Software-
               Einführungsprozess, erstellt mit einem
               Tabellenkalkulationsprogramm   188
Abbildung 84: IT-Einführungs- und Migrationsstrategien   189
Abbildung 85: Beispiel-Raster zur Planung von Fachsoftware-
               Schulungen   195
Abbildung 86: Die ITIL-Prozesse im Überblick   200
Abbildung 87: Mögliche Nutzungsformen von ITIL in der
               Sozialwirtschaft   201
Abbildung 88: Das ITIL-Modell im Kontext eines sozialen
               Unternehmens   201
Abbildung 89: Beispiel einer Prozessdokumentation zur
               Störungsbehandlung in einer sozialen
               Organisation   203
Abbildung 90: Beispiel einer folgenschweren
               Datenschutzpanne   209
Abbildung 91: Verhältnis von gesetzlichem Datenschutz und
               technischer IT-Sicherheit   210
Abbildung 92: Gesetzliche Datenschutznormen und ihre
               Geltungsbereiche   212

Abbildung 93: Schritte zur Erstellung und Revision eines IT-
               Sicherheitskonzeptes   227
Abbildung 94: Vertraulichkeits- und Verfügbarkeitsstufen mit
               Beispielen für soziale Organisationen   228

Weiterführende Grundlagenliteratur

Rechenberg, Peter 2000: Was ist Informatik? Eine allgemeinverständliche Einführung. 3. Auflage, München, Wien

Das Buch erklärt die in Kapitel 2 dargestellten Zusammenhänge ausführlich und auf anschauliche Weise. Auch Nicht-Informatikern vermittelt es die Denk- und Arbeitsweise der Informatik und geht praxisnah auf wichtige Bereiche ein, ohne sich dabei in technischen Details zu verlieren.

Krcmar, Helmut 2010: Einführung in das Informationsmanagement. Berlin, Heidelberg

Das auf wirtschaftsinformatischem Hintergrund entwickelte Lehrbuch stellt die Verbindung zwischen dem praktischen IT-Einsatz und komplexem betrieblichem Geschehen her. Es beschreibt Konzepte, Aufgaben und Methoden des Informationsmanagements und gibt Ausblicke in Richtung serviceorientierte IT-Architekturen und Cloud Computing.

Kreidenweis, Helmut 2011: IT-Handbuch für die Sozialwirtschaft. Baden-Baden

Das für IT-Verantwortliche in sozialen Organisationen konzipierte Buch vertieft das Wissen aus diesem Lehrbuch und vermittelt konkretes Praxis-Know-how für die Gestaltung aller technischen und organisatorischen Aspekte eines IT-Managements in sozialen Organisationen.

Wendt, Wolf Rainer (Hrsg.) 2000: Sozialinformatik: Stand und Perspektiven. Baden Baden

Diese erste in Buchform erschienene Annäherung an die Sozialinformatik liefert unter Rückgriff auf Soziale Arbeit, Sozialwirtschaft und andere Fachinformatiken eine Definition des Begriffs und Gegenstandes. Es benennt Handlungsfelder der Sozialinformatik und zeigt Aspekte der Praxis in der Anwendung von Internet, Fachsoftware und neue Medien.

1 Einführung in die Sozialinformatik

1.1 Geschichte und Begriffsdefinition

In sozialen Organisationen werden Computer und fachspezifische Anwendungsprogramme bereits seit Anfang der 80er Jahre des vorigen Jahrhunderts eingesetzt. Zu dieser Zeit war meist von **EDV in der Sozialarbeit** (etwa Frommann 1987) die Rede. Der Begriff **Sozialinformatik** tauchte erstmals in der zweiten Hälfte der 90er Jahre auf (Mehlich 1996, S. 180; Halfar 1997, S. 113). Publikationen zum Einsatz von EDV bzw. Informationstechnologien (IT) in den unterschiedlichen Handlungsfeldern der Sozialen Arbeit können bis Mitte der 80er Jahre zurückverfolgt werden, doch es handelte sich meist um Einzelbeiträge in Fachzeitschriften und Sammelbänden, die keinen disziplinären Diskurs erkennen lassen. Dieser begann sich erstmals um die Jahrtausendwende zu formen und beschäftigte sich mit der Gegenstandsbestimmung der neuen Disziplin und ihrer Verortung im Wissenschaftssystem.

Einig sind sich die Fachvertreter bislang weitgehend darin, dass die Soziale Arbeit den primären Bezugspunkt der Sozialinformatik in Praxis, Lehre und Forschung bildet (vgl. Halfar 1997; Kirchlechner 2000; Ostermann//Trube 2002; Ley 2004). Unterschiedlich sind hingegen die Auffassungen darüber, was das Spektrum der Sozialinformatik umfasst. So wird etwa kontrovers diskutiert, ob sich die Sozialinformatik auf die fachlich-methodischen Handlungsvollzüge der Sozialen Arbeit beschränkt (Ley 2004) oder ob sie darüber hinaus auch die sozialen Organisationen mit ihren administrativen und steuernden Funktionen sowie organisationsübergreifende sozialwirtschaftliche Kontexte mit in den Blick nimmt (vgl. Kreidenweis 2008).

Bezugspunkt Soziale Arbeit

Eine erste ausführliche Definition lieferte Wendt im Jahr 2000 (S. 20):

Definition

„Die Sozialinformatik hat Informations- und Kommunikationssysteme in der Sozialwirtschaft und der Sozialen Arbeit zum Gegenstand. Sie befasst sich mit der systematischen Verarbeitung von Informationen im Sozialwesen in ihrer technischen Konzipierung, Ausführung und Evaluation, und sie geht damit verbunden den Bedingungen, Wirkungen und sozialen Begleiterscheinungen des Technologieeinsatzes nach. Kurz: Die Sozialinformatik nimmt fachliche Verantwortung für den Produktionsfaktor Information im System sozialer Dienstleistungen und ihrem Umfeld wahr."

Sehen wir uns einige wichtige Bestandteile dieser Definition näher an: Was sind **„Informations- und Kommunikationssysteme in der Sozialwirtschaft und der Sozialen Arbeit"**?

Fachspezifische IT-Anwendung

Darunter werden in der Regel digitale elektronische Geräte und die zugehörige Software verstanden. Dazu zählen heute stationäre und mobile Computer aller Art sowie Anwendungsprogramme wie Textverarbeitung, Kalkulation, E-Mail, Web-Anwendungen usw. Ein spezieller Blick gilt dabei den **fach- oder branchenspezifischen Anwendungen**, also Programmen, die speziell für die Soziale Arbeit und Sozialwirtschaft entwickelt wurden. Dies ist etwa Software für die Planung und Dokumentation von Hilfen, für die Abrechnung von Pflegeleistungen, für das betriebliche Controlling oder webgestützte Auskunftssysteme zu den Sozialen Diensten einer Region.

Technik, Mensch und soziales System

Die Definition von Wendt beschränkt sich jedoch nicht auf die technische Ebene: „Sie (die Sozialinformatik) **befasst sich mit der systematischen Verarbeitung von Informationen im Sozialwesen...**" Damit lehnt sich der Autor an die europäische Tradition der Informatik an. Im Gegensatz zur amerikanischen „computer science" umfasst diese – zumindest vom Anspruch her – nicht nur die Technik, sondern den Gesamtprozess der Informationsverarbeitung, an dem auch menschliche Akteure und soziale Systeme beteiligt sind (vgl. Coy 1992 a). Die Informatik und die Organisationssoziologie bezeichnen diese Gesamtheit als **sozio-technisches System**.

Handlungsebene

Als Handlungsaspekte nennt Wendt die **„technische Konzipierung, Ausführung und Evaluation"**. Mit der **technischen Konzipierung** ist in erster Linie die konzeptionelle Entwicklung und fachlich-inhaltlichen Ausgestaltung der Anwendungsprogramme gemeint. Dazu gehört auch die Programmierung, sie kann als technischer Vollzug und Ausdifferenzierung der konzeptionellen Entwicklung begriffen werden. Die **Ausführung** beinhaltet die eigentliche Anwendung der Software und ihre Einbettung in die Arbeitsprozesse der Organisationen. Dies betrifft den gesamten Lebenszyklus der Programme von der Auswahl und Einführung über die routinemäßige Nutzung und Wartung bis zu ihrer Ablösung. Die **Evaluation** schließlich umfasst die sozialwissenschaftliche Analyse von Wirkungen des IT-Einsatzes in sozialen Dienstleistungssystemen. Sie umfasst aber auch Aspekte wie das Identifizieren von Bedingungen oder Faktoren, die einen Einsatz von Informationssystemen sinnvoll und nutzbringend erscheinen lassen.

Sozialwissenschaftliche Reflexion

Neben dieser eher handlungsorientierten „Werkzeug-Perspektive" eines verbesserten Informationsmanagements betont Wendt (2000, S. 8 f.) den **reflexiven Aspekt** der Sozialinformatik, der „Wissen um die

Technologie moderner Kommunikation in ihren Auswirkungen, Chancen und Risiken umfasst und darin den Werkzeugeinsatz thematisiert." Anknüpfend an kritisch-reflektierende Denktraditionen der Sozialwissenschaften geht es hier um den Blick auf die Wirkungen des eigenen Tuns im fachlichen, organisatorischen aber auch im gesellschaftlichen Kontext. Noch weiter gefasst thematisiert die Sozialinformatik nach Wendt auch die **sozialverträgliche Gestaltung von Technik**, also den „verantwortlichen Einsatz der Informationstechnologie" (2000, S. 15) im sozialen Leben der Menschen von heute und morgen. Dazu gehört etwa die Spaltung der Gesellschaft in „information rich" und „information poor" und die Frage der **Teilhabe** sozial benachteiligter Menschen an der Informationsgesellschaft.

1.2 Gegenstand

Die Sozialinformatik tritt dort auf den Plan, wo sich soziale Organisationen oder Professionelle sozialer Berufe informationstechnologischer Mittel bedienen. Ebenso dort, wo Soziale Arbeit in der Lebenswelt ihrer Adressaten mit Informationstechnologien und deren sozialen Auswirkungen konfrontiert wird. Diese beiden Aspekte sind insofern miteinander verknüpft, als sich der Handlungsauftrag sozialer Dienstleistungsagenturen per se auf die Lebenswelt ihrer Adressaten bezieht (vgl. Wendt, 2000 S. 21).

Aus dieser Überlegung heraus ergeben sich folgende Dimensionen der Sozialinformatik:

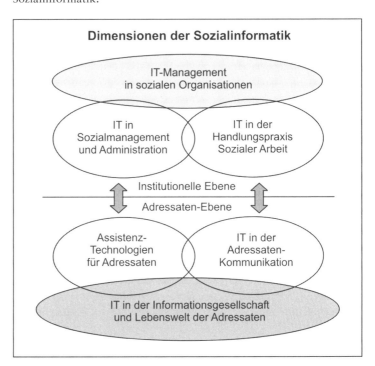

Abbildung 1: Dimensionen der Sozialinformatik

Institutionelle und Adressaten-Ebene

Grundsätzlich kann zwischen der institutionellen Ebene und der Adressaten-Ebene unterschieden werden: **Institutionell** geht es darum, die Aufgaben der Organisationen sinnvoll mit Technik zu unterstützen. Dabei kann es sich sowohl um Management- und Verwaltungsprozesse wie um fachliche Prozesse handeln, die getrennt von der „eigentlichen" Adressaten-Arbeit ablaufen. Ebenso auf dieser Ebene angesiedelt ist das IT-Management, das dafür sorgt, dass die IT-Systeme den Anforderungen entsprechend verfügbar sind und sicher betrieben werden. Auf der **Adressaten-Ebene** wird IT im unmittelbaren Kontakt eingesetzt. Hier dient sie als Medium der Kommunikation und Information oder zur Produktion „hybrider Dienstleistungen", also einer Mischung aus menschlicher und technischer Komponenten in der Sozialen Arbeit, etwa im Bereich der Assistenz-Technologien.

Beispiele für Anwendungsformen

Beispielhaft können für die oben genannten Dimensionen folgende Anwendungsformen und Ausprägungen genannt werden:

– IT-Management in sozialen Organisationen:
  IT-Strategie-Entwicklung, Einführung neuer Systeme, Betrieb und
  Service für laufende IT-Systeme, Organisation der Anwender-Un-
  terstützung, Gewährleistung der IT-Sicherheit.

– IT in Sozialmanagement und Administration:
  Nutzung von Standard- und Fachsoftware für Statistik, Control-
  ling, Qualitätssicherung, Planung und Steuerung. Einsatz von
  Fachsoftware für die Stammdatenverwaltung von Adressaten und
  Mitarbeitern, zur Erfassung und Abrechnung von Leistungen oder
  für die Dienstplanung.

– IT in der Handlungspraxis Sozialer Arbeit:
  Anwendung von Standard- und Fachsoftware für Hilfeplanung,
  Beantragung von Hilfen und Berichterstattung an Kostenträger,
  Falldokumentation und Aktenführung. Nutzung von Auskunfts-
  systemen mit juristischen Informationen, sozialen Dienstleistungs-
  angeboten oder Fachinformationen.

– IT-gestützte Adressaten-Kommunikation:
  Nutzung von Online-Medien (Web, E-Mail, Social Media usw.) für
  Online-Beratung, Selbsthilfe-Förderung, Partizipation und bürger-
  schaftliches Engagement im Gemeinwesen etc.

– Assistenz-Technologien für Adressaten:
  Mikroelektronisch gesteuerte Produkte und damit verbundene
  Dienstleistungen wie Video-Kommunikation, Sturzmeldesysteme,
  Tele-Überwachung von Vitalwerten, elektronische Haushaltshilfen
  u.v.m. Sie dienen der Aufrechterhaltung selbständigen Wohnens im
  Alter oder zur Unterstützung eigenständiger Wohnformen von
  Menschen mit Behinderungen.

– IT in der Informationsgesellschaft und Lebenswelt der Adressaten:
  Reflexion des Zusammenhangs von technologischer Entwicklung,
  Informations- und Wissensgesellschaft sowie daraus resultierender
  gesellschaftlicher Problemlagen und Aufgabenstellungen. Hand-
  lungskonzepte Sozialer Arbeit zur Teilhabe benachteiligter Menschen an der Informationsgesellschaft.

Darüber hinaus hat Soziale Arbeit auch in anderen Zusammenhängen   Weitere IT-Kontexte Sozialer
Berührungspunkte mit Informationstechnologien. So etwa in der pä-   Arbeit
dagogischen Arbeit mit Adressaten in Feldern wie Jugendarbeit, Behindertenhilfe oder Seniorenarbeit zur Entwicklung und Stärkung von
Medienkompetenz. Dieses Feld wird bereits seit geraumer Zeit von der
Medienpädagogik bestellt, die einen eigenen fachlichen Diskurs entwickelt hat (vgl. beispielhaft Vollbrecht 2001; Moser 2006). Die Medienpädagogik soll deshalb hier nicht unter dem Begriff der Sozialin-

formatik subsumiert werden. Gleiches gilt für Fragen der IT-Qualifizierung von Adressaten, etwa in der Jugendberufshilfe oder der beruflichen Rehabilitation, die im Rahmen der **Mediendidaktik** diskutiert werden.

1.3 Wozu Sozialinformatik?

Wozu, so könnte man fragen, wird die Sozialinformatik als neue Fachdisziplin gebraucht, wenn die Computer- und Software-Nutzung in sozialen Organisationen und in der fachlichen Praxis doch längst zur Routine geworden ist? Die Antwort auf diese Frage besteht aus zwei Aspekten: einem grundsätzlich-theoretischen und einem handlungspraktischen.

Technologie verändert Wirklichkeit

Komplexe Technologien verhalten sich nicht neutral im Sinne eines reinen Werkzeugs, also etwa eines Schreibgerätes wie Bleistift oder Schreibmaschine. Sie beeinflussen immer die sozialen Systeme, in denen sie eingesetzt werden und werden umgekehrt wiederum von diesen Systemen adaptiert und beeinflusst. Der Medienkritiker Neil Postman bemerkt dazu: „Der Computer ist nicht nur ein neues Medium im Sinn eines neutralen Informationsträgers, er ist ein ´Wirklichkeitsmacher´, der Bilder und Symbole der Wirklichkeit schafft und verändert." Aus heutiger Sicht kann ergänzt werden, dass Computersysteme nicht nur Bilder und Symbole der Wirklichkeit verändern, sondern auch die Wirklichkeit selbst. So können etwa Ereignisse wie Börsencrashs mit gravierenden wirtschaftlichen Folgen in Sekundenbruchteilen durch Serien automatisierter Verkaufsbefehle in elektronischen Handelssystemen ausgelöst werden. Ein anderes Beispiel sind Social Media Anwendungen, die nachhaltig Kommunikations- und Verhaltensmuster Jugendlicher beeinflussen.

Im Bereich der Sozialen Arbeit kann Wirklichkeit beispielsweise dadurch beeinflusst werden, dass Dokumentationsprogramme sich auf die Abbildung bestimmter Ausschnitte der Realität fokussieren: alles was codierbar, also in Buchstaben oder – noch „besser" – in Zahlen und Verlaufsgrafiken ausgedrückt werden kann. Nimmt diese Technik in der Arbeitsumgebung der Praktiker einen zentralen Stellenwert ein, so werden die digitalisierbaren Anteile der Wirklichkeit stärker in den Vordergrund gerückt (vgl. auch Ley 2010). Für andere, etwa Ganzheitlichkeit beanspruchenden Formen des „Fallverstehens" oder bei emotional geprägten Wahrnehmungsaspekten, besteht dabei die Gefahr, dass sie im Prozess der Entwicklung von Deutungs- und Handlungsmustern in den Hintergrund gedrängt werden.

Die Soziale Arbeit ist in ihren praktischen Handlungsvollzügen oft mit vielfältigen Facetten und Problemlagen in komplexen Lebenswelten konfrontiert. Daher gehört es zu den Aufgaben der Sozialinformatik, den Einfluss der IT-Anwendung auf Wahrnehmung und Abbildung der Wirklichkeit und die daraus resultierende fachliche Arbeit unter dem Einsatz von IT-Systemen in den Blick zu nehmen. Gleiches gilt für das Geschehen innerhalb sozialer Organisationen sowie im Gemeinwesen, wenn Informations- und Kommunikationsprozesse auf digitale Medien transferiert und dadurch bewusst oder unbewusst umgestaltet werden. Bislang gibt es jedoch erst wenige Studien, die Zusammenhänge dieser Art empirisch untersuchen (vgl. Abschnitt 1.6).

Auf der **handlungspraktischen Ebene** geht es vor allem darum, die Informationstechnologie und ihre Nutzung so zu gestalten, dass sie die Prozesse der Erbringung sozialer Dienstleistungen möglichst effektiv unterstützt. Damit soll sie zur **Wertschöpfung** sozialer Organisationen und zu einem optimalen „Outcome" für die Adressanten beitragen. Dies betrifft alle der in Abschnitt 1.2 genannten Dimensionen der Sozialinformatik, je nach Art und Größe der Organisationen und ihrer fachlichen Ausrichtung in unterschiedlicher Weise.

Wertschöpfender Technik-Einsatz

Aufgabe sozialinformatischer Forschung ist es hier beispielsweise, organisationale und softwaretechnische Konfigurationen zu ermitteln, die den bestmöglichen Wertschöpfungsbeitrag leisten.

1.4 Bezugspunkte der Sozialinformatik

Blickt man in andere Branchen und Professionen, so haben sich dort oft schon lange vor der Sozialinformatik spezielle Fachinformatiken etabliert. Zu ihnen gehören beispielsweise die Wirtschafts-, die Rechts-, oder die Medizinische Informatik. Zumeist haben sie sich bereits als eigenständige Disziplinen mit Lehrstühlen, Forschungsprogrammen, Ausbildungsgängen und einer „scientific community" etabliert.

Eingangs wurde bereits erwähnt, dass die Sozialinformatik bislang von den meisten Autoren primär der Sozialen Arbeit zugeordnet wird. Die im vorigen Abschnitt genannten Dimensionen der Sozialinformatik lassen zugleich erkennen, dass ihre Fragestellungen und Aufgaben vielfach **interdisziplinären Charakter** haben. Daher stellt sich die Frage, auf welche disziplinären Bezugspunkte sich die Sozialinformatik bezieht, wie sich diese zueinander verhalten und wie dieses Verhältnis begründet werden kann.

Die Informatik steht als Lehre der formal-logischen Algorithmen und daraus abgeleiteter Programmiersprachen und Systemarchitekturen in

Gegenstandsbereich der Informatik

einer ingenieurwissenschaftlich-mathematischen Tradition (vgl. etwa Rechenberg 2000). Auch wenn es in der disziplinären Informatik Ansätze zu einer Reflexion des eigenen Tuns in Bezug auf die Gesellschaft gibt (vgl. z.B. Coy 1992 b), erscheint sie als primärer Bezugsrahmen für die Sozialinformatik ungeeignet. Weder in der Theorie noch in ihrer Methodik kann sie die Spezifika sozialer Dienstleistungsproduktion oder die sozialwissenschaftliche Reflexivität adäquat erfassen. Gleiches gilt auch für die meisten anderen Fachinformatiken, die sich in der Regel rein instrumentell definieren und ihr methodisches Instrumentarium entsprechend ausrichten. So befasst sich etwa die Wirtschaftsinformatik "mit Informations- und Kommunikationssystemen (...) in Wirtschaft und Verwaltung. Ihr zentrales Ziel besteht in der Unterstützung betrieblicher Aufgaben" (Stein 2002, S. 9).

Bezugspunkte der Sozialinformatik
Primäre **Kristallisationspunkte der Sozialinformatik** sind daher Wissenschaft und Praxis der Sozialen Arbeit sowie des Managements und der Administration sozialer Organisationen. Aus ihnen bezieht die Sozialinformatik ihre Fragestellungen und in ihrem theoretischen und praktischen Bezugsrahmen versucht sie Antworten zu finden. Eine disziplinäre Trennung dieser Dimensionen erscheint wenig sinnvoll, da die Mehrzahl der modernen Anwendungssysteme für diesen Sektor sowohl fachliche als auch administrative und steuerungsrelevante Funktionalitäten beinhaltet. Auch in der Anwendungspraxis gehen diese Dimensionen fließend ineinander über und gemeinsam beeinflussen sie damit die Ausgestaltung der soziotechnischen Systeme (vgl. Abschnitt 1.5).

Ebenso spielen in der Sozialinformatik Erkenntnisse und Methoden der **Angewandten Informatik** sowie anderer **Fachinformatiken** eine wichtige Rolle. Dies etwa wenn es um die Analyse und programmtechnische Abbildung von Arbeitsabläufen, um die Entwicklung eines fachgerechten Anforderungsprofils an eine IT-Lösung oder um die nutzerfreundliche Gestaltung von Softwarefunktionen und Benutzeroberflächen geht.

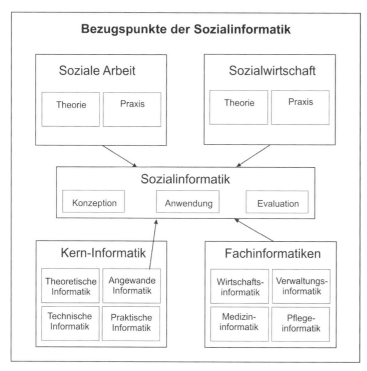

Abbildung 2: Disziplinäre Verortung der Sozialinformatik

Ähnlich definieren andere Fachinformatiken ihr Verhältnis zur Kern-Informatik. Bezogen auf die Forschungs- und Anwendungsinteressen des jeweiligen Fachgebietes werden dort die Möglichkeiten und Methoden der Informatik genutzt, um fachliche Fragestellungen effektiver, schneller oder qualitativ hochwertiger zu lösen.

Da Soziale Arbeit und Sozialmanagement vielfach Berührungspunkte zu anderen Handlungsfeldern wie Bildung, Medizin, Recht, Ökonomie oder öffentlicher Verwaltung aufweisen, sind Bezüge zu den Fachinformatiken dieser Felder naheliegend. So kann etwa bei Fragen der Betriebswirtschaft und Organisation von Arbeitsprozessen die **Wirtschaftsinformatik** ihre Analyse- und Gestaltungswerkzeuge bereitstellen. Beim IT-Einsatz in kommunalen Sozialdiensten kommen Erkenntnisse aus der **Verwaltungsinformatik** (vgl. etwa Mayer 2011) zum Tragen, die auch als Teilgebiet der Wirtschaftsinformatik betrachtet werden kann. Im Kontext der Hilfen für alte, kranke oder behinderte Menschen gibt es Bezüge zur **medizinischen Informatik** (vgl. etwa Lehmann 2005) sowie zum ebenfalls noch recht jungen Feld der **Pflege-Informatik**. Letztere zeigt sich derzeit stark von pragmatisch ausge-

Bezüge zu anderen
Fachinformatiken

richteten US-amerikanischen Entwicklungen getrieben, Ansätze zur Theorie- und Methodenentwicklung sind bislang kaum erkennbar (etwa Hannah//Ball/Edwards 2002). In der Forschung gibt es eine Reihe von Berührungspunkten mit der Sozialinformatik (vgl. Ammenwerth et al. 2002, Kreidenweis 2009).

Wendt (2000, S. 33), resümiert, dass die Sozialinformatik **keine fachlich abgeschlossene Domäne** besitzt und es auch nicht sinnvoll ist, danach zu streben. Sie soll sich „vielmehr ´vernetzen` mit den Forschungsaktivitäten und Diskursen anderer angewandter Informatiken". Bislang ist dies jedoch mehr Anspruch als Wirklichkeit, denn disziplinübergreifende Kontakte oder Projekte sind bislang eher schwach ausgeprägt.

1.5 Theorieentwicklung und Methoden

Wenn die Sozialinformatik, wie in Abschnitt 1.4 beschrieben, keinen in sich geschlossenen Gegenstandsbereich anstrebt, so gilt dies auch für ihre theoretische Fundierung: sie muss sich offen zeigen für Konzepte aus unterschiedlichen Wissenschaften, ein abgeschlossenes Theoriegebäude ist kein erstrebenswertes Ziel.

Unterschiedliche Theoriemodelle   Mit dieser Grundhaltung reiht sie sich ein in den Reigen anderer Fachinformatiken wie der Wirtschafts- oder Verwaltungsinformatik (vgl. Stein 2002). Sie ist zugleich Realwissenschaft, Formalwissenschaft und Sozialwissenschaft. Als **Realwissenschaft** analysiert und erklärt sie real existierende Systeme wie Computerprogramme oder Systemkonfigurationen. Als **Formalwissenschaft** nutzt sie die formalen Methoden der Informatik und als **Sozialwissenschaft** bezieht sie sich auf Fragestellungen aus der Sozialen Arbeit und dem Sozialmanagement und nutzt sozialwissenschaftliche Methoden der Erkenntnisgewinnung.

Ein ausgeprägter **Theorie- und Methodendiskurs** ist derzeit in der Sozialinformatik noch nicht erkennbar. Entsprechend ihres interdisziplinären Charakters greift sie sowohl auf sozialwissenschaftliche als auch auf informatische Ansätze zurück. Diese unterscheiden sich jedoch in vielerlei Bezügen. In der Informatik sind Theorie und Praxis enger verwoben, als in den Sozialwissenschaften, „theoretische Erkenntnisse sind schneller und direkter einsetzbar" (Gumm/Sommer 2011, S. 2). Sozialwissenschaftliche Theoriemodelle sind eher abstrakter Natur und häufig Gegenstand intensiver Diskussionen zwischen unterschiedlich ausgerichteten Schulen. Sie sind äußerst vielfältig und reichen von der Soziologie über die Psychologie und ihren jeweiligen Teilgebieten wie etwa der Organisationssoziologie oder der Kognitionspsychologie bis zu Ansätzen der Sozialarbeitswissenschaft, welche ebenfalls noch

zu keinem Konsens hinsichtlich ihrer Definition und ihres Gegen-
standsbereichs gefunden hat.

Methoden der **Angewandten Informatik** kommen vor allem für ana-   Informatische Methoden
lytische Zwecke zum Einsatz: Hier geht es etwa um die Erstellung von
Datenmodellen, mit deren Hilfe Fachsoftware entwickelt oder erweitert werden kann. Die **Wirtschaftsinformatik** steuert beispielsweise
Methoden des Geschäftsprozess-Managements bei, mit deren Hilfe
Abläufe in sozialen Organisationen modelliert und effektiver gestaltet
sowie besser mit IT unterstützt werden können. Ähnliches gilt für die
ebenfalls in der Wirtschaftsinformatik beheimateten Konzepte des IT-
Servicemanagements, die sich mit der Optimierung aller für den IT-
Betrieb einer Organisation notwendigen Tätigkeiten und Dienstleistungen beschäftigen.

In der sozialinformatischen Forschung, etwa zu Wirkungen der IT-   Sozialwissenschaftliche
Nutzung in der Praxis Sozialer Arbeit oder zur Ermittlung des Wert-   Methoden
schöpfungsbeitrags von IT in sozialen Organisationen steht das methodische Instrumentarium der **empirischen Sozialforschung** mit seinen quantitativen und qualitativen Methoden im Vordergrund. Auch
eine Kombination mit analytischen Methoden der Betriebswirtschaftslehre oder der Wirtschaftsinformatik ist möglich.

Inwieweit die Sozialinformatik in ihrer weiteren Entwicklung eigene
wissenschaftliche Methoden formt, wird die Zukunft zeigen. So könnte
es sich etwa als sinnvoll erweisen, spezifische Methoden zur Beurteilung der Qualität fachspezifischer IT-Lösungen zu schaffen. Dabei
könnten etwa Erkenntnisse aus der Angewandten Informatik zur Soft-
ware-Ergonomie einfließen und ebenso Wissensbestände aus der Ver-
waltungs- oder Medizininformatik zur Implementation von IT in komplexen Organisationsstrukturen.

Als **Beispiel** eines für die Sozialinformatik fruchtbaren Theorie-Ansat-   Sozio-technische Systeme
zes kann das auf der Systemtheorie basierende und in der Organisati-
onssoziologie rezipierte Modell **sozio-technischer Systeme** (vgl. etwa
Ropohl 2009) genannt werden. Es geht davon aus, dass IT-Systeme
ebenso wie Menschen oder Organisationen als Akteure begriffen werden können, die mit anderen Akteuren interagieren und sich gegenseitig beeinflussen. Die Technik wird dabei von den menschlichen Akteuren auf je spezifische Weise angeeignet oder verändert. Aneignung
reicht dabei über eine reine Nutzung im Sinne der Produzenten technischer Systeme hinaus: Datenfelder können beispielsweise ausgelassen
oder anders als ursprünglich vorgesehen verwendet werden. Oder um
eine Fachsoftware herum kann ein nicht geplantes System an Papier-
oder Office-Dokumente als Ergänzung oder Ersatz für Software-Funk-

tionen entstehen. Dabei spielen individuelle oder in kommunikativen Prozessen entstehende Deutungsmuster und Zuschreibungen eine wichtige Rolle. Gleichzeitig wird Software mit immer „intelligenteren" Algorithmen angereichert, die etwa aufgrund von Merkmalseingaben einen spezifischen Gefährdungsstatus für Kindeswohl oder Grad von Demenz ermitteln. „Damit fällt es aufgrund ihrer wechselseitigen Umformung und Übersetzung schwer, Phänomene als ´sozial´ oder ´technisch´ zu qualifizieren." (Ley 2010, S. 226). Sowohl die Technik als auch der Mensch und die Organisation sind also variable Größen in diesen Systemen.

Technik- und Sozial-Determinismus

Im Gegensatz zum Modell soziotechnischer Systeme geht die Theorie des **Technik-Determinismus** von einem einseitigen Anpassungsdruck seitens der IT aus, dem sich Menschen und Organisationen nicht entziehen können. Übertragen auf die Praxis Sozialer Arbeit würden danach etwa die in einer Fachsoftware grundgelegten Daten- und Ablaufstrukturen das bislang vorhandene analytische Wissen und methodische Handeln verdrängen. Die Praktiker würden also die Logik der Software adaptieren (vgl. Ley/Seelmeyer 2008).

Ebenso widerspricht das soziotechnische Modell dem **Sozial-Determinismus**. Er geht davon aus, dass sich die technischen Systeme den Organisationen gegenüber neutral verhalten. Sie passen sich den geltenden Regeln an und bilden nur das ab, was bereits vorhanden ist. Zeigt sich etwa in der Sozialen Arbeit ein Trend zur Messung von Leistungen und Ergebnissen in quantifizierbaren Größen, so wird dies auch in der entsprechenden Fachsoftware abgebildet. Oder setzen sich in einem Arbeitsfeld Methoden des Case Managements durch, so wird die Software entsprechend darauf ausgerichtet. Technik ist also nach diesem Ansatz lediglich ein Werkzeug, mit dem Vorhandenes mit Software nachgebildet wird. Übersehen wird dabei freilich, dass angesichts meist knapper Ressourcen immer nur ein Teil der möglichen Funktionalitäten in der Software realisiert wird. Diese Selektionen sind in der Regel von Interessen gesteuert, die mit Hilfe entsprechender Machtstrukturen durchgesetzt werden können.

Wechselseitige Anpassungsprozesse

Weder der Technik-Determinismus noch der Sozial-Determinismus sind also offensichtlich dazu geeignet, die beim Technik-Einsatz in sozialen Organisationen ablaufenden Prozesse hinreichend zu erklären. Die vom Konzept **sozio-technischer Systeme** proklamierte wechselseitige Beeinflussung kann mit den Elementen Technik, Organisation und Mensch im so genannten TOM-Modell auch grafisch abgebildet werden.

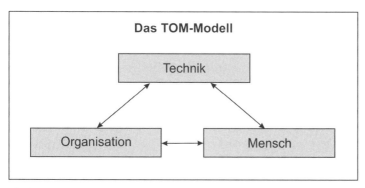

Abbildung 3: Das TOM-Modell proklamiert eine gegenseitige Anpassung von Technik, Organisation und Mensch

Erweitert man dieses Modell um die Aufgaben oder **Prozesse** in den Organisationen (vgl. Kapitel 5), so wird zusätzlich eine dynamische Dimension sichtbar: Das Handeln, das von Menschen gestaltet, von Technik unterstützt und beeinflusst sowie von formellen und informellen Regeln geleitet wird.

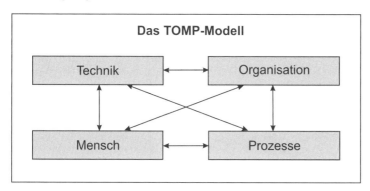

Abbildung 4: Das TOMP-Modell mit der Dimension des Handelns in Form von Prozessen und Aufgaben

Betrachtet man die Komponenten dieses Modells nochmals genauer, so zeigen sich Unterschiede: Das Verhalten der **technischen Systeme** ist (in aller Regel) genau **vorhersagbar**: A bewirkt immer B. Werden also etwa bei einem Adressaten die Hilfebedarfe X und Y angeklickt, wird er immer in die Bedarfsgruppe Z eingestuft. Technische Systeme sind in der Sprache der Systemtheorie **allopoietisch**, also von außen erzeugt und gesteuert. Sie können sich selbst nicht reproduzieren. Ist beispielsweise ein Programmcode beschädigt, so stürzt die Software ohne

Unterschiedliche Teilsysteme

menschliches Zutun immer wieder ab, sie kann sich nicht selbst reparieren.

In den **sozialen Systemen** sind Wirkungen von Ursachen hingegen nicht genau vorhersagbar, man nennt ihre Beziehungen **kontingent**. Im Unterschied zu technischen Systemen sind sie **autopoietischer** Natur, sie können sich durch systemeigene Operationen reproduzieren. Ist etwa ein Mitarbeiter längerfristig erkrankt, so kann eine Vertretung gesucht und eingearbeitet werden.

Kontingenz sozialer Systeme Stellenbeschreibungen oder Prozesse, wie sie etwa in Qualitätsmanagementsystemen sozialer Organisationen eingesetzt werden, können dabei als Versuch angesehen werden, die Kontingenz sozialer Systeme zu minimieren, ihr Handeln also für die Adressaten verlässlich zu gestalten. Ähnliches geschieht – zumeist noch wirkungsvoller – durch den Einsatz fachspezifischer Software: Hier können Abläufe und Entscheidungen durch Regeln, die in ein Programm implementiert sind, festgeschrieben werden: Nur wenn die Datenfelder A, B und C ausgefüllt sind, kann der Antrag oder Bericht ausgegeben werden.

Im Bereich der Sozialen Dienstleistungen kommt zur innerorganisatorischen Kontingenz noch eine entscheidende zweite hinzu: Das nicht vorhersagbare Verhalten der Adressaten. Prinzipiell gilt das zwar auch für andere Dienstleistungstypen. Im Unterschied etwa zu Handwerks- oder Bankdienstleistungen ist es jedoch in der Sozialen Arbeit ein zentrales Ziel, dass die Adressaten zu einer eigenständigen Gestaltung ihrer Lebensvollzüge gelangen. Die entsprechenden Verhaltensänderungen sind also nicht einfach Unschärfen in der Dienstleister-Kunde-Beziehung, sondern das gewünschte Ergebnis. Galuske (2002, S. 156) spricht hier in Anlehnung an Luhmann von einem nicht hintergehbaren **Technologiedefizit** Sozialer Arbeit.

Flexible IT-Systeme Was folgt aus diesen theoretischen Überlegungen für den Einsatz von Informationstechnologie? Wird Software zur Unterstützung Sozialer Arbeit konzipiert, so ist es nicht sinnvoll, adressatenbezogene Kernprozesse in all zu starren Ablaufroutinen abzubilden oder durch technische Beschränkungen zu normieren. Die Interaktion von Fachkräften und Adressaten braucht vielmehr Gestaltungsspielräume, um Hilfeprozesse individuell so ausformen zu können, dass sie ihre Ziele erreichen. Andererseits gibt es immer auch gesetzlich normierte, fiskalische oder organisatorische Grenzen, die eine entsprechende Software berücksichtigen muss. Deren Gestaltung liegt jedoch außerhalb des konzeptionellen Spielraums für technische Systeme.

Diese Erkenntnisse präzisieren auch die in Abschnitt 1.3 genannten Begründungen für das Fachgebiet der Sozialinformatik: Sie hat es bei

der Konzipierung und Erforschung des Einsatzes von Informationstechnologie im Bereich sozialer Dienstleistungen mit **spezifischen Rahmenbedingungen** zu tun, die es in der weiteren Theorie- und Methodenentwicklung ebenso wie bei der Konstruktion und fachlichen Einschätzung von IT-Systemen zu berücksichtigen gilt.

1.6 Forschung und Lehre

Wie in der Theorieentwicklung befindet sich die Sozialinformatik auch
im Bereich der sie mit begründenden **empirischen Forschung** noch im
Entwicklungsstadium. Dennoch wurde bereits eine Reihe von For-
schungsprojekten und Studien etwa zur fachlich adäquaten Software-
Konstruktion, zur Wirkung des Einsatzes von IT-Lösungen auf die
fachliche Qualität Sozialer Arbeit oder zu Effizienzgewinnen durch den
Einsatz von Fachsoftware realisiert (vgl. z.B. Löcherbach/Macsenaere/
Meyer 2008; Kreidenweis 2005; Kreidenweis 2009; Willke 2008).

Bislang wurden dabei zumeist die Methoden der quantitativen und
qualitativen Sozialforschung sowie ansatzweise Methoden aus dem
Feld der Angewandten Informatik und der Wirtschaftsinformatik genutzt.

Künftige Aufgabe der Disziplin wird es sein, die Grundlagenforschung
ebenso wie die anwendungsbezogene Forschung auszubauen. **Grundlagenforschung** könnte sich etwa mit Themen wie der Formalisierbar-
keit komplexer Informationen aus Lebenswelten der Adressaten oder
aus Betreuungsprozessen auseinandersetzen. Eine **anwendungsbezogene Forschung** könnte beispielsweise erwünschte Wirkungen und uner-
wünschte Nebenwirkungen des IT-Einsatzes in sozialen Dienstleistungen identifizieren oder wissenschaftlich gesicherte Informationen zur
fachgerechten Gestaltung von Softwareprodukten oder Implementati-
onsprozessen bereitstellen.

Die **Ausbildung** in der Sozialinformatik ist heute teilweise in Bachelor-
und Master-Studiengänge im Bereich der Sozialen Arbeit integriert.
Derzeit bietet rund ein Fünftel der Studiengänge für Soziale Arbeit in
Deutschland sozialinformatische Lehrinhalte an. Diese sind breit ge-
fächert und reichen von Fachsoftware und Internet-Nutzung über Informationsmanagement und gesellschaftliche Aspekte bis hin zur Erstellung von Websites. Etwa acht Fachhochschulen haben eine Profes-
sur für Sozialinformatik eingerichtet, zumeist jedoch in Kombination
mit einem anderen Fachgebiet oder als Teilzeitstelle. Ansonsten wird
das Fach von Professoren anderer Disziplinen oder von Lehrbeauf-
tragten betreut.

Erste Forschungsansätze

*Integrierte und spezialisierte
Ausbildung*

Derzeit werden zwei spezialisierte Studiengänge angeboten, ein grund-
ständiger Bachelor-Studiengang sowie eine weiterbildender Mastersu-
diengang Sozialinformatik (Links zu Aus- und Weiterbildungsangebo-
ten: s. Abschnitt 8.1).

1.7 Internationale Aspekte

Unterschiedliche Sozialsysteme
und Themen

Im englischsprachigen Raum konnte sich bis dato kein einheitlich-
komplementärer Begriff zur deutschen Wortprägung Sozialinformatik
herausbilden. Hier ist etwa von „Human Service Information Technology" (vgl. HUSITA, http://www.husita.org) oder von „Social Work
and Information and Communication Technologies" (vgl. Hill/Shaw
2011) die Rede. Dies entspricht in etwa dem deutschen Sprachgebrauch Ende des vergangenen Jahrhunderts, als noch von „EDV in der
Sozialarbeit" (vgl. Abschnitt 1.1) die Rede war. Zwar gibt es auch den
Terminus „social informatics", jedoch wird dieser eher in technikso-
ziologischer Prägung für die Erforschung von Informations- und Kom-
munikationstechnologien in gesellschaftlichen und institutionellen
Kontexten genutzt (vgl. rkcsi.indiana.edu). Andere Akteure spannen
den Bogen noch weiter und beziehen auch die IT-Nutzung in Wissenschaft und Forschung sowie die IT-Anwendung in Gesundheits- und
Sozialsystemen sowie öffentlichen Verwaltungen mit ein (vgl. http://
www.social-informatics.org).

Bedingt durch die sehr verschiedene Konstruktion der sozialen Dienst-
leistungssysteme in Europa oder den USA unterscheiden sich auch die
Formen der IT-Nutzung in diesen Ländern stark. Sind etwa in England
landesweite staatliche Sozialprogramme mit darauf abgestimmten zentral gesteuerten IT-Anwendungen verbreitet, so werden in der oft
durch private Stiftungen organisierten Sozialarbeit der USA eher klein-
teilige webbasierte Tools für Assessments oder zur Vernetzung der
Dienste eingesetzt. Der Zugang zur IT ist in Großbritannien und Nord-
amerika entsprechend meist eher fachlich geprägt, systematisch entwickelte Bezüge zu Sozialmanagement und Sozialadministration oder eine Beschäftigung mit dem IT-Management in sozialen Organisationen
fehlen oder werden eher in Form von Abwehrstrategien vor einer Öko-
nomisierung der Sozialen Arbeit durch IT sichtbar (vgl. etwa Hill/Shaw
2011).

Internationale Kontakte in der Sozialinformatik sind eher schwach
ausgeprägt, in unregelmäßigen Abständen und unterschiedlichen Ländern finden seit den 80er Jahren des 20. Jahrhunderts die HUSITA-
Konferenzen statt, die eine Vernetzung fördern sollen.

Arbeitsaufgaben

1. In Ihrem Abschlusszeugnis steht unter anderem das Fach Sozialinformatik. Stellen Sie sich vor, Sie befinden sich im Vorstellungsgespräch in einer sozialen Einrichtung. Der Einrichtungsleiter blickt auf das Zeugnis und fragt Sie, wozu die Inhalte dieses Fachs in seiner Einrichtung nützlich sein könnten. Was antworten Sie ihm?

2. Warum ist der Theorie-Ansatz des Technik-Determinismus nicht dazu geeignet, den Einsatz von Informationstechnologie in der Sozialen Arbeit hinreichend zu erklären?

Literatur zum Kapitel

Ammenwerth, Elske/Iller, Carola/Mahler, Cornelia/Kandert, Marianne/Luther, Gisela/Hoppe, Bettina/Eichstädter, Ronald: Einflussfaktoren auf die Akzeptanz und Adaption eines Pflegedokumentationssystems. Hall in Tirol 2002

Coy, Wolfgang: Informatik – Eine Disziplin im Umbruch? In: Wolfgang Coy u.a. (Hrsg.): Sichtweisen der Informatik. Braunschweig/Wiesbaden 1992 a, S. 1-9

Coy, Wolfgang u.a.: Sichtweisen der Informatik. Braunschweig/Wiesbaden 1992 b

Frommann, Matthias: Dezentrale Elektronische Datenverarbeitung in der sozialen Arbeit. Frankfurt am Main 1987

Galuske, Michael: Methoden der Sozialen Arbeit. Eine Einführung. Weinheim/München 2002

Gumm, Heinz-Peter/Sommer, Manfred: Einführung in die Informatik. München 2011

Halfar, Bernd: Sozialinformatik unerlässlich. In: Blätter der Wohlfahrtspflege Nr. 6/1997, S. 113-114

Hannah, Kathryn J./Ball, Marion J./Edwards, Margaret J.A.: Pflegeinformatik. Berlin/Heidelberg 2002

Hill, Andrew/Shaw, Ian: Social Work & ICT. London 2011

Kirchlechner, Berndt: Curriculum „Informatik der Sozialarbeit". In: Wolf Rainer Wendt (Hrsg.): Sozialinformatik: Stand und Perspektiven. Baden-Baden 2000, S. 111-133

Kreidenweis, Helmut: Eine neue Disziplin formiert sich. Zum Stand der Sozialinformatik in Deutschland. In: Blätter der Wohlfahrtspflege Nr. 1/2008, S. 28-31

Kreidenweis, Helmut: IT-gestützte Hilfeplanung im Jugendamt. Wie wirkt sich Fachsoftware auf den Planungsprozess aus? In: Nachrichtendienst des Deutschen Vereins für öffentliche und private Fürsorge Nr. 6/2005, S. 196-203

Kreidenweis, Helmut: Nützliche Technik: Der Computer hilft in der Pflege. In: Altenpflege Nr. 5/2009, S. 29-31

Lehmann, Thomas Martin: Handbuch der medizinischen Informatik. München 2005

Ley, Thomas/Seelmeyer, Udo: Professionalism and Information Technology: Positioning and Mediation. 2008. Quelle: http://www.socwork.net/sws/article/view/65/367 (aufgerufen am 20.12.2011)

Ley, Thomas: „Unser Schreibzeug arbeitet mit an unseren Gedanken." Oder: Zur Konstruktion des sozialpädagogischen Falles in computerisierten Arbeitsumgebungen. In: Georg Cleppien/Ulrike Lerche (Hrsg.): Soziale Arbeit und Medien. Wiesbaden 2010

Ley, Thomas: Sozialinformatik. Zur Konstituierung einer neuen (Teil-) Disziplin. In: Archiv für Wissenschaft und Praxis der sozialen Arbeit Nr. 1/2004, S. 3-39

Löcherbach, Peter/Macsenaere, Michael/Meyer, Friedrich-Wilhelm: Computergestütztes Case-Management in der Kinder- und Jugendhilfe. In: Joachim König/Christian Oerthel/Hans-Joachim Puch (Hrsg.): In Soziales investieren – Mehr Werte schaffen. Dokumentation ConSozial 2007. München 2008, S. 302-310

Mayer, Andreas: Die Einführung IT-gestützter Vorgangsbearbeitung. Berlin 2011

Mehlich, Harald: Einsatzperspektiven und Wirkungen des Computereinsatzes im Sozialwesen: ein Beitrag zur Sozialinformatik. In: Zeitschrift für Sozialreform Nr. 3/1996, S. 180-201

Moser, Heinz: Einführung in die Medienpädagogik – Aufwachsen im Medienzeitalter. Wiesbaden 2006

Ostermann, Rüdiger/Trube, Achim: Sozialinformatik lehren – aber wie? In: Sozialmagazin Nr. 7-8/2002, S. 66-71

Rechenberg, Peter: Was ist Informatik? Eine allgemeinverständliche Einführung. München/Wien 2000

Ropohl, Günter: Allgemeine Technologie. Eine Systemtheorie der Technik. Karlsruhe 2009

Stein, Erich: Einführung in die Wirtschaftsinformatik. Berlin 2002

Vollbrecht, Ralf: Einführung in die Medienpädagogik. Weinheim/Basel 2001

Wendt, Wolf Rainer: Sozialinformatik. Baden-Baden 2000

Willke, Martina: Verrückte IT. Steigende Dienstleistungsqualität durch computergestützte Sozialarbeit im Bereich der Arbeit mit psychisch kranken Menschen? Saarbrücken 2008.

2 Grundlagen der Informatik

Informatikwissen über die grundlegende Funktionsweise von IT-Systemen ist Bestandteil aller Fachinformatiken. Auch in der Sozialinformatik ist es Voraussetzung dafür, die Zusammenhänge zwischen der Anwendungsebene und den darunter liegenden technischen Systemen zu verstehen. Im beruflichen Alltag befähigt dieses Wissen zur effektiven Kommunikation mit Informatikern, Systemtechnikern und Software-Entwicklern.

2.1 Informatik als Wissenschaft und Praxis

2.1.1 Begriff, Gegenstand und Geschichte

Informatik ist ein Kunstwort und setzt sich zusammen aus **Infor**mation und Mathe**matik**. Die Informatik ist die einzige Wissenschaft, die unmittelbar an einen bestimmten Maschinentypus, den Computer, gekoppelt ist. Der im angloamerikanischen Raum gebräuchliche Begriff „computer science" trägt dem noch stärker Rechnung als die deutsch-französische Begriffsprägung. Gegenstand der Informatik sind alle Formen der **Informationsverarbeitung mit Hilfe von Computern.**

Die Wurzeln der Informatik reichen tief in die Geistesgeschichte der westlichen und östlichen Hemisphäre zurück. Gedanklich wurden computerähnliche Maschinen bereits lange vor ihrer technischen Realisierung konstruiert. In den 40er Jahren des 20. Jahrhunderts entstanden die ersten elektronischen Rechner. In den 60er Jahren begann sich die Informatik als wissenschaftliche Disziplin zu formieren. Ihre eigentliche Geburtsstunde war der Beginn der Datenverarbeitung mittels **frei programmierbarer, elektronisch gespeicherter Algorithmen.** Dies wurde möglich durch die Entwicklung elektronischer Rechenmaschinen mit kombinierten Daten- und Programmspeichern. Besaßen die ersten Computer der 40er und 50er Jahre weitgehend fest eingebaute („verdrahtete") Verarbeitungsmechanismen, so war es nun erstmals möglich, veränderliche Programme zu entwickeln, ohne die Maschine selbst umkonstruieren zu müssen. *Entstehungsgeschichte*

2.1.2 Disziplinen der Informatik

Als eher junge Wissenschaft weist die Informatik noch keine allgemein anerkannte disziplinäre Gliederung auf. Dennoch haben sich Teilgebiete herauskristallisiert, die häufig auch die Ausbildungspraxis prägen.

Die **theoretische Informatik** umfasst mathematische und philosophische Grundsatzfragen wie die Automatisierungs- und Algorithmus-Theorie oder Grenzen der Berechenbarkeit. Die **technische Informa-** *Disziplinäre Gliederung* tik befasst sich mit Hardware-Komponenten, mikroelektronischer Schaltungstechnik und Rechnerarchitekturen. Hier gibt es Übergänge zur ingenieurwissenschaftlichen Elektrotechnik. In der **praktischen Informatik** stehen softwaretechnische Fragen, wie die Entwicklung von Programmiermethoden und -sprachen, die Datenstrukturierung sowie Betriebssystem-Grundlagen, im Vordergrund. Diese drei Teilgebiete werden häufig unter dem Begriff der **Kerninformatik** zusammengefasst. Ihr gemeinsames Kennzeichen ist, dass sie sich mit dem Computer an sich beschäftigen.

Der Kerninformatik gegenüber steht die **Angewandte Informatik**. In dieser Teildisziplin „wird dagegen der Computer als Werkzeug zur Lösung von Aufgaben eingesetzt, die außerhalb seiner Sphäre liegen, also für Anwendungen in allen anderen Bereichen" (Rechenberg 2000 S. 22). Hier geht es um die Mensch-Maschine-Kommunikation, die Nutzung von Programmiersprachen oder die Datenbank-Anwendungsentwicklung. Ebenso befasst sie sich mit Datenübertragung und IT-gestützter Kommunikation, Internet, Social- und Multi-Media – kurz: allen Anwendungsformen von Computern und Software.

2.2 Grundlagen der Informationsverarbeitung in Computern

Objekte und Handlungen

Wichtige Kategorien der menschlichen Lebenswelt sind Dinge und Handlungen – anders ausgedrückt: Gegenstände und Geschehnisse, Sein und Tun. Bei den Dingen handelt es sich um reale **Objekte** der Gegenwart und Vergangenheit (Eiffelturm, Stadt Pompeji) oder um abstrakte Begriffe wie Empathie oder Kostenrechnung. Objekte können charakterisiert werden durch Eigenschaften wie Größe, Farbe oder Geldwert.

Bei den **Handlungen** geht es um das Erschaffen, Zerstören, Zusammenfügen, Zerlegen, Ordnen oder Beschreiben von Dingen.

Daten und Algorithmen

Dieser Begriffswelt bedient sich auch die Informatik. Dinge sind die **Daten** die verarbeitet werden, Handlungen sind **Algorithmen** („Programme"), die Daten verarbeiten. Die Eigenschaften nennt man **Attribute** und die Beziehungen, in denen die Objekte zueinander stehen, werden **Relationen** genannt.

Lebenswelt	Informatik
Objekte/Subjekte	Daten
Handlungen	Algorithmen
Eigenschaften	Attribute
Beziehungen	Relationen

Abbildung 5: Äquivalente Begriffe aus Lebenswelt und Informatik

Da die Informatik viele Elemente der menschlichen Lebenswelt abbil- Eindeutigkeit und Regelhaftigkeit
den kann, wird der Computer oft als „Universalmaschine" bezeichnet.
Seine freie Programmierbarkeit erlaubt es, aus der realen Welt heraus
entwickelte abstrakte Modelle elektronisch nachzubilden. Voraussetzung dafür ist freilich, dass die **Objekte** mit ihren Attributen **eindeutig** und für den jeweiligen Zweck **vollständig** beschreibbar sind sowie
dass die Handlungen klar beschriebenen **Regeln** folgen.

Dies trifft beispielsweise für die Berechnung der Kosten eines Einsatzes
in der ambulanten Pflege zu. Dieser setzt sich aus verschiedenen Teil-
leistungen, Zuschlägen und Fahrtkosten zusammen. Diese Elemente
sind in einem Leistungsvertrag eindeutig und vollständig definiert.
Weit schwieriger wird eine solche Abbildung hingegen bei einem Fa-
miliensystem, das sich aus historisch gewachsenen Beziehungsmustern,
subjektiven Erfahrungen, psychischen Dispositionen, der Wohn- und
Finanzsituation sowie vielen anderen Faktoren zusammensetzt. Eine
vollständige Beschreibung der Objekte und Handlungen scheitert hier
nicht nur an ihrer ungeheuren Vielfalt, die eine Modellbildung praktisch unmöglich macht. Ein weiterer Punkt ist hier die menschliche
Handlungsfreiheit, die sich einer Beschreibung in eindeutigen Regeln
prinzipiell entzieht.

2.2.1 Daten und ihre Codierung

Symbole und Alfabete

Um Daten verarbeiten zu können, müssen sie in Form von **Symbolen**
dargestellt werden. Die bekanntesten Symbole sind Buchstaben oder
Zahlen:

- Die Zahl 1000 besteht aus den Symbolen 0 und 1.
- Der Name Otto besteht aus den Symbolen o, O und t.

Symbole gehören immer einer fest definierten, endlichen Zeichenmen-
ge an.

0,1,2,3,4,5,6,7,8,9	Zeichenmenge der arabischen Dezimalzahlen
I, V, X, C, M	Zeichenmenge der römischen Zahlen
a,b,c, ... A,B,C, ...	Zeichenmenge der lateinischen Buchstaben
0,1	Zeichenmenge des Binärzahlensystems

Abbildung 6: Zeichenmengen verschiedener Alfabete

Solche fest definierten **Symbolsysteme** werden **Alfabete** genannt. Die mit einem Alfabet dargestellten Inhalte können ohne Veränderung oder Verlust in andere Alfabete umgewandelt werden. Ein Beispiel ist etwa die Umwandlung der römischen Ziffer XVII in die arabische Zahl 17. Zur korrekten Umwandlung werden Zuordnungsvorschriften benötigt, die **Codes** genannt werden. Ihre Darstellung erfolgt in Codetabellen.

0000 = 0	0011 = 3	0110 = 6
0001 = 1	0100 = 4	0111 = 7
0010 = 2	0101 = 5	1000 = 8

Abbildung 7: Codetabelle zur Umwandlung des Binärcodes in den Dezimalcode

Binärcode als Grundlage der Datenverarbeitung

Computersysteme arbeiten intern ausschließlich mit dem Binärcode, der nur die Zeichen 0 und 1 kennt. Diese Zeichen dürfen nicht verwechselt werden mit den gleich aussehenden Zeichen des Dezimalcodes.

Da alle Symbole aller bekannten Symbolsysteme mit Hilfe von Code-Tabellen ineinander wandelbar sind, können sie auch im Binärcode dargestellt werden. Durch Fünfergruppen von Binärzeichen kann man mögliche Kombinationen erzeugen, die für die Umwandlung eines anderen Codes in das Binärsystem zur Verfügung stehen, beispielsweise $2^5 = 32$. Dies würde ausreichen, um alle Kleinbuchstaben unseres Schrift-Alfabets darzustellen: 00000 = a, 00001 = b, 00010 = c usw.

Abbildung von Alfabeten

Je größer ein Alfabet ist, desto längere Binärzeichengruppen werden benötigt, um es abzubilden. Für unser westliches Alfabet mit Groß- und Kleinschreibung, landesspezifischen Sonderzeichen, Satzzeichen usw. werden rund 200 Kombinationen benötigt. Diese lassen sich mit Hilfe von Achtergruppen von Binärzeichen darstellen, denn 2^8 ergibt 256 mögliche Kombinationen.

Digitalisierung

Alles, was zähl- oder messbar ist, kann in einem der gängigen Symbolsysteme (Dezimalziffern, Schrift usw.) dargestellt werden. Und weil diese Symbolsysteme in das Binärsystem wandelbar sind, können sie auch in Computern repräsentiert werden.

Wie verhält es sich dagegen mit dem Farbenspiel eines Bildes oder der Tonvielfalt eines Orchesters, die heute ebenso in Computern dargestellt und bearbeitet werden? Solche physikalischen Phänomene können unendlich viele Werte annehmen, die Menge der mit einem Code darstellbaren Zeichen ist dagegen begrenzt. Die Informatik löst dieses Problem „so einfach wie brutal" (Rechenberg 2000, S. 26): Sie ersetzt die unendlich vielen Werte durch eine endliche Zahl von Werten. Diese Ersetzung nennt man Rasterung oder **Digitalisierung** (englisch digit = Ziffer).

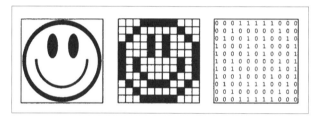

Abbildung 8: Digitalisierung eines Bildes. Die schwarzen und weißen Punkte können unmittelbar durch die Binärzahlen 0 und 1 dargestellt werden. (Rechenberg 2000, S. 28)

Bei der Digitalisierung analoger Ausgangsinformationen entsteht notwendigerweise eine Verfälschung des Originals. Runde Linien werden beispielsweise in ein quadratisches Raster transformiert oder ein kontinuierlich anschwellender Ton in eine stufenweise Erhöhung des Pegels. Dieser Effekt kann durch die Wahl einer feineren Abstufung gemildert werden. Wählt man ein Raster, das so fein ist, dass es unter der menschlichen Wahrnehmungsgrenze liegt, kann das digitale Abbild nicht mehr vom analogen Original unterschieden werden. Auf diese Art werden heute alle multimedialen Inhalte oder analogen physikalischen Größen in Computersystemen abgebildet.

Digitalisierung verfälscht

Grundlegende Datentypen

Einfachster Datentyp ist das **Bit** (Kunstwort aus Binary Digit = Binäre Ziffer). Es kann nur die beiden Werte 0 und 1 des Binärsystems annehmen. Kombinationen aus Bits ermöglichen die Darstellung von **Zeichen**. So lassen sich beispielsweise die zehn Zeichen es Dezimalsystems bereits in einem 4-Bit-Code abbilden (s. Codetabelle in Abbildung

Bits, Bytes und Maschinenworte

7). Von den 16 Darstellungsmöglichkeiten dieses Codes bleiben dabei sechs ungenutzt.

Ein **Byte** ist definiert als eine Binärzeichenfolge von 8 Bit, mit der sich das gesamte westliche Alfabet darstellen lässt. Ein entsprechender Code wurde in der internationalen Normfamilie ISO 8859 definiert. Hier wurde der Buchstabe „a" beispielsweise mit der Binärzeichenfolge 011000001 und das Fragezeichen mit 00111111 festgelegt. Erscheinen etwa in einer E-Mail oder auf einer Website seltsame Zeichen, so hängt dies oft damit zusammen, dass der sendende Rechner eine andere Codetabelle zur Umwandlung zwischen Schriftalphabet und Binär-codes benutzt als der empfangende.

Zum Transport von Informationen durch Computersysteme werden **Maschinenworte** benutzt. Sie sind Kombinationen von Bytes, die zeitgleich im System weitergeleitet und verarbeitet werden können. Je nach Computergeneration sind sie unterschiedlich lang:

Computer-Generation (ca.)	Länge eines Maschinenworts
1970 – 1990	1 Bytes = 8 Bit
1990 – 2000	2 Bytes = 16 Bit
2000 – 2010	4 Bytes = 32 Bit
ab ca. 2010	8 Bytes = 64 Bit

Abbildung 9: Länge von Maschinenworten in verschiedenen Computergenerationen

Bei längeren Maschinenworten können im gleichen Zeitraum mehr Daten verarbeitet werden, die Leistungsfähigkeit des Computers steigt. Auch die Speicherung von Daten geschieht meist in Blöcken von der Länge eines Maschinenwortes. Damit die Daten wieder gefunden werden, benötigen sie im Speicher eine eindeutige Adresse, die einer Speicherzelle zugeordnet ist. Je länger ein Maschinenwort ist, desto größere Speicher können damit adressiert werden.

Adresse	Speicherinhalt				Klartext
0	01010111	01100001	01110011	00100000	Was
4	01101001	01110011	01110100	00100000	ist
8	01001001	01101110	01100110	01101111	Info
12	01110010	01101101	01100001	01110100	rmat
16	01101001	01101011	00111111	00100000	ik?
20	00000000	00000000	00000000	01111011	123 (Zahl)
24	00000000	00000000	00000011	11101000	1000 (Zahl)
28	....	....	....	....	

Abbildung 10: Beispiel einer Speicherzelle mit Text und Zahlen als Inhalt. Ein Text-Zeichen wird mit 8 Bit, eine Zahl mit 4 Bit codiert (Rechenberg 2000, S. 35).

Die Anzahl an Bytes, die in einen elektronischen Speicher passen, bezeichnet seine Kapazität. Hierbei hat es sich jedoch eingebürgert, nicht die binäre, sondern eine dezimale Zählweise zu benutzen.

Speicherkapazitäten

1 Kilobyte (KB)　　= 2^{10} Byte = 1.000 Byte (binär: 1024 Byte)
1 Megabyte (MB)　= 2^{20} Byte = 1 Million Byte
1 Gigabyte (GB)　　= 2^{30} Byte = 1 Milliarde Byte
1 Terabyte (TB)　　= 2^{40} Byte = 1 Billion Byte

Mit einem Gigabyte können etwa 5.000 Textseiten oder, je nach Qualität, ca. 1½ bis mehrere Stunden Musik gespeichert werden. Ca. 5 GB benötigt ein komprimierter Spielfilm in DVD-Qualität.

Elektronische Schaltungen und ihre Logik

Physikalische Grundbestandteile von Computern, Handys oder anderer mikroelektronischer Geräte sind Leitungen und Schalter. Diese Schalter sind nicht etwa wie Lichtschalter mechanisch, sondern elektronisch. Sie nutzen besondere Materialeigenschaften von Silizium oder anderen Halbleitern: Je nachdem, ob eine elektrische Spannung anliegt oder nicht, können sie Strom fließen lassen oder den Stromfluss sperren. Ein solches elektronisches Schaltelement nennt man **Transistor**. Wie ein mechanischer Schalter, kennt auch ein Transistor nur zwei Zustände:

– aus = kein Strom fließt

– ein = Strom fließt

Diese Zustände entsprechen den Binärziffern 0 und 1 und können auch als die logischen Basiswerte FALSCH und WAHR genutzt werden.

Durch Kombination mehrerer dieser Schalter lassen sich Eingangssignale so in Ausgangssignale transformieren, dass damit die drei logischen Elementarkombinationen NICHT, UND sowie ODER darstellbar sind. Solche Schaltkombinationen nennt man **Gatter**.

Logik durch Kombination

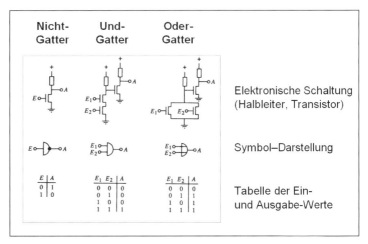

Abbildung 11: Gatterschaltungen mit Transistoren, vereinfachte Symbol-Darstellung und Tabelle der Binären Werte. E=Eingangssignal, A=Ausgangssignal

– Das **logische NICHT** wandelt einen Eingangswert in den jeweils anderen um: aus 0 entsteht 1, aus FALSCH entsteht WAHR und umgekehrt

– Das **logische UND** besagt, dass bei zwei gleichen Eingangswerten der Ausgangswert mit ihnen identisch ist. FALSCH + FALSCH ergibt also FALSCH und WAHR + WAHR ergibt WAHR. Ist nur einer der beiden Eingangswerte WAHR, ist das Ergebnis FALSCH.

– Beim **logischen ODER** genügt es bereits, wenn ein Eingangswert WAHR ist, um das Ergebnis WAHR zu erhalten.

Nutzung logischer Grundfunktionen

Solche logischen Grundfunktionen werden beispielsweise bei der **Programmierung** oder bei **Abfragen** aus Datenbanken benutzt. So kann für eine Statistik die Zahl der betreuten arbeitslosen männlichen Adressaten aus einem Datenbestand ermittelt werden: Kriterium „männlich" = wahr UND Kriterium „arbeitslos" = wahr: Das Programm gibt nur alle Adressaten aus, auf die beide Kriterien gleichzeitig zutreffen. Weibliche arbeitslose Adressaten bzw. männliche Adressaten in Beschäftigung werden nicht ausgegeben.

Will man sowohl alle Adressaten in Berufsausbildung als auch die in Praktika befindlichen Adressaten ermitteln, sucht man mit dem logischen ODER: Es werden all diejenigen Personen ausgegeben auf die eines der Kriterien oder beide zutreffen.

Ebenso lassen sich mit einer Gatterschaltung die **Addition** zweier Binärzahlen und die **Speicherung** eines Bit-Zustandes (0 bzw. 1) in elektronischen Speichern realisieren. Durch Kombination vieler solcher

Gatter können alle Arten von Rechenoperationen durchgeführt und ihre Ergebnisse gespeichert werden. Diese elementaren logischen Schaltungen sind somit die Basis sämtlicher Grundfunktionen aller Computer oder computerähnlichen Geräte. Die Arbeit von **Prozessoren** und **Speicherbausteinen** in all diesen Geräten beruht allein auf diesem Schaltungsprinzip. Prozessor-Chips heutiger PCs, Notebooks oder Tablet-PCs beherbergen auf wenigen Quadratmillimetern Fläche bis zu einer Milliarde solcher Transistorschaltungen. Ein Ende dieser Entwicklung ist nicht in Sicht, die Leistungsfähigkeit der Prozessoren steigt weiter an.

2.2.2 Algorithmen und Programme

Algorithmen sind schrittweise Vorschriften zur Ausführung einer Tätigkeit. „Menschliche" Algorithmen sind etwa ein Kochrezept oder ein Drehbuch. Stärker formalisierte Algorithmen finden sich beispielsweise in gesetzlichen Vorschriften und Verträgen, etwa zur Berechnung von Wohngeld oder zur Ermittlung von Preisen und Rabatten.

Sollen Algorithmen von Computern ausgeführt werden, so müssen sie absolut **eindeutig** und **präzise** sein. Weitere Kennzeichen sind die Darstellbarkeit in einer **festen Folge von Einzelschritten** und ihre **Endlichkeit** durch eine vordefinierte Ergebnis-Struktur.

Von mathematischen Algorithmen, wie der Suche nach dem kleinsten gemeinsamen Nenner einer Zahl, werden diese Kriterien praktisch immer erfüllt. Doch es gibt auch zahlreiche nicht-mathematische Algorithmen mit diesen Merkmalen: das Suchen und Ersetzen einer Buchstabenfolge in der Textverarbeitung oder das alphabetische Sortieren einer Literaturliste nach Autorennamen.

Alle Algorithmen beruhen auf einer begrenzten Anzahl grundlegender Elemente, die innerhalb eines Algorithmus mehrfach vorkommen und beliebig kombiniert werden können.

Elemente von Algorithmen

Algorithmus-Element	Beschreibung	Alltagsbeispiel	Informatik-Beispiel	Anwendungsbeispiel
Elementare Operation	Unmittelbar ausführbar, keine weitere Aufschlüsselung nötig	Schneide Kartoffel in 1cm große Würfel	Lade Inhalt von Speicheradresse 1234 in das Rechenwerk: load 1234	Programme starten, gespeicherten Text laden
Bedingte Ausführung	Nur ausführbar, wenn eine definierte Bedingung erfüllt ist	Wenn die Soße zu dick ist, füge Wasser hinzu	Wenn x größer als y, subtrahiere y von x: if x > y x−y	Berechnung der Flüssigkeits-Ein-Ausfuhrbilanz von Pflegeheimbewohnern
Bedingte Ausführung mit Alternative	Ausführung nur, wenn eine genau definierte Bedingung erfüllt ist, sonst anderes Vorgehen	Wenn die Soße zu dick ist, füge Wasser hinzu, wenn sie zu dünn ist, füge Mehl hinzu	Wenn x größer y ist, subtrahiere y von x, wenn x kleiner y, gib am Bildschirm aus: Negative Flüssigkeitsbilanz! if x > y then x−y else print: „Negative Flüssigkeitsbilanz!"	Berechnung der Flüssigkeits-Bilanz mit Fehlermeldung an den Benutzer
Schleife (Iteration)	Wiederholung einer Operation, bis eine vorgegebene Endbedingung erfüllt ist, dann automatisches Ende	Rühre die Soße, bis sie fest wird	solange x größer y ist subtrahiere y von x: while x > y do x−y	Ermittlung der Quadratwurzel einer Zahl im Rahmen einer Rentabilitätsberechnung

Abbildung 12: Elemente und Beispiele von Algorithmen

Programmiersprachen

Um Algorithmen computergerecht zu formulieren und gleichzeitig für Menschen lesbar zu halten, bedient man sich der **Programmiersprachen**. Eine Programmiersprache ist eine fest definierte Gruppe eindeutiger Befehle und Syntax-Regeln, die die Ausführung eines Algorithmus in einem Computer steuert.

Bei den Programmiersprachen unterscheidet man zwischen maschinenspezifischen bzw. maschinennahen und höheren Programmiersprachen.

Maschinen- oder Assemblersprachen enthalten auf den jeweiligen Prozessortyp abgestimmte Einzelbefehle. Diese Maschinenbefehle sind konkrete Vorgänge in der Hardware wie Laden oder Speichern von Operanden. Vor ihrer Ausführung müssen sie nur noch in den Binärcode umgewandelt werden. Da die Programmierung in Maschinensprachen sehr zeitaufwendig ist, werden sie heute kaum mehr benutzt.

Höhere Programmiersprachen enthalten abstrakte Beschreibungen kompletter Vorgänge ohne Lese- und Schreibbefehle für Speicher, Prozessor usw. Sie sind kürzer, für Menschen besser verständlich und arbeiten meist prozessorunabhängig. Vor der Ausführung müssen sie von einer speziellen **Compiler-Software** in Maschinencode übersetzt werden. Die Programm-Erstellung ist damit effizienter und die Programme laufen durch eine stärkere Trennung von der physikalischen Ausführungsebene auf unterschiedlichen Prozessoren. Der Programmierer muss sich nicht mehr um wechselnde Spezifikationen auf der Hardware-Ebene kümmern. Er kann sich voll auf seine inhaltlichen Aufgaben konzentrieren.

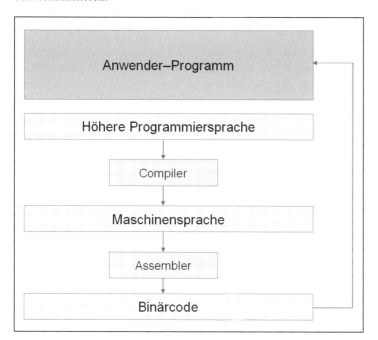

Abbildung 13: Schichten der Entwicklung und Formen der Übersetzung von Computerprogrammen

Zu verschiedenen Zeiten und Zwecken sind unterschiedliche höhere Programmiersprachen entstanden. Sprachen aus den 50er bis 80er Jahren sind etwa Fortran, Cobol, Basic oder Pascal. Zu den häufig verwendeten, aktuellen Programmiersprachen zählen C++ (gespr. C plus plus), C# (engl. gespr. C sharp) oder Java. Neben dem eigentlichen

Generationen von
Programmiersprachen

Befehlsset bieten diese Sprachen dem Entwickler heute ein großes Arsenal an zusätzlichen Werkzeugen, um die Programmierarbeit zu beschleunigen. Dazu gehören Bibliotheken mit vorprogrammierten, häufig benötigten Standard-Routinen, grafische Editoren zur Entwicklung von Bildschirm-Masken, Testwerkzeuge und manches mehr.

2.2.3 Schichtenmodell

Das **Ebenen- oder Schichtenmodell** ist eines der grundlegenden Merkmale der Informatik. Die Bearbeiter einer Ebene brauchen die genaue Funktionsweise der darunter liegenden Ebenen nicht zu kennen. Die Komplexität der Aufgaben wird dadurch auf ein beherrschbares Maß reduziert. Diese Form der Abstraktion ermöglicht den Einsatz **virtueller Geräte**, die sich durch Programmierung wie reale Geräte verhalten. So ist beispielsweise der Prozessor für den Programmierer eine virtuelle Maschine, er muss seine tatsächlichen Funktionen nicht kennen, da die Entwickler des Compiler- bzw. Assembler-Programms die Übersetzungsarbeit in die darunter liegenden Schichten bereits geleistet haben. Ähnlich verhält es sich auf der Ebene des Anwenders: Nutzer eines Textverarbeitungs- oder Kalkulationsprogrammes müssen die Funktionen der darunter liegenden Ebenen nicht kennen, sie können sich auf ihre eigentlichen Arbeitsaufgaben konzentrieren.

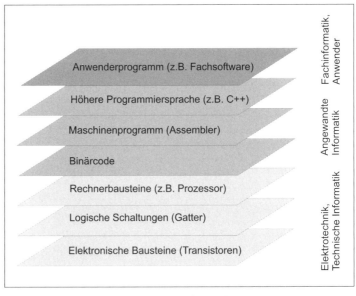

Abbildung 14: Das Schichtenmodell der Informatik

Freilich ist ein Modell mit vielen aufeinander aufbauenden Schichten auch anfällig für Fehler, wenn etwa die Übergabe zwischen den Schichten nicht in vorgesehener Weise funktioniert. Ursache dafür kann beispielsweise eine **Inkompatibilität** der Befehle sein: Eine Schicht verwendet eine Befehlsroutine, die der anderen Schicht nicht bekannt ist, weil diese beispielsweise aus einer älteren Computergeneration stammt.

Fehler und Probleme

Ein weiterer Nachteil dieses Modells ist, dass die Spezialisierung der IT-Fachkräfte auf eine oder wenige dieser in sich schon sehr komplexen Schichten kaum noch durchgängiges Wissen über die gesamte Funktionslogik eines Computersystems ermöglicht. Dadurch wird die Suche nach Fehlern oft erschwert. Die Informatik versucht diesem Umstand zwar durch Programme zur Suche von Fehlern in den verschiedenen Schichten zu begegnen. Aufgrund der nahezu unendlichen Zahl potenzieller Fehlerquellen gelingt dies jedoch nur zum Teil.

2.3 Computer- und Netzwerk-Architekturen

2.3.1 Computer

Der grundlegende Aufbau aller Computertypen ist trotz enormer Leistungssteigerungen und neuer äußerer Formen seit über 50 Jahren der gleiche geblieben. Auf absehbare Zeit sind auch keine Änderungen in Sicht. Ihre Kernbestandteile sind:

– Rechen und Steuereinheit (Prozessor)

– Speichereinheiten

– Buseinheit (zur Ankoppelung von Hardware-Komponenten)

– Eingabe- und Ausgabeeinheiten (Bildschirm, Tastatur usw.)

Die einzelnen Typen wie Großrechner, Desktop-PC, Notebook, Tablet-PC oder Smartphones unterscheiden sich dabei lediglich in der Leistungsfähigkeit dieser Einheiten, durch Bauweisen für spezielle Einsatzzwecke oder unterschiedliche Eingabegeräte wie Maus, Tastatur oder Touchscreen.

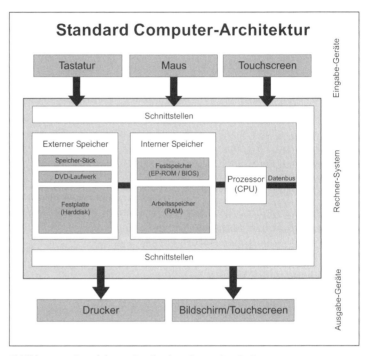

Abbildung 15: Grundelemente gängiger Computer-Systeme

Zentrales Element Prozessor   Zentrales Element eines Computersystems ist der **Prozessor**, auch CPU (Central Processing Unit) genannt. Seine Hauptbestandteile sind das **Rechenwerk** und das **Steuerwerk**. Im Rechenwerk werden alle Operationen ausgeführt, vom Steuerwerk werden diese Prozesse mit Befehlen gesteuert. Die Leistungsfähigkeit eines Computers wird unter anderem von der Fähigkeit seiner Prozessoreinheit zur gleichzeitigen Verarbeitung von Befehlen beeinflusst. Da mittlerweile die physikalischen Grenzen bei der Steigerung der Verarbeitungsgeschwindigkeit erreicht sind, werden Einzelprozessoren zunehmend von Mehrkern- oder Mulitcore-Prozessoren abgelöst, die eine parallele Verarbeitung von Daten ermöglichen. Die Anzahl der Prozessoren, die auf diese Weise in einem Gehäuse verbaut werden, steigt stetig an.

Interner und externer Speicher   Der Prozessor steht in ständiger Verbindung mit dem **Arbeitsspeicher** oder RAM (Random Access Memory), aus dem er sich Daten holt und in dem er sie nach der Bearbeitung wieder ablegt. Da moderne Prozessoren oft mehrere Milliarden Operationen pro Sekunde ausführen, liegt die Reaktionszeit dieses Speichersegments im Bereich von millionstel Sekunden. Der Inhalt des Arbeitsspeichers ist flüchtig, er geht mit dem Ausschalten des Rechners oder bei Stromausfall verloren. Zusammen mit dem fest eingebauten BIOS (Basic Input Output System) bildet der Arbeitsspeicher den **internen Speicher**. Das BIOS ist vor allem für den Startvorgang eines Computers wichtig und führt verschiedene Prüf- und Startroutinen aus.

Die **externen Speicher** dienen dazu, Programme zur Ausführung bereitzuhalten und Arbeitsergebnisse dauerhaft zu sichern. Wichtigstes Speichermedium von PCs ist die Festplatte oder Harddisk (HD). Sie besteht aus mehreren übereinander geschichteten Magnetplatten und beweglichen Schreib-Lese-Köpfen. Die Speicherkapazitäten moderner Festplatten steigen ständig und liegen derzeit im Terabyte-Bereich. Durch Kombination von Festplatten lassen sich nahezu beliebig große Datenspeicher bauen. Im Unterschied zur magnetischen Speicherung auf Festplatten sind CDs, DVDs oder Blue-ray Disks optische Speichermedien. Sie werden mit Hilfe von Laserstrahlen beschrieben und gelesen. In kleinen Mobilgeräten wie Smartphones oder Tablet-PCs sowie in MP3-Playern und Speicher-Sticks, immer mehr aber auch in Notebooks, kommen SSD- oder Flash-Speicher zum Einsatz, die ähnlich wie RAM-Speicher ohne mechanische Elemente auskommen. Sie nutzen spezielle elektronischen Speicherbausteine, die Daten auch ohne Stromzufuhr halten können.

Den Transport der Daten und Befehle zwischen den verschiedenen Bausteinen und mit den angeschlossenen Geräten übernimmt der **System- oder Datenbus**. Neben den genannten zentralen Bausteinen benötigen Rechner zahlreiche weitere Elemente, wie das Netzteil zur Stromversorgung, Erweiterungsbausteine zur Ansteuerung des Bildschirms (Grafik-Karte), zur Anbindung an Netzwerke (Netzwerk-Karte) und manches mehr.

Datentransport

Die **Peripherie-Geräte** werden aus technischer Sicht nicht zum eigentlichen Computer gezählt. Sie dienen der Ein- und Ausgabe von Daten und Steuerungsbefehlen, also als **Schnittstelle** zwischen Computer und Mensch. Wichtigste **Eingabegeräte** sind Tastatur und Maus, weitere sind etwa Scanner zum Digitalisieren von Bildern oder Webcams für die Videoübertragung. Touchscreens können als berührungssensitive Bildschirme gleichzeitig als Ein- und Ausgabemedien dienen.

Peripherie-Geräte

Wichtigste **Ausgabegeräte** sind Bildschirme und Drucker, daneben gibt es die Sprach- oder Musikausgabe über Lautsprecher. Weitere Ausgabegeräte sind Video-Beamer zur Projektion des Monitor-Bildes an eine Leinwand oder Plotter zum Druck großflächiger Formate.

2.3.2 Netzwerke

Computer-Netzwerke verbinden Rechner miteinander, um Daten auszutauschen, sie an anderen Orten zu verarbeiten oder Funktionen auf anderen Rechnern ferngesteuert auszuführen.

Nach ihrer räumlichen Ausdehnung teilt man Netzwerke in **lokale Netze** (LAN = Local Area Network) und **Weitverkehrsnetze** (WAN = Wide Area Network).

Lokale Netze

Lokale Netze erstrecken sich über ein Gebäude oder einen Gebäudekomplex. Je nach Größe des Netzes und der Intensität der Informationsverarbeitung bestehen sie aus einem oder mehreren Zentralrechnern, den **Servern** und den Arbeitsplatz-Rechnern, den **Clients**.

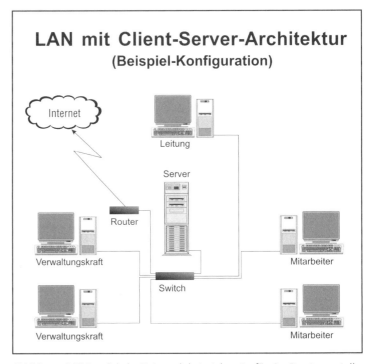

Abbildung 16: Kleines lokales Netzwerk, beispielsweise für eine Beratungsstelle. Drucker- und Internet-Zugriff laufen hier für alle Arbeitsplätze über den Server.

Server und Netzwerk-Komponenten

Der Server verfügt über ein eigenes Server-Betriebssystem. Es ist auf seine Aufgaben der Bereitstellung von Daten und Programmen zugeschnitten und regelt den rechtegesteuerten Zugriff der Clients. Auf dem Server wird nicht direkt gearbeitet, er ist ausschließlich für die Versorgung der Clients mit Daten und Programmen zuständig. Weitere Netz-werk-Komponenten wie **Switches** regeln den Datenverkehr und **Router** dienen der Verbindungsaufnahme zu anderen Netzwerken, heute zumeist dem Internet. Die Verbindung zwischen den Rechnern wird im betrieblichen Umfeld zumeist durch Netzwerkkabel, teils auch per Funk als W-LAN (Wireless LAN) hergestellt. In kleineren Netzen sind häufig **Kombinationsgeräte** aus Switch, Router und Modem mit Zu-gangstechnik zum jeweiligen Internet-Provider (z.B. DSL der Telekom) im Einsatz.

Eine Sonderform des lokalen Netzes ist das **Peer-to-Peer-Netz.** Hier gibt es keinen speziellen Server, jeder Rechner kann zugleich als Client oder Server fungieren. Peer-to-Peer-Netze können ohne zusätzliche Software zwischen beliebigen Windows-Rechnern aufgebaut werden. Sie sind meist nur für den einfachen Datenaustausch oder Drucker-Zugriff geeignet.

Peer-to-Peer-Netze

Insbesondere bei größeren Netzwerken ist die Verwaltung vieler PCs mit Fehlerbehebung, Einspielung neuer Betriebssystem- und Pro-gramm-Versionen sowie der Gewährleistung der Datensicherheit sehr personalintensiv. Die Kosten hierfür übersteigen vielfach die reinen Anschaffungskosten von Hard- und Software. Die Gesamtkosten eines Rechnersystems während seines Lebenszyklus werden als **Total Cost of Ownership (TCO)** bezeichnet.

Hohe Administrationskosten

Um diese Kosten zu senken, wurde als neuere Variante der Netzwerk-Technologie das **Server Based Computing** entwickelt. Statt klassischer PCs werden an den Arbeitsplätzen **Thin Clients** eingesetzt, die nur noch die Ein- und Ausgabe der Daten steuern. Während sich im klassischen PC-basierten LAN die Clients und Server die Datenverarbeitung teilen, findet in dieser, auch **Terminal-Server-Architektur** genannten Variante die gesamte Verarbeitung serverseitig statt. Entsprechend wird meist eine größere Zahl leistungsstarker Server benötigt.

Server Based Computing

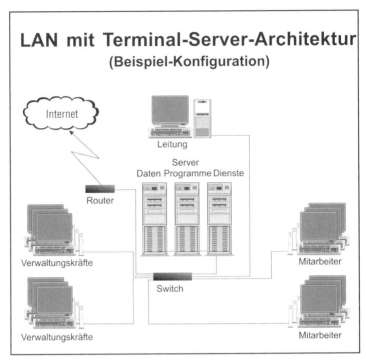

LAN mit Terminal-Server-Architektur
(Beispiel-Konfiguration)

Internet

Leitung

Server
Daten Programme Dienste

Router

Verwaltungskräfte

Switch

Mitarbeiter

Verwaltungskräfte

Mitarbeiter

Abbildung 17: Beispielkonfiguration eines größeren lokalen Netzes mit Terminal-Server-Architektur

Der Vorteil dieses Konzeptes liegt vor allem im deutlich geringeren Administrationsaufwand an den Arbeitsplätzen, da keine Software mehr installiert und gewartet werden muss. Thin Clients sind außerdem preislich günstiger, ausfallsicherer und sparsamer im Stromverbrauch als PCs, da sie weniger Komponenten enthalten. Die TCO solcher Netze ist daher deutlich niedriger als bei klassischen LANs. Nachteil des Server Based Computings ist eine höhere Abhängigkeit vom Funktionieren der Netzverbindungen und Server. Während auf PCs bei einem Netzausfall zumindest noch eingeschränkt gearbeitet werden kann, ist dies bei Thin Clients nicht mehr möglich.

Neben dem Terminal-Server-Konzept hat sich in jüngerer Zeit die **Desktop-Virtualisierung** als zweite Variante des Server Based Computings etabliert. Auch hier werden Daten und Anwendungsprogramme zentral auf den Servern vorgehalten. Im Unterschied zu den Terminal-Server-Umgebungen, in denen sich die Clients ein Betriebssystem teilen, wird hier für jeden Client eine eigene Betriebssystem-Instanz gestartet. Dem Anwender steht also weiterhin eine völlig separate – nun

aber virtuelle – Rechnerumgebung zur Verfügung. Nachteil gegenüber
dem Terminal-Server-Konzept ist ein höherer Ressourcenverbrauch
auf den Servern; vorteilhaft können Lösungen dieser Art sein, wenn
etwa bestimmte Anwendungen nicht in Terminal-Server-Umgebungen
lauffähig sind oder sehr individuelle Software-Konfigurationen benötigt werden.

Weitverkehrsnetze

Müssen Außenstellen an ein Netzwerk angebunden oder mehrere
Standorte einer Organisation miteinander verbunden werden, benötigt
man ein **Weitverkehrsnetz (WAN)**. Als Verbindungsweg dient heute
fast ausschließlich die Infrastruktur des Internets.

Um die übertragenen Daten in diesem öffentlichen Netz vor unberech-
tigten Zugriffen oder Manipulationen zu schützen, nutzt man **Virtuelle
Private Netzwerke (VPN)**. Dabei werden die Daten vor der Übertragung verschlüsselt. Am Empfangsort werden sie wieder entschlüsselt,
sodass ein quasi „privater" Übertragungsweg entsteht. Diese Aufgabe
übernehmen spezielle Soft- und Hardware-Komponenten an den Ver-
bindungspunkten der organisationseigenen Netze mit dem Internet.

Virtuelle Private Netze

Netzwerk-Protokolle

Netzwerke entfalten ihre Vorteile nur dann, wenn eine hinreichend
schnelle und fehlerfreie Übertragung der Daten gewährleistet ist. Häufig befinden sich in großen Netzen Rechner mit unterschiedlichen Betriebssystemen oder es gibt verschiedene Übertragungswege. Für den
Datenverkehr werden deshalb davon unabhängige Standards benötigt.
Sie regeln die richtige Adressierung der Daten, ihre Codierung oder das
Erkennen und Behandeln etwaiger Störungen. Solche Standards werden Netzwerk-Protokolle genannt.

Moderne Netzwerk-Protokolle „verpacken" die eigentlichen Nutzda-
ten in „Pakete" definierter Größe. Wie bei einem Postpaket enthält die
Verpackung Angaben zum Absender und Empfänger. Ebenso sind Informationen enthalten, mit denen die Vollständigkeit der Übertragung
geprüft werden kann.

Übertragung in Datenpaketen

Das wichtigste dieser Protokolle ist das aus zwei Komponenten beste-
hende **TCP/IP-Protokoll** (Transmission Control Protocol/Internet-
Protocol). TCP ist für den Transport der Daten zuständig und IP regelt
den Verbindungsauf- und -abbau sowie die Adressierung. Wie sein
Name schon sagt, wird TCP/IP zur Datenübertragung im Internet eingesetzt, es hat sich aber auch als Standard in lokalen Netzen etabliert.

2.3.3 Internet und Intranet

Aus technischer Sicht ist das Internet ein normales – wenn auch besonders großes – Weitverkehrsnetz unter dem Protokoll TCP/IP.

Sein Name „Inter-Net" – Netz zwischen den Netzen – rührt von seiner ursprünglichen und heute noch wichtigen Aufgabe her, lokale Netzwerke miteinander zu verbinden. Eine Besonderheit des Internet ist, dass es keinen einzelnen Besitzer hat. Es ist im Grunde nur eine gemeinsame technische Konvention zum Austausch von Daten zwischen nahezu allen Rechnersystemen und auf allen technisch möglichen Übertragungswegen.

Die Wurzeln des Internet sind militärischen Ursprungs reichen bis in die 60er Jahre des 20. Jahrhunderts zurück. In den 80er Jahren wurde es hauptsächlich in der naturwissenschaftlich-technischen Forschung genutzt. Erst mit der Entwicklung einer grafischen bzw. multimediafähigen Oberfläche ab dem Jahr 1993 begann seine rasante Verbreitung.

Internet-Dienste Das Internet bietet verschiedene Dienste, die auf speziellen, mit TCP / IP kompatiblen Protokollen aufbauen. Wichtig sind:

– HTTP (Hyper Text Transfer Protocol) zur Übertragung und zum Aufbau von Internet-Seiten im World Wide Web. Die Variante HTTPS (S für Secure) verschlüsselt die Daten auf dem Übertragungsweg, sodass sie nicht mehr von Dritten eingesehen werden können.

– POP (Post Office Protocol) und SMTP (Simple Mail Transfer Protocol) bzw. IMAP (Internet Message Access Protocol) zum Empfangen und Versenden von E-Mails. Mit dem IMAP-Protokoll können Mails auch auf dem Server verwaltet und lokal abgerufen werden.

– FTP (File Transfer Protocol) zum Übertragen von Dateien zwischen Servern und Clients

Zunehmend hat sich das Internet zu einem integrierten Übertragungsweg für alle multimedialen Daten und Telekommunikationsdienste entwickelt. Es kann damit heute als **Universalnetz** bezeichnet werden, das andere Netze wie das Telefonnetz oder die bisherigen TV-Übertragungswege integriert oder ablöst.

Geschlossene Intranets **Intranets** sind geschlossene, organisationsinterne Netze, die auf der Internet-Technik basieren. Sie nutzen die gleichen Protokolle und bieten zumeist die gleichen Basisdienste an. Der Zugang geschieht ebenso wie im Internet über den Browser. Als Leitungswege können alle Typen von LANs oder WANs genutzt werden (vgl. Abschnitt 2.3.1). Oft sind

Übergänge (Gateways) in das Internet vorhanden. Gegen unberechtigte Zugriffe werden Intranets mit Hilfe von Firewalls und Passworten geschützt.

2.4 Datenbank- und Software-Architekturen

Nahezu alle fachspezifischen Anwendungsprogramme für Soziale Organisationen basieren auf Datenbanken. In ihnen sind beispielsweise Informationen über Adressaten, Leistungen, Kostenträger oder Kooperationspartner gespeichert.

Dem Nutzer erscheinen Anwenderprogramm und Datenbank als eine Einheit. Er gibt beispielsweise in ein Suchfeld den Namen eines Adressaten ein, worauf ihm das Programm die zu dieser Person gespeicherten Informationen anzeigt. Diese Daten können entsprechend der Funktionalität des Programms verändert, mit anderen Daten kombiniert oder in Formularen ausgegeben werden.

Datenbank und Anwenderprogramm

Technisch betrachtet sind Datenbank und Anwenderprogramm getrennte Einheiten. Das Programm ist für die Bearbeitung zuständig, die Datenbank speichert die Informationen und stellt sie auf Abruf zur Verfügung.

Beim eher selten gewordenen Fachsoftware-Einsatz auf Einzelplatz-PCs spielt diese Trennung von Programm und Datenbank praktisch kaum eine Rolle. In Netzwerken werden die Datenbanken jedoch meist auf zentralen Servern platziert (vgl. Abschnitt 2.3.2), während die Programme vielfach auf den Arbeitsplatz-PCs installiert sind. Wichtig ist die Kenntnis über Ort und Form der Datenspeicherung auch für die Gewährleistung von Datenschutz und IT-Sicherheit (vgl. Kapitel 7).

Die fachspezifische Software wird von den jeweiligen Anbieterfirmen zumeist selbst entwickelt. Für die Datenspeicherung werden marktgängige **Standard-Datenbanken** genutzt. Diese Systeme müssen vom Software-Anbieter nur noch bedarfsgerecht konfiguriert und mit dem Anwendungsprogramm verknüpft werden. Bei hochwertigen kommerziellen Datenbank-Produkten berechnet der Datenbank-Hersteller eigene Lizenzgebühren. Diese müssen zusätzlich zum Preis der Fachsoftware pro Server bzw. Arbeitsplatz entrichtet werden. Daneben gibt es auch lizenzkostenfreie Open Source Datenbanken, die bislang in Fachsoftware jedoch eher selten Anwendung finden.

Kommerzielle und Open-Source Datenbanken

2.4.1 Aufbau und Klassifizierung von Datenbanken

Unter den Datenbanken gibt es verschiedene Typen und Leistungsklassen. Als Typus dominiert heute die **relationale Datenbank**. Die gespeicherten Informationen werden hier in Form von **Tabellen** abgelegt.

Spalte			Feld-Name	
ID	**Name**	**Vorname**	**Geb-Dat.**	**Wohnort**
01	Amann	Dieter	17.02.1943	Damhorst
02	Braun	Rita	03.08.1960	Lindlen
03	Christ	Jens	11.12.1981	Sieldorf
04	Diemer	Max	30.07.1926	Flaming
05	Erhard	Eva	25.03.1939	Lindlen
06	Fligg	Gert	09.11.1958	Wushof

Datensatz → (Zeile 02)
Feld → (Zelle Flaming)

Abbildung 18: Beispiel einer Datenbank-Tabelle mit Adressaten-Informationen

Datenbank-Elemente   Datenbank-Tabellen bestehen aus **Spalten** und **Zeilen**. Die Spalten beschreiben die Informationskategorien (Feldnamen oder Attribute) und die Zeilen fassen die Informationen zu einem Objekt zusammen. Die in einer Zeile enthaltene Informationsmenge wird **Datensatz** genannt. Ein Datensatz besteht aus mehreren Feldern. Ein Feld enthält jeweils nur eine Informationseinheit, wie etwa den Familiennamen oder den Wohnort einer Person.

In einer Datenbank gespeicherte Datensätze müssen widerspruchsfrei und eindeutig identifizierbar sein. Da die Feldinhalte zweier Datensätze identisch sein können, wird die Unterscheidung über ein numerisches **Schlüssel- oder Identifikationsfeld** (ID) realisiert. Diese ID wird von der Datenbank zumeist automatisch vergeben.

Verknüpfungen   Um Beziehungen zwischen Informationen in unterschiedlichen Tabellen herstellen zu können, werden Datensätze miteinander verknüpft. Gibt es beispielsweise eine Tabelle mit Sozialarbeitern und eine Tabelle mit Adressaten, so kann über die Verknüpfung dargestellt werden, welcher Sozialarbeiter welche Adressaten betreut.

ID	Betreuer	Abteilung
01	Salser	3-2
02	Hansen	3-1
03	Kluge	3-2
04	Helfling	3-3
05	Friese	3-1
06	Mumler	3-2

ID	Klient	Geb-Dat.
01	Amann	17.02.1943
02	Braun	03.08.1960
03	Christ	11.12.1981
04	Diemer	30.07.1926
05	Erhard	25.03.1939
06	Fligg	09.11.1958

Abbildung 19: Verknüpfung zweier Datenbank-Tabellen (vereinfachte Darstellung). Von einem Datensatz können auch mehrere Verknüpfungen ausgehen.

Die Verknüpfung von Tabellen ist flexibel handhabbar. So ist beispielsweise beim Wechsel des Betreuers für einen Adressaten keine Neueingabe von Daten notwendig, es muss lediglich die Verknüpfung verändert werden.

Die Mehrbenutzerfähigkeit von Datenbanken ermöglicht den gleichzeitigen Zugriff verschiedener Anwender. Welche Informationen die Anwender dabei sehen, wird durch ein **Zugriffsrechte-System** im Anwendungsprogramm oder in der Datenbank geregelt.

Leistungsklassen

Als Leistungsklassen von Datenbanken unterscheidet man Arbeitsgruppen- und Unternehmensdatenbanken.

Arbeitsgruppendatenbanken sind für eine kleinere Zahl von Nutzern und überschaubare Datenmengen ausgelegt. Werden zu große Datenmengen verarbeitet oder sind zu viele Nutzer am Werk, kommt es zu Wartezeiten. Diese Datenbanken werden meist nur auf Einzelarbeitsplätzen oder in kleineren lokalen Netzen betrieben. Ein typischer und häufig genutzter Vertreter dieser Klasse ist Microsoft Access.

Unternehmensdatenbanken, häufig auch SQL- oder Client-Server-Datenbanken genannt, sind für eine hohe Nutzerzahl und große Datenmengen ausgelegt. Ihr Einsatz kann bei starkem Datenaufkommen auch für eine kleine Nutzerzahl sinnvoll sein. Typische kommerzielle Produkte sind Oracle Database und Microsoft SQL (MS-SQL), bekannteste Open Source Datenbank ist MySQL. Das Kürzel SQL bezeichnet dabei eine standardisierte Abfrage-Syntax (Structured Query Language), über die Datenbanken von Anwenderprogrammen aus angesprochen werden können.

2.4.2 Softwarearchitektur-Konzepte

Für die Form der Zusammenarbeit zwischen einer (Fach-)Software und einer Datenbank gibt es unterschiedliche Grundkonzepte mit je spezifischen Vor- und Nachteilen.

Klassische Architekturen   Im klassischen Einsatzbereich von Arbeitsgruppen-Datenbanken, den lokalen Netzen, werden die Anwenderprogramme zumeist auf den PCs der Nutzer installiert. Die Datenbank zum gemeinsamen Zugriff aller Nutzer liegt auf dem Server. Die Verarbeitung der Daten findet durchgängig auf der Ebene des Anwenders statt, die Datenbank fungiert nur als Speicherort. Für verschiedene Anwendungszwecke kommen oft getrennte Programme und Datenbanken zum Einsatz.

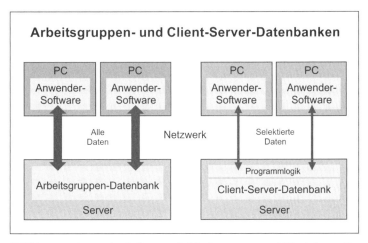

Abbildung 20: Anwender-Software mit Arbeitsgruppen- und Client-Server-Datenbank in einem klassischen lokalen Netzwerk (LAN)

Client-Server-Datenbanken verfügen im Unterschied zu Arbeitsgruppen-Datenbanken über eine eigene **Programmlogik**. Hier teilen sich Anwendungsprogramm und Datenbank die Verarbeitungsprozesse. Vorteil dieses Konzepts ist ein deutlich geringerer Datenverkehr im Netzwerk. Die Datenbank schickt nur diejenigen Informationen zur Anwenderebene, die aktuell benötigt werden. Datenbanken dieses Typus eignen sich daher besser bei begrenzten Übertragungskapazitäten im Fernzugriff über das Internet. Ist eine Fachsoftware entsprechend konzipiert, kann auch mit verschiedenen Anwendungsprogrammen auf eine Datenbank zugegriffen werden. So kann etwa ein Dokumentationsprogramm für eine Jugendhilfe-Einrichtung denselben Datenbestand nutzen wie das dort eingesetzte Dienstplan-Programm.

Zwar sind Client-Server-Architekturen den File-Server-Architekturen technisch überlegen, jedoch ist hier der Einsatz vollwertiger PCs sowie die Installation und Wartung umfangreicher Anwender-Software auf den lokalen PCs erforderlich. Insbesondere beim Einsatz vieler Programme, bei großen Organisationen oder räumlich weit verteilten Nutzern verursacht dies auf Dauer hohe Wartungskosten (vgl. Abschnitt 3.2.2). Modernere Gesamtarchitekturen kombinieren daher das Client-Server-Modell mit einer **Terminal-Server-Architektur**, was die Vorteile Beider besser zur Geltung kommen lässt. Zwischen die Server mit Anwendungsprogrammen bzw. Datenbanken und den PCs bzw. Thin Clients wird dabei ein Terminal-Server geschaltet, der den Anwendern die Benutzeroberfläche der Software bereitstellt und Ein- oder Ausgaben steuert. Eine Installation der Anwendersoftware auf Arbeitsplatz-PCs wird dadurch überflüssig. Neben den Daten werden also auch die Programme zentral vorgehalten. Da anwenderseitig nur noch Daten ein- und ausgegeben sowie weitergeleitet werden, spielt die Leistungsfähigkeit des Endgerätes kaum mehr eine Rolle. Hier bietet sich der Einsatz von **Thin Clients** (vgl. Abschnitt 2.3.1) an. Aufgrund des geringen Datenaufkommens in den Leitungsverbindungen ist dieses Konzept auch für kapazitätsschwache Fernverbindungen geeignet.

Die Kombination aus Terminal-Server- und Client-Server-Architektur ist heute bei vielen größeren Sozialträgern im Einsatz. Bei dezentralen Organisationsstrukturen ist sie auch für Einrichtungen mittlerer Größe gut geeignet.

Terminal-Server-Architektur

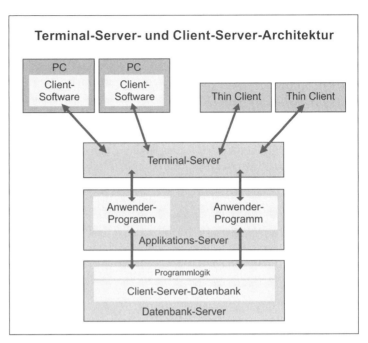

Abbildung 21: Beispiel einer Kombination der Terminal-Server- mit der Client-Server-Architektur

Web-basierte Architekturen   Unabhängig von den oben beschriebenen Technologien haben sich in den vergangenen Jahren auch in lokalen Netzwerken zunehmend technische Standards aus dem Bereich des Internets etabliert. Diese Entwicklung hat auch vor den Systemarchitekturen nicht halt gemacht. Während das Terminal-Server-Konzept auf bislang in lokalen Netzen üblichen Programm- und Datenbank-Strukturen basiert, ist bei **webbasierten Architekturen** die Fernnutzung bereits in das Grundkonzept integriert. Dabei interagiert das Anwendungsprogramm serverseitig direkt mit einem Webserver-System, das den Datenaustausch mit Hilfe der Internet-Technologie ermöglicht. Als Client-Komponente fungiert ein gängiger Web-Browser, wie er auch zum Surfen im Internet benutzt wird. Dieser fungiert gleichzeitig als Kommunikationssoftware mit dem Web-Server und als Benutzeroberfläche für Anwendungsprogramme. Verbindungsweg ist ein LAN, WLAN oder das Internet. Der Hauptvorteil dieses Konzeptes liegt in der Nutzung überall vorhandener, standardisierter Internet-Technologien und entsprechend geringer Kosten für Infrastruktur und Wartung.

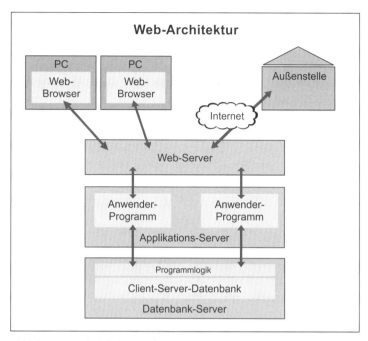

Abbildung 22: Beispiel einer Web-Architektur in einem lokalen Netzwerk mit Anbindung von Außenstellen oder Heimarbeitsplätzen

Auch zahlreiche Websites im Internet basieren auf der hier vorgestellten Web-Architektur. So wird etwa bei einer Anfrage an eine Suchmaschine oder bei der Produktsuche in einem Einkaufsportal vom Internet-Nutzer via Browser ein beim Anbieter hinter dem Web-Server liegendes Anwendungsprogramm angesprochen. Dieses fragt die gewünschten Informationen aus einer Datenbank ab und stellt sie dem Nutzer wieder über die Website bereit.

Die Auswahl eines der in diesem Abschnitt genannten Architektur-Modelle für eine soziale Organisation hängt im konkreten Fall von zahlreichen Faktoren ab. Die wichtigsten davon sind Nutzerzahl, räumliche Verteilung der Nutzer und die vorhandene bzw. geplante Netzwerk-Gesamtarchitektur. Auch sind nicht alle derzeit verfügbaren Fachprogramme zum Betrieb mit allen hier gezeigten Modelle geeignet. Dies gilt insbesondere für die Web-Architektur, für die derzeit erst wenige Programme verfügbar sind.

2.5 Visionen und Grenzen der Informatik

In den zurückliegenden Jahrzehnten hat die Informatik enorme Fortschritte gemacht, die Leistungsfähigkeit von Hard- und Software ist rasant gewachsen. Zahlreiche Tätigkeiten, die bislang dem Menschen vorbehalten waren, werden mittlerweile von computerbasierten Robotern gesteuert. Ihr Einsatzgebiet reicht von der Fahrzeug-Montage bis hin zur Chirurgie, auch Pflegeroboter werden bereits getestet. Immer mehr menschliche Arbeitsplätze werden durch Computer ersetzt, die weltweite Vernetzung macht Arbeit und Information global verfügbar und disponierbar. Im Internet haben soziale Netzwerke neue Formen der Interaktion hervorgebracht und neben der realen eine virtuelle Lebenswelt geschaffen, in der ebenso Freundschaften geschlossen werden wie Mobbing stattfindet.

Die Auswirkungen, aber auch die Steuerung der informationstechnischen Entwicklung rücken damit immer stärker ins Zentrum der gesellschaftspolitischen Diskussion. Ein Ende der technischen Leistungssteigerung ist nicht in Sicht, das Mobile Computing durchdringt immer mehr Lebensbereiche. Elektronisch überwachte Wohnumgebungen und Assistenztechnologien für Senioren oder Menschen mit Behinderungen stehen vor der Marktreife. Die Informationstechnologie der Zukunft wird daher auch vor den Organisationsformen der Sozialwirtschaft nicht Halt machen und die Fachlichkeit Sozialer Arbeit mit prägen.

Visionen künstlicher Intelligenz　Wohin wird sich die Informationstechnologie in Zukunft entwickeln? Die wissenschaftliche Informatik diskutiert den weiteren Weg der Disziplin und ihrer Anwendungen kontrovers. Vertreter der Künstlichen Intelligenz (KI) als Teilgebiet der Informatik sehen den Computer künftig als Partner des Menschen, der langfristig sogar seinem Schöpfer überlegen sein wird und dessen Rolle übernimmt:

„Heute sind unsere Maschinen noch einfache Geschöpfe. Doch im Laufe des nächsten Jahrhunderts werden sie zu Gebilden heranreifen, die ebenso komplex sind wie wir selbst, um schließlich über uns und alles, was wir kennen, hinauszuwachsen, sodass wir eines Tages stolz sein dürfen, wenn sie sich als unsere Nachkommen bezeichnen.

Da diese Kinder unseres Geistes nicht auf den stockenden Gang der biologischen Evolution angewiesen sind, werden sie sich ungehemmt entfalten […] Wir Menschen werden eine Zeitlang von ihrer Arbeit profitieren. Doch über kurz oder lang werden sie, wie biologische Kinder, ihre eigenen Wege gehen, während wir, ihre Eltern, alt werden und abtreten“ (Moravec 1990, S. 9-10).

Die Mehrzahl der Informatiker sieht die Lage jedoch weitaus nüchterner und verweist auf die prinzipiellen technologischen Grenzen dieser Wissenschaft und ihrer Anwendungspraxis: Gegenpositionen

„Computer führen nur das aus, was der programmierende Mensch vorgedacht hat. Das allerdings tun sie sklavisch genau mit höchster Geschwindigkeit. Computer können nicht kreativ sein, ihnen fehlt jegliche Phantasie" (Horn/Kerner/Forbig 2001, S. 23)

„Der Computer ist ein ʼHochgeschwindigkeitstrottelʼ, der falsche Anweisungen prinzipiell nicht erkennen kann, aber sehr schnell als Programm vorgegebene Anweisungen ausführt." (Saake/Sattler 2002, S. 4)

Welche Potenziale auch immer in der Zukunft dieser Technik stecken, es bleibt die ethisch-moralische Frage, wozu der Mensch sie einsetzen und in welche Richtung er ihre Entwicklung lenken soll.

Als einer der führenden Computerwissenschaftler des letzten Jahrhunderts schuf Joseph Weizenbaum das Programm ELIZA, das ein therapeutisches Gespräch nach Carl Rogers' nondirektiver Methode simuliert. Erschreckt stellte er nach einiger Zeit fest, dass seine Mitarbeiter dieser Software ihre intimsten Probleme anvertrauten und sich von ihr verstanden fühlten. Dies obwohl das Programm nur mit vergleichsweise simplen Algorithmen die jeweils eingetippten Aussagen widerspiegelte oder mit Standardfragen darauf reagierte.

Weizenbaum wandelte sich in der Folge dieser Erlebnisse zu einem der schärfsten Computer-Kritiker, der ethisch-moralische Fragen ihres Einsatzes in den Mittelpunkt seines Schaffens rückte. Er warnte vor einem inhumanen Menschenbild, das Mensch und Computer auf die gleiche Stufe stellt und dadurch die Individualität des Menschen negiert, den Menschen austauschbar macht und entwertet. Weizenbaum betonte, dass Entscheidungen, etwa in der Medizin oder Politik immer dem Menschen vorbehalten bleiben sollen, da nur er als Subjekt die Verantwortung dafür übernehmen kann. Rechenberg (2000, S. 285) fasst diesen ethisch-moralischen Imperativ zum Verhältnis von Mensch und Computer so zusammen: „Man soll den Computer nur als Werkzeug, nicht als Partner des Menschen einsetzen." Ethik und Moral

Darin steckt die Aufforderung an die Menschen, nicht zu vergessen, dass die Informationstechnologie trotz ihrer enormen Leistungsfähigkeit nur ein von Menschenhand geschaffenes, Algorithmen ausführendes Hilfsmittel ist. Die Sphäre des verantwortlichen Handeln in der menschlichen Wirklichkeit, in der biologische, geistige, emotionale und ethische Aspekte eng miteinander verwoben sind, muss davon getrennt bleiben.

Arbeitsaufgaben

3. Handelt es sich bei der Aufnahme eines Jugendlichen in eine stationäre Einrichtung der Kinder- und Jugendhilfe um einen Algorithmus im Sinne der Informatik? Wenn ja oder nein: warum?

4. Sie arbeiten in einer Einrichtung mit fünf Standorten im Stadtgebiet. In jeder Niederlassung gibt es ein eigenes LAN mit PCs und Server. Der einzige System-Administrator der Organisation ist ständig zwischen den Standorten unterwegs, um die Systeme am Laufen zu halten. Da er diese Arbeit kaum mehr bewältigt und oft lange Wartezeiten entstehen, wird die Einstellung eines zweiten Administrators erwogen. Welche mittelfristig kostengünstigere Alternative gäbe es dazu?

5. Ein begeisterter Informatiker erzählt Ihnen, dass er ein Experten-Programm entwickeln will, das nach Eingabe aller Mitglieder einer Familie mit deren Problemstellungen und Ressourcen automatisch die bestmögliche Hilfeform vorschlägt. Die Vorschläge des Programms würden letztendlich viel präziser sein als die von Sozialarbeitern aus der Praxis. Was antworten Sie ihm?

Literatur zum Kapitel

Horn, Christian/Kerner, Immo O./Forbig, Peter: Lehr- und Übungsbuch Informatik, Band 1 Grundlagen und Überblick. Leipzig 2001

Moravec, Hans: Mind Children. Der Wettlauf zwischen menschlicher und künstlicher Intelligenz. Hamburg 1990

Rechenberg, Peter: Was ist Informatik? Eine allgemeinverständliche Einführung. München; Wien 2000

Saake, Gunter/Sattler, Kai-Uwe: Algorithmen und Datenstrukturen. Heidelberg 2002.

3 Informationstechnologie in sozialen Organisationen

3.1 Entwicklungslinien

Um die gegenwärtige Situation und künftige Entwicklungen der IT in sozialen Organisationen besser einordnen zu können, ist es hilfreich, einen Blick auf die bisherige Entwicklung dieses historisch relativ jungen Phänomens zu werfen.

Die Geschichte des IT-Einsatzes in sozialen Einrichtungen und Verbänden kann idealtypisch in **drei Phasen** dargestellt werden. In der Praxis gehen diese Phasen fließend ineinander über oder werden durch Ungleichzeitigkeiten in den verschiedenen Arbeitsfeldern der Sozialwirtschaft überlagert. Dennoch markieren sie wichtige Schritte bei der Entwicklung der IT-Nutzung, insbesondere der fachspezifischen Softwarelösungen.

Drei Entwicklungsphasen

In der **ersten Phase**, etwa von Mitte der 80er bis Mitte der 90er Jahre, wurden vor allem verwaltungstechnische Anwendungen in den Bereichen **Finanzbuchhaltung, Lohn- und Gehaltsabrechnung, Stammdatenverwaltung und Leistungsabrechnung** entwickelt und genutzt. Diese Software-Lösungen basierten auf den Betriebssystemen MS-DOS oder UNIX. Aufgrund ihrer rein textorientierten, nicht intuitiv bedienbaren Oberflächen und wegen ihrer administrativen Ausrichtung waren sie kaum für Fachkräfte aus der Sozialen Arbeit oder Pflege geeignet und wurden von ihnen auch wenig genutzt.

Verwaltung und Abrechnung

```
 ┌─┼─┐  ┌─          C & S Software          C & S GmbH
 │  ┼  ┌─┘        Stammdaten Bewohner           Augsburg
 └─┼─┘  └─                                       18. 3.92

Bew.- Nr.  :    1        Pflegestufe :    Herkunftsreg.:  1 Bewerbung
Name       : Krummholz                    Heim - Nr.   :     1
Vorname    : Hans                         Station      :
Anrede     :  1 Herr                      Gruppe       :     1 betreute
Titel      :  1 Dipl.-Pol.                Zimmer       :  2001
Telefon 1  : 0821-555088                  Zimmer-Kz.   :  1 Einzelzimmer
Telefon 2  : 0821-553016    Art: Telefon
Geb.- Dat. : 12.11.1906                   Aufnahme     :  1. 1.1992
Geb.- Name :                              Entlassung   :  .  .
Geb.- Ort  : München                      Ehepartner   :

                                          Konfession   :  5 sonstige Ang
Geschlecht : M männlich                   Mitglied     :
Fam.-Stand : L ledig                      Maßnahme     :
Ausweis-Nr.: PA 423589    Sort-Kz.:       Aktenzeichen : AZ 47/231 K
frei def.1 : 121104   National. :         Rentenv.- Nr.: 121104K31810
frei def.2            Namenstag :    .

1=anzeigen 2=speich.  3=BS lösch 4=löschen  5=EXP/^IMP 6=vorwärts 7=Auswahl
```

Abbildung 23: Bildschirm-Maske eines weit verbreiteten DOS-Programms zur Heimverwaltung der C&S GmbH aus dem Jahr 1992

Primäre Einsatzfelder solcher Programme waren zunächst größere stationäre Einrichtungen der Alten- oder Behindertenhilfe, welche die zu dieser Zeit sehr teure Hardware finanzieren konnten. Mit der begin-

nenden Verbreitung günstigerer und leistungsfähiger PCs nutzten allmählich auch kleinere Einrichtungen entsprechende Programme.

Abbildung 24: Erste Phase mit IT-Einsatz in der Verwaltung

Planung, Dokumentation und
Betriebswirtschaft

Die **zweite Phase** von Mitte der 90er Jahre bis etwa zur Jahrtausendwende brachte auf der Ebene der fachspezifischen Software-Lösungen
zweierlei Entwicklungen: Zum einen wurden vermehrt Zusatzfunktio-
nen oder eigenständige Programme für die fachliche Arbeit wie **Pflege**- oder **Falldokumentation** entwickelt und eingesetzt. Zum anderen
ging der Trend hin zu differenzierteren **Auswertungswerkzeugen** im
betriebswirtschaftlichen Bereich und **Adressaten- bzw. Leistungs-Sta-
tistiken** auf fachlicher Ebene. Mit der Fachsoftware, zunehmend aber
auch mit Office-Anwendungen begann sich der IT-Einsatz damit lang-
sam auf die Leitungsebene sowie die fachlichen Bereiche auszudehnen.
Dort blieb er jedoch zunächst auf eine eher **punktuelle Nutzung** beschränkt. Als Betriebssystem wurde nun meist Windows eingesetzt. Die
Programme bekamen grafische Oberflächen, was die Bedienbarkeit
deutlich verbesserte. Ebenso installierten die Einrichtungen vermehrt
Netzwerke, jedoch zunächst oft noch ohne Anbindung an das Internet.

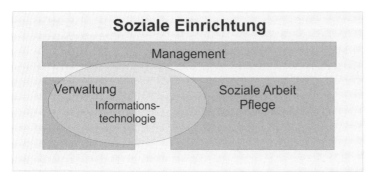

Abbildung 25: Zweite Phase mit ersten Anwendungen für Leitung und fachliche Arbeit

Die **dritte Phase** begann etwa mit der Jahrtausendwende und ist auf fachlicher Ebene vor allem durch eine Integration **fallbezogener Planungs- und Evaluationsfunktionen** in die Software gekennzeichnet. Beschränkten sich die Fachprogramme bis dahin zumeist auf die nachgehende Dokumentation Sozialer Arbeit und Pflege, so wurden nun vermehrt Module für Hilfe- oder Pflegeplanung sowie zur Kontrolle der Erreichung geplanter Ziele entwickelt und eingesetzt. Damit hatte die IT endgültig den fachlich-methodischen Kernbereich der Praxis erreicht. Die Entwicklung und Verbreitung derartiger Systeme ist jedoch bis heute nicht abgeschlossen und differiert zwischen und innerhalb der Arbeitsfelder erheblich.

Ähnliches geschah auf betriebswirtschaftlicher Ebene: die zunächst retrospektiv angelegten Auswertungswerkzeuge wurden zunehmend durch **prospektiv-planerische Tools** ergänzt, die etwa Umsatzhochrechnungen, vermehrt auch differenziert nach Touren, Abteilungen oder Adressaten ermöglichten. Darauf aufbauend begann die Entwicklung von Funktionen für ein **integriertes Controlling**, das fachliche und betriebswirtschaftliche Daten zusammenführt.

Fallbezogene Planung und Evaluation

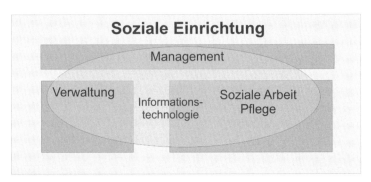

Abbildung 26: Dritte Phase mit Anwendungen für die zentralen Funktionsbereiche sozialer Organisationen

Büro-Anwendungen breiten sich aus

Parallel zu den beschriebenen Entwicklungen im Fachsoftware-Bereich breitete sich mit der Verfügbarkeit grafischer Benutzeroberflächen (Windows) ab Anfang bis Mitte der 90er Jahre auch die Nutzung von **Office-Software** für Textverarbeitung, Tabellenkalkulation, Datenbankverwaltung und Präsentation aus. Mit Hilfe der darin eingebauten Konfigurationsmöglichkeiten, Makro- und Formelsprachen begannen manche soziale Organisationen, fachspezifische Software in Eigenregie zu entwickeln.

Waren bis zur zweiten Phase die fachspezifischen Anwendungen die primären Treiber für die Verbreitung der IT in den Einrichtungen, so übernahmen etwa ab dem Jahrtausendwechsel zunehmend Office-Lösungen, E-Mail und Internet diese Rolle. In dieser Phase wurden vielfach auch lokale Netzwerke verschiedener Standorte sozialer Organisationen miteinander verbunden und mit der Installation eines zentralen Anwendungsbetriebes begonnen.

Fachspezifische Web-Nutzung setzt ein

Während der zweiten Phase setzte parallel zur Anwendung von Fachsoftware in sozialen Organisationen auch die **Nutzung des Internet** ein. Mit Ausnahme primär marketing-orientierter Websites und einzelner Projekte von Hochschulen war eine explizit fachliche Nutzung des Mediums zunächst kaum erkennbar. Gegen Ende der 90er Jahre bildeten sich dann – ähnlich wie in anderen Branchen – das volle Nutzungsspektrum heraus: von fachspezifischen Mailinglisten über diverse Informationsangebote bis hin zu mehr oder weniger umfänglichen Fachportalen. Ebenso entwickelten sich branchenspezifische Nutzungsformen wie Projekte der Online-Beratung oder Auskunftsdatenbanken über soziale Dienstleistungen.

Die Mehrzahl dieser Aktivitäten war zunächst nicht von den klassischen Trägerorganisationen Sozialer Arbeit initiiert oder getragen;

meist handelte es sich um Einzelinitiativen von Mitarbeitern an der Fachbasis, in Hochschulen oder aus dem privaten Bereich. Ab der Jahrtausendwende ergriffen auch die großen Verbände, Ministerien oder Institute selbst die Initiative oder begannen, die an der Basis entstandenen Praxisprojekte zu unterstützen. Gleichzeitig setzten vermehrt Aktivitäten der Verbände zum Aufbau von internen Kommunikations-, Informations- oder Wissensportalen ein, die mit unterschiedlichem Erfolg Verbreitung fanden.

3.2 IT-Einsatz in sozialen Organisationen heute

Der Einsatz von Informationstechnologie ist heute in praktisch allen sozialen Organisationen selbstverständlich. Sieht man jedoch genauer hin, so werden erhebliche Unterschiede sichtbar. Diese liegen insbesondere in der **Tiefe und Intensität der Techniknutzung.** Durchgängig sind inzwischen die Arbeitsplätze in Sekretariaten und Verwaltungsbereichen mit Computern ausgestattet. Ebenso arbeiten überall Fachreferenten in Verbandszentralen oder größeren Einrichtungen mit PCs. An der Fachbasis ist die Verbreitung vielfach noch geringer und hier sind die Unterschiede nach wie vor am größten. Insbesondere gilt dies für die Nutzung fachspezifischer Software.

Hohe Divergenz der Techniknutzung

Der IT-Report für die Sozialwirtschaft (Kreidenweis/Halfar 2008 und Kreidenweis/Halfar 2011), gibt erstmals empirisch gesicherte Einblicke in die quantitativen Aspekte der Nutzung von Informationstechnologie: In großen und mittleren Organisationen der Sozialwirtschaft arbeiten heute bereits rund 60 Prozent der **Mitarbeiter** regelmäßig am Computer. Damit liegt dieser Teil der Sozialwirtschaft gleichauf mit dem Durchschnitt aller Wirtschaftsbranchen in Deutschland. Ein fundamentaler technologischer Rückstand ist also hier nicht erkennbar. Hochgerechnet dürfte die Sozialwirtschaft in Deutschland über 400.000 bis 500.000 **IT-Arbeitsplätze** verfügen. Etwa 90 Prozent davon werden vorwiegend von Mitarbeitern genutzt, jeder zehnte PC wird in der unmittelbaren Adressatenarbeit – etwa zu Bildungs- oder Unterhaltungszwecken – eingesetzt.

Trotz der hohen IT-Durchdringung verfügt längst nicht jeder Mitarbeiter über einen eigenen Bildschirmarbeitsplatz: Im Schnitt steht für 4,4 Mitarbeiter ein PC zur Verfügung. Von ihrem Gesamtumsatz geben soziale Organisationen im Durchschnitt 1 Prozent pro Jahr für Informationstechnologie aus, was weitgehend unabhängig von der Größe der untersuchten Einrichtungen gilt.

Das **Anwendungssoftware-Portfolio** sozialer Organisationen setzt sich heute zumeist aus Standardsoftware, betriebswirtschaftlichen Lösungen, Fachsoftware und teilweise speziellen Programmen für Management-Information zusammen.

Abbildung 27: Typisches Anwendungssoftware-Portfolio mittlerer bis großer sozialer Organisationen

3.2.1 Betriebssysteme und Standardsoftware

Microsoft Windows dominiert

Auf 98 Prozent der Arbeitsplatz-PCs in sozialen Organisationen ist das **Betriebssystem** Microsoft Windows in seinen verschiedenen Versionen installiert. Im Serverbereich liegen ebenfalls die Microsoft-Betriebssysteme klar vorne. Je nach Funktion der Server kommen hier auch andere Systeme zum Einsatz – allen voran das Open Source Betriebssystem Linux mit einem durchschnittlichen Anteil von 12 Prozent.

Alternative Linux und Open Source?

Im geschäftlichen Umfeld gilt das **Open Source Betriebssystem Linux** als derzeit wichtigste Alternative zu Windows. Die Linux-Systemwelt unterscheidet sich in vielerlei Hinsicht von den meist von internationalen Großkonzernen entwickelten und vertriebenen Massenprodukten.

Open Source (wörtl. offene Quelle) oder „Freie Software" bezeichnet Programme, deren Quellcode für jedermann zugänglich ist. Open Source Software ist jedoch nicht, wie häufig angenommen lizenzfrei. Vielmehr existieren verschiedene Lizenzmodelle, die im Kern folgende Regelungen beinhalten:

- der Quellcode liegt in einer für Menschen lesbaren und verständlichen Form vor und ist öffentlich zugänglich
- die Software darf beliebig kopiert, verbreitet und genutzt werden, kommerzielle Nutzung ist ausdrücklich erlaubt und es gibt keine Zahlungen an den Lizenzgeber
- die Software darf verändert und in der veränderten Form weitergegeben werden, die beiden erstgenannten Regeln bleiben dabei jedoch bestehen.

Für Microsoft und andere kommerzielle Software-Hersteller zählt der Programm-Code hingegen zu den am besten gehüteten Firmengeheimnissen. Linux und viele Anwendungsprogramme auf Linux-Basis stammen von einer weltweiten, per Internet vernetzten Gruppe (Community) engagierter Programmierer, die oft ohne Bezahlung an diesen Projekten arbeiten. Vermehrt beteiligen sich mittlerweile auch Firmen an solchen Projekten oder stellen ihre ursprünglich kommerziellen Produkte unter einer Open Source Lizenz zur Verfügung. Einnahmen erwarten sie sich dabei von Serviceleistungen rund um die Software wie Hotline, Wartung oder firmenspezifische Anpassungen.

Offener vs. geheimer Programmcode

Abbildung 28: Pinguin Tux – Maskottchen des Open Source Betriebssystems Linux

Weltweit haben sich mehrere Firmen darauf spezialisiert, anwendergerechte Pakete aus den sonst oft im Internet verstreuten Programmen zu schnüren. Auch wurden deutschsprachige Handbücher oder Online-Hilfen verfasst. Diese Pakete werden meist deutlich unter dem Preis entsprechender Microsoft-Systeme als **Linux-Distributionen** vertrieben. Ferner leisten diese Firmen auf Wunsch kostenpflichtigen Support.

Bislang konnte sich die Linux-Welt in der Sozialwirtschaft noch nicht auf breiter Ebene etablieren. Bei Desktop- und Notebook-PCs liegt ihr Anteil bei nur 1 Prozent, während Linux im Bereich der Webserver immerhin mehr als ein Viertel der Systeme stellt (vgl. Kreidenweis/ Halfar 2011, S. 17).

Aufwendige System-Umstellung Nach Meinung vieler Experten ist Linux der kommerziellen Alternative Windows technisch ebenbürtig oder überlegen und mit Open Office steht auch eine leistungsfähige Büro-Software zur Verfügung. Die Umstellung größerer Netzwerke von Windows auf Linux wird dennoch häufig gescheut, weil hierfür bei Administratoren und Anwendern in vielen Bereichen komplett neues Wissen aufgebaut werden müsste und Risiken für das Zusammenspiel aller benötigten Komponenten in der Wechselphase kaum zu vermeiden wären.

Vorteile von Linux-Systemen	Nachteile von Linux-Systemen
Keine oder nur geringe Lizenzgebühren	Höherer Installationsaufwand
Geringere Hardware-Anforderungen	Spezielles Wartungs-Know-how
Leistungsfähige Standard-Software	Wenig Fachsoftware verfügbar
Erhöhter Schulungsaufwand für Mitarbeiter mit Windows-Kenntnissen	Höhere Sicherheit gegenüber elektronischen Schädlingen (Viren etc.)

Abbildung 29: Vor- und Nachteile von Linux

Problematisch für soziale Organisationen wird auf absehbare Zeit bleiben, dass der weitaus überwiegende Teil der für ihre Zwecke entwickelten Fachsoftware nur unter Windows verfügbar ist. Derzeit ist nicht zu erwarten, dass eine größere Zahl von Herstellern dieser Programme auch als Linux-Versionen anbieten wird.

Mit dem zunehmendem Einsatz von Smartphones oder Tablet-PCs werden künftig auch **Mobil-Betriebssysteme,** wie das auf Linux basierende Android der Open Handset Alliance (Hauptmitglied: Google) oder iOS von Apple, in sozialen Organisationen Verbreitung finden. In wie weit sich dieser Trend auch auf klassische PCs und Notebooks ausbreiten wird, ist schwer zu prognostizieren.

Im Bereich der **Standardsoftware** dominieren analog zur Windows-Welt in sozialen Organisationen ebenfalls die Microsoft-Produkte für Office-, E-Mail- und Internet-Funktionen. Ob sich hier zumindest in Nischen webgestützte Office-Lösungen etwa von Google etablieren können, bleibt abzuwarten. Hier sind auch Fragen des Datenschutzes (vgl. Abschnitt 7.1) zu beachten.

3.2.2 Betriebswirtschaftliche Software

Betriebswirtschaftliche Software-Lösungen werden für alle Aufgabenbereiche des Rechnungswesens angeboten, teils als Gesamtpaket und teils in Form einzelner Module. Letztere basieren zumeist auf einer gemeinsamen Datenbank oder können Daten untereinander austauschen. Die zentralen Funktionsbereiche des Rechnungswesens sind:

– Finanzbuchhaltung

– Kostenrechnung

– Kassenführung (Kassenbuch)

– Anlagenbuchhaltung

Die in sozialen Organisationen genutzte betriebswirtschaftliche Software kann in zwei Gruppen unterschieden werden:

Ein Teil der Rechnungswesen-Programme stammt von **Fachsoftware-Anbietern,** die über selbst entwickelte Lösungen verfügen. Sie berücksichtigen einige Spezialanforderungen dieser Branche und kooperieren meist eng mit der Fachsoftware dieses Anbieters.

Der andere Teil stammt von national oder international agierenden **branchenunabhängigen Anbieterfirmen.** Die Palette dieser Produkte ist sehr breit. Entsprechend der unterschiedlichen Einrichtungsgrößen reicht sie von High-End-Lösungen über Programme für mittelständische Unternehmen bis hin zu Produkten für Kleinbetriebe.

Unterschiede zeigen sich vor allem im Funktionsumfang, der einen der Unternehmensgröße entsprechend unterschiedlichen Bedarf widerspiegelt. So benötigen große Organisationen etwa Funktionen zur Zusammenfassung (Konsolidierung) der Buchhaltungen von Untereinheiten oder die Möglichkeit zur dezentralen Erfassung von Buchungsdaten in ein zentrales System. Kleinere Einzeleinrichtungen brauchen dagegen oft eher eine leicht zu bedienende Software, die die Übergabe der Daten an den Steuerberater für die Erstellung der Jahresabschlüsse ermöglicht.

Branchenabhängige und -unabhängige Produkte

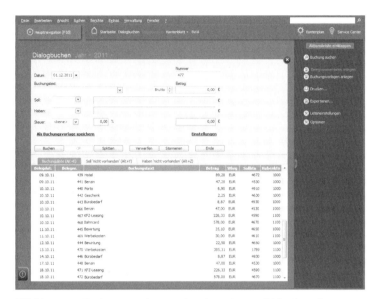

Abbildung 30: Buchungsmaske aus dem branchenunabhängigen Programm
Lexware Buchhalter für kleinere Unternehmen

Für kleinere und mittlere Organisationen wird die **Auslagerung** (Outsourcing) der gesamten Buchhaltung als Alternative zur eigenständigen
Durchführung angeboten. Outsourcing-Partner sind zumeist Steuerberater oder verbandseigene Servicezentren, die eine eigene Software
betreiben. Beim partiellen Outsourcing werden die Buchungsdaten in
speziellen Erfassungsprogrammen von der Einrichtung selbst eingegeben und zur weiteren Bearbeitung an das Service-Unternehmen weitergeleitet.

3.2.3 Software für die Personalwirtschaft

Spezialprogramme und
Outsourcing

Als Grundlage für die Berechnung von Gehältern, Urlaubsansprüchen
und anderen personalwirtschaftlichen Daten werden in der Sozialwirtschaft häufig der Tarifvertrag für den öffentlichen Dienst (TVöD) oder
die kirchlichen Arbeitsvertragsrichtlinien (AVR) angewandt. In der
Personalverwaltung werden daher vielfach IT-Lösungen eingesetzt, die
sich auf die Verfahrensregeln dieser Tarife spezialisiert haben. Noch
stärker als im Bereich der Finanzbuchhaltung kommt hier das Outsourcing zum Tragen, das insbesondere kleinere und mittlere Träger
nutzen. Outsourcing-Partner sind hier vielfach Rechenzentren aus dem
Umfeld der Kirchen oder Wohlfahrtsverbände sowie Steuerberater.

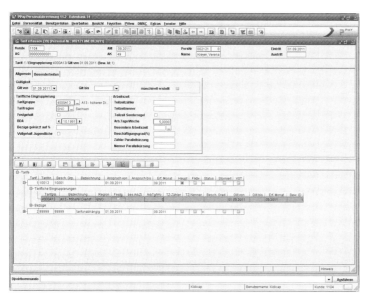

Abbildung 31: Eingabe-Maske mit Daten für die Lohn- und Gehaltsabrechnung in der Software KIDICAP der GIP mbH

3.2.4 Branchenspezifische Software

Primäres Kennzeichen fach- oder branchenspezifischer Anwendungsprogramme – kurz Fach- oder Branchensoftware genannt – ist, dass ihre Funktionalität auf einen bestimmten Organisationstypus ausgerichtet ist. Je nach Zuschnitt der Software kann dies nur eine einzige Einrichtungsart wie die ambulante Suchtberatung oder eine Gruppe von Einrichtungsarten wie Beratungsstellen unterschiedlicher Ausprägung sein. Außerhalb dieses Bereiches kann sie zumeist nicht sinnvoll eingesetzt werden. Je weiter der Einsatzbereich einer Fachsoftware gesteckt ist, umso flexibler muss sie gestaltbar sein. Einige moderne Fachprogramme sind so flexibel, dass sie in unterschiedlichsten Einrichtungsarten einsetzbar sind. Dabei muss in der Einführungsphase eine organisationsspezifische Anpassung, das sogenannte **Customizing oder Tayloring** (vgl. Abschnitt 6.6.2) erfolgen.

Für wichtige Funktionen bei der Erbringung sozialer Dienstleistungen wie Abrechnung, Dokumentation oder Dienst- oder Einsatzplanung wird heute zu 85 Prozent standardisierte Fachsoftware einschlägiger Anbieter genutzt. Sozialträger in Deutschland geben für diese Programme und den zugehörigen Service jährlich über 200 Mio. € aus (vgl. Kreidenweis/Halfar 2008, S. 38). Dabei ist Einsatz von Fachsoftware in den einzelnen Arbeitsfeldern unterschiedlich weit verbreitet. Die

Bedeutung von Fachsoftware wächst

höchste Durchdringung weist die ambulante und stationäre Pflege auf, zu den Schlusslichtern gehören die Kinder- und Jugendhilfe sowie die Hilfe für Migranten. Im Mittelfeld bewegt sich die Hilfe für Menschen mit Behinderungen (vgl. Kreidenweis/Halfar 2011, S. 18).

Breite Funktionalität Die **Funktionalität** gängiger Fachsoftware für soziale Organisationen kann in folgende Hauptgruppen untergliedert werden:

- Stammdatenverwaltung und Leistungsabrechnung
- Dienst- und Einsatzplanung
- Statistik
- Planung und Dokumentation von Hilfen (s. dazu Abschnitt 4.3.1)

Hinzu kommen teilweise noch weitere Funktionalitäten wie Ressourcenverwaltung (Räume, Fahrzeuge etc.), Adressverwaltung für kooperierende Institutionen und Ansprechpartner, Spendenverwaltung und manches mehr.

Über alle Funktionsbereiche hinweg wird zumeist die Ausgabe von Formularen, Listen und Anschreiben sowie die Übergabe entsprechender Daten in Office-Programme unterstützt. Eine Zugriffsrechte-Verwaltung regelt den Zugang der Mitarbeiter zu den verschiedenen Datenbeständen.

Teilweise werden die oben genannten Funktionsbereiche durch eigenständige Programme repräsentiert, teilweise sind sie als separat wählbare Module eines Programmsystems konzipiert oder in einem Komplettprogramm zusammengefasst.

Anbieter klein und mittelständisch **Anbieter** dieser fachspezifischen Software sind fast durchweg gewerbliche Unternehmen, deren Markt bislang auf Deutschland oder den deutschsprachigen Raum begrenzt ist. Ebenso gibt es in Österreich und in der Schweiz eine Reihe von Anbietern, die in wenigen Fällen auch in Deutschland aktiv sind. Die Mehrzahl der Anbieterfirmen bewegt sich mit 2 bis 50 Mitarbeitern im kleinen bis mittelständischen Bereich, nur wenige zählen über 100 Mitarbeiter.

Stammdatenverwaltung und Leistungsabrechnung

Komplexe Abrechnungssystematiken Programme zur Verwaltung von Stammdaten und Abrechnung (Fakturierung) von Tagessätzen oder Einzelleistungen gibt es für praktisch alle Arbeitsfelder, in denen Aufgaben dieser Art anfallen. Dazu gehören sämtliche stationäre und teilstationäre Betreuungsformen sowie zahlreiche ambulante Hilfeformen, in denen personen- oder familienbezogene Leistungen erbracht werden. Hauptaufgabe dieser Software ist es, die administrative Arbeit so weit als möglich zu automatisieren. Dies betrifft vor allem die oft komplizierten Berechnungsmodalitäten für

Leistungen. Sie hängen ab von zahlreichen Faktoren, wie Anwesen-
heitszeiten, Hilfebedarfsstufen, Zeiten der Leistungserbringung, Qualifikation der Fach- oder Hilfskraft und manchem mehr. Der Abrechnung zugrunde liegt eine **Stammdatenverwaltung** für die betreuten Personen, die Kostenträger oder weitere Partner der Organisation.

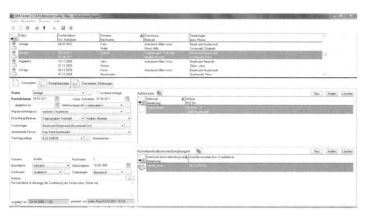

Abbildung 32: Bildschirm-Maske für die Verwaltung von Aufnahmen in eine
Jugendhilfe-Einrichtung aus dem Programm QM-Center der Daarwin Beratungsgesellschaft mbH

Die abgerechneten Leistungen werden häufig über eine **Daten-Schnitt-
stelle** an eine Finanzbuchhaltungs-Software übergeben. Dort werden
sie automatisch als Debitoren (offene Posten) eingebucht. Die Überwachung des Zahlungseingangs und die Verbuchung der Zahlungen
werden zumeist in der Finanzbuchhaltung durchgeführt.

Dienst- und Einsatzplanung

Der Einsatz spezieller Fachsoftware für die Dienst- und Einsatzplanung
ist ein wachsender Bereich. Dies gilt insbesondere für stationäre Einrichtungen mit Wechselschicht-Betrieb sowie für ambulante Dienste
mit flexiblen Einsätzen und komplexen Tourenplänen. Ziel ist es hier
zumeist, die vorhandenen Personalressourcen optimal einzusetzen und
gleichzeitig die Qualität der Dienstleistung sicherzustellen.

Grundlage der Planung bilden die Stammdaten der Mitarbeiter, deren   Software überwacht Einhaltung
Qualifikation, mögliche Einsatzzeiten, Urlaub oder Krankheit. Hinzu   von Regeln
kommen gesetzliche Vorgaben wie das Jugendarbeitsschutzgesetz sowie Fachkraftquoten, die es einzuhalten gilt. In der ambulanten Einsatzplanung müssen weiterhin die Daten der Aufträge oder Einsätze
bei den Adressaten berücksichtigt und mit den Mitarbeiterdaten sowie
den externen Vorgaben in Einklang gebracht werden. Die Programme

erstellen auf dieser Informationsbasis mit Hilfe komplexer Algorithmen zumeist automatisch einen Vorschlag für die kommende Planungsperiode, der anschließend manuell nachbearbeitet wird. Nach Ende einer Planungsperiode und Erfassung der Ist-Abweichungen ermittelt die Software automatisch Mehrarbeitszeiten der Mitarbeiter sowie tarifvertragliche Zeitzuschläge für Nacht- oder Feiertagsarbeit. Diese Daten können an personalwirtschaftliche Programme (vgl. 3.2.3.) übergeben und damit bei der Gehaltsabrechnung automatisch berücksichtigt werden.

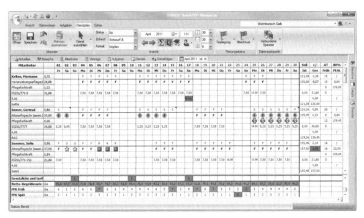

Abbildung 33: Dienstplanungsmaske aus der Software Vivendi PEP der Connext GmbH

Statistik

Einfache Statistikfunktionen sind Standard

Statistische Funktionen zur Auswertung von Daten sind in zahlreichen Fachsoftware-Lösungen zu finden. Diese Auswertungsmöglichkeiten beschränken sich zumeist auf die Auszählung nummerischer Daten und deren prozentuale Darstellung. Oft sind häufig benötigte Standard-Auswertungen wie Belegungs-, Abwesenheits- oder Erlösstatistiken fest integriert. Teilweise können auch eigene Auswertungsraster erstellt und im Programm hinterlegt werden. Wissenschaftliche Statistikfunktionen wie Häufigkeitsverteilungen, Signifikanz- oder Varianzanalysen werden nur selten geboten. Hierzu müssen die Daten zumeist an spezialisierte Statistik-Programme übergeben werden. Für den Export muss eine hierfür geeignete Schnittstelle zur Verfügung stehen.

3.3 Zukunftstrends

In diesem Abschnitt werden vor allem Trends dargestellt, die aus der Perspektive des Managements sozialer Organisationen sowie des IT-

Managements von Bedeutung sind. Primär aus fachlicher Sicht der Sozialen Arbeit relevante Entwicklungen finden sich in Abschnitt 4.4.

3.3.1 Offenheit und Prozessorientierung

Zwar haben zumindest die größeren Träger der Sozialwirtschaft im Bereich der Hardware-, Netzwerk- und Servertechnologie mit vergleichbaren gewerblichen Betrieben gleich gezogen. Anders sieht es jedoch bei fachspezifischer Software aus. Hier sind teils noch Programme im Einsatz, deren Technologien und Benutzeroberflächen aus den 90er Jahren des letzten Jahrhunderts stammen. Ein Grund dafür sind die bislang oft wenig professionell organisierten Prozesse der Auswahl von Software (vgl. Abschnitt 6.5), ein anderer das begrenzte Volumen der nationalen Teilmärkte sowie die im Vergleich zu anderen Branchen geringeren Gewinnmargen für IT-Anbieter, die das Entwicklungstempo bremsen.

Viele der bislang für die Sozialwirtschaft entwickelten Branchenprogramme sind daher in dreifacher Hinsicht noch **Insellösungen:** Ihre Funktionalität ist häufig auf eines oder wenige Anwendungsfelder begrenzt, sie sind nur für die Prozesse innerhalb von Organisationen nutzbar und nur sehr bedingt anschlussfähig an das Internet.

Der Wandel hin zu tendenziell offeneren, flexibleren und stärker vernetzten Dienstleistungsstrukturen (vgl. z.B. Moos/Klug 2009) wird auch die Zukunft des IT-Einsatzes in der Sozialwirtschaft beeinflussen und ihr Entwicklungstempo beschleunigen. An die Stelle isoliert in einzelnen Einrichtungen betriebener Programme müssen zunehmend ortsunabhängig verfügbare, internetbasierte Lösungen treten, die möglichst die gesamte **Wertschöpfungskette** sozialer Dienstleistungen abbilden. So könnten etwa typische organisationsübergreifende Prozesse wie das Vermitteln, Beantragen, Genehmigen, Dokumentieren und Abrechnen von Leistungen **medienbruchfrei** in einem System bearbeitet werden.

Organisationsübergreifend nutzbare Systeme

Fachsoftware für die Sozialwirtschaft wurde bislang oftmals entlang der Logik der Datenverarbeitung entwickelt. Typische Merkmale dafür sind Programmstrukturen, die datentechnisch verwandte Funktionen in Auswahlmenüs gruppieren. Um etwa alle für die Aufnahme eines Adressaten relevanten Daten erfassen zu können, müssen Bildschirmmasken aus verschiedenen Auswahlmenüs einzeln geöffnet, bearbeitet und wieder geschlossen werden. Der Nutzer muss sich durch verschiedene Programmbereiche für Adressatendaten, Kostenträgerinformationen oder Leistungsverzeichnisse hangeln. Der Lernaufwand dafür ist hoch, die Bearbeitung zeitraubend und es besteht die Gefahr, dass notwendige Angaben vergessen werden.

Logik der Datenverarbeitung dominiert

Zukunftsorientierte IT-Lösungen orientieren sich dagegen verstärkt an den **realen Geschäftsprozessen** (vgl. Kapitel 5) in sozialen Einrichtungen. Aufnahme- oder Überleitungsprozesse können optisch zusammengefasst oder durch Prozess-Assistenten unterstützt werden. Die Eingabemasken und -felder werden in der Reihenfolge der Prozessschritte bereitgestellt und können nahtlos bearbeitet werden. Zusätzlich können (halb-)automatisch generierte Aufgaben-Listen oder Informationen zum Bearbeitungsstatus die Prozessorientierung unterstützen. Damit werden Aufgaben einzelnen Stellen in der Organisation klar zugewiesen und es kann nachverfolgt werden, wo die Bearbeitung gerade steht oder stockt.

3.3.2 Customizing und Software-Integration

Viele der derzeit noch eingesetzten Fachprogramme sind durch weitgehend **fest programmierte Masken-Strukturen und Verarbeitungsregeln** gekennzeichnet. Ohne aufwendige Zusatzprogrammierung können sie nur begrenzt an individuelle Anforderungen angepasst werden. Oft bieten sie lediglich die Möglichkeit, Inhalte von Auswahlfeldern (z.B. zur Angabe von Merkmalen wie Staatsangehörigkeit oder Konfession) sowie abrechnungsrelevante Angaben wie Pflegesatz-Höhe und Abrechnungszyklen organisationsspezifisch anzupassen. Damit sind sie zumeist eng auf eines oder wenige verwandte Arbeitsfelder spezialisiert und kaum in anderen Feldern einsetzbar.

Steigende Anforderungen aus Fachlichkeit und betriebswirtschaftlicher Steuerung fordern von zukunftsorientierten Systemen eine höhere **Flexibilität und Integration**. So müssen beispielsweise die verschiedenen Tätigkeitsbereiche eines Trägers wie Altenhilfe, Jugendhilfe oder Behindertenhilfe in ihren jeweiligen ambulanten, teilstationären und stationären Ausprägungen unter einheitlichen Datenbanksystemen und Benutzeroberflächen arbeiten können. Arbeits- und zeitintensive Mehrfach-Datenhaltungen können damit vermieden werden. Zugleich sind konsistente und zeitnahe Auswertungen möglich, da die Daten zu jedem Adressaten oder Mitarbeiter im System nur ein einziges Mal existieren.

Die Integration der unterschiedlichen Arbeitsfelder und die konsequente Prozessorientierung erfordern eine hohe Flexibilität. Moderne Programmgenerationen folgen verstärkt dem **Customizing-Konzept**, das eine Anpassung an individuelle Bedarfe ermöglicht, ohne in den Programmcode eingreifen zu müssen. So können beispielsweise Eingabemasken, Datenfelder oder Abrechnungsmodelle von der anwendenden Organisation weitgehend frei gestaltet werden. Ebenso sollten solche Lösungen **skalierbar** sein, sodass sie gleichermaßen in kleineren

Diensten oder großen Komplexeinrichtungen eingesetzt werden können.

Die Anpassung solcher Customizing-Systeme an die individuellen Gegebenheiten einzelner Einrichtungen ist jedoch recht aufwendig. Obwohl dazu keine klassische Programmierung erforderlich ist, können
komplexere Anpassungsprozesse oft nur gemeinsam mit dem Software-Anbieter bewerkstelligt werden. Erfahrungen zeigen, dass die
Anpassungskosten oft in ähnlicher Höhe veranschlagt werden müssen
wie die Lizenzkosten. Dafür können diese Systeme mit deutlich gerin-
gerem Aufwand zukünftigen, bislang noch unbekannten organisatorischen oder gesetzlichen Änderungen folgen. Dies erhöht gleichzeitig die
Zukunftssicherheit der Investition.

Die zunehmende IT-Durchdringung sozialer Organisation bringt es oft
mit sich, dass die Zahl der in einer Einrichtung eingesetzten Programme
steigt. Dies wird zunächst häufig als unvermeidbar angesehen. Je weiter
dieser „Software-Zoo" jedoch wächst, desto deutlicher zeigen sich folgende Probleme:

Heterogene Software-Landschaften

- Die **Administration** der Programm-Landschaft wird immer auf-
  wendiger, da für jedes Programm separat Neuversionen eingespielt,
  getestet und überwacht werden müssen. Werden Daten zwischen
  den Programmen übergeben, kommt es nach Updates nicht selten
  zu Störungen.

- Anwender müssen sich in immer mehr unterschiedliche Benutzeroberflächen und Programmlogiken einarbeiten. Der **Schulungsauf-
  wand** steigt ebenso wie die Häufigkeit von Fehlbedienungen.

- Die Daten von Mitarbeitern, Adressaten oder anderen Partnern
  werden oftmals mehrfach in unterschiedlichen Programmen erfasst. Der Arbeitsaufwand ist hoch und **Inkonsistenzen** werden dadurch begünstigt.

- Auf der Führungsebene stehen keine konsistenten und zeitnahen
  Steuerungsinformationen zur Verfügung, sie müssen mühsam aus
  den Einzelsystemen zusammengetragen und in vergleichbare Form
  gebracht werden.

Letztendlich bedeutet all dies, dass die IT nicht mehr wirtschaftlich
betrieben werden kann und die **Produktivität** der IT-nutzenden Fach-
und Verwaltungsbereiche sinkt.

Diesen Entwicklungen kann durch verschiedene **Integrationsstrategi-
en** begegnet werden:

Mit dem Einsatz von **ERP-Systemen** (Enterprise Ressource Planning)
wird versucht, eine einheitliche Softwarelösung für alle relevanten Ab-

Integration durch ERP

läufe in Bereichen wie Finanzen, Personal, Fakturierung und Dokumentation bereitstellen. Die Daten werden in einer gemeinsamen Datenbank mit verschiedenen Zugriffen aus unterschiedlichen Funktionsbereichen gehalten und Dopplungen so vermieden. Arbeitsprozesse können auch über Abteilungsgrenzen hinweg in der Software abgebildet werden.

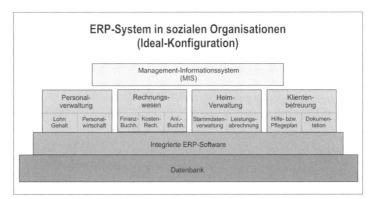

Abbildung 34: Ideal-Konfiguration eines ERP-Systems am Beispiel einer großen Sozialeinrichtung

Nachteil derartiger Systeme ist jedoch eine enorme Programmkomplexität, verbunden mit einem hohen Anpassungsaufwand an die individuellen Bedürfnisse der Unternehmen und entsprechend hohe Investitionskosten. Daher konnte sich dieser Ansatz in der gewerblichen Wirtschaft nur teilweise durchsetzen. Auch für die Sozialwirtschaft gibt es bislang nur Lösungen, die einen mehr oder minder großen Teil der benötigten Funktionen mit einer einheitlichen Software abdecken. Ein echtes Komplettangebot mit hoher Funktionstiefe in allen Bereichen existiert bis heute nicht. Die Vielfalt an Hilfearten und deren komplexe, durch regionale Regelungen stark variierende Anforderungen würden einen solchen Entwicklungsprozess extrem aufwendig und schwierig beherrschbar gestalten.

Abbildung 35: Beispielhafte Darstellung der ERP-Realität in einer großen Sozialeinrichtung

Die oben beschriebenen Grenzen des ERP-Konzepts führten zusammen mit den neuen Möglichkeiten der Vernetzung von Software via Internet zu einem neuartigen Ansatz, um die Konsolidierung der IT-Systeme in Unternehmen und darüber hinaus voranzutreiben. Die Grundidee wird heute zumeist unter dem Begriff der **Serviceorientierten Architekturen (SOA)** gefasst. Sie besteht darin, Software nicht mehr als komplexen, einheitlichen Block zu entwickeln, sondern sie in Form einzelner überschaubarer Pakete – hier **Services** genannt – zu kapseln. Dies sind eigenständige Programme, die über eine standardisierte Schnittstelle anderen Services eine oder mehrere genau definierte Funktionen bereitstellen. Diese Services arbeiten eng zusammen und bieten in der Summe alle Funktionen, die in einer Wertschöpfungskette gebraucht werden. Dabei ist es nicht mehr nötig, die gesamte Software an einem Ort bereitzuhalten, sie kann verteilt im Internet (Stichwort: Cloud-Computing, vgl. Abschnitt 3.3.3) existieren und nur bei Bedarf genutzt werden. Zentraler Gedanke ist dabei immer die flexible, also schnell und kostengünstig veränderbare **Abbildung von Geschäftsprozessen,** die in und zwischen Unternehmen ablaufen. Dies geschieht entweder direkt zwischen den Services oder mittels einer **Integrationsschicht.** Dort werden die Daten so verwaltet und aufbereitet, dass es auf Anwenderebene nicht mehr relevant ist, welche Einzelsysteme sich darunter verbergen. So können beispielsweise Doppelanlagen von Personendaten vermieden und Auswertungsabfragen an die beteiligten Programme zentral gesteuert werden.

Überträgt man das SOA-Konzept gedanklich auf die Sozialwirtschaft, so könnten etwa Geschäftsprozesse wie das Aufnahmeverfahren, die Hilfeplanung oder die Leistungsabrechnung als eigenständige Services

Neuer Ansatz Serviceorientierte Architekturen

Einsatzmöglichkeiten in der Sozialwirtschaft

definiert werden. Ändert sich nun einer dieser Prozesse aufgrund neuer externer Vorgaben oder interner Reorganisation, so kann der betreffende Dienst separat angepasst werden, die anderen Dienste sind davon nicht betroffen. Darüber hinaus ist durch die konsequente Trennung von Anwendungen, Integrations- und Präsentationsschicht eine relativ einfache Einbindung unterschiedlicher, auch mobiler Endgerätetypen und Datenverbindungen möglich.

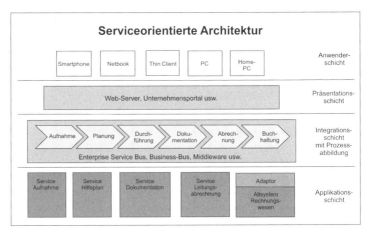

Abbildung 36: Beispielkonfiguration einer künftig möglichen Serviceorientierten Architektur in einer sozialen Organisation

In einem weiteren Schritt könnten Services **verschiedener Akteure** der Sozialwirtschaft miteinander kombiniert werden. In der Kommunikation zwischen Kostenträger und Leistungserbringer könnten sich etwa Services für den Prozess der Kostenzusage in den Systemen beider Partner gegenseitig aufrufen und so eine durchgängig elektronische Abwicklung gewährleisten.

3.3.3 Cloud Computing

Schon in den 90er Jahren des letzten Jahrhunderts formulierte der Gründer von Sun Microsystems, Scott McNealy, die Vision „das Netz ist der Computer". Damit wollte er das Ende der klassischen (Microsoft-) PC-Ära einläuten, in der Programme und Daten primär auf kleinen Arbeitsplatz-Computern gespeichert und bearbeitet werden.

Neue Abstraktionsstufe   Die Grundidee dessen, was heute als Cloud Computing bezeichnet wird, ist also nicht ganz neu: Das Zusammenfassen von Verarbeitungs- und Speicherkapazitäten zu größeren Einheiten mit dem Ziel, die Wirtschaftlichkeit ihres Einsatzes zu steigern. Zunächst wurde dies **Rechenzentrumsdienstleistungen** genannt, später dann Application Service Providing (ASP) oder **IT-Outsourcing**. Ein wesentlicher Unterschied zu den bisherigen Konzepten ist jedoch, dass das Cloud Computing eine **neue Abstraktionsstufe** betritt: Gab es bislang ein Rechenzentrum als geographisch und juristisch klar abgrenzbares Konstrukt, so werden die Daten in der Cloud dort verarbeitet, wo gerade Kapazitäten frei sind. Anwendungen und Daten befinden sich also – metaphorisch ausgedrückt – in einer Wolke (Cloud) von Hard- und Software-Systemen, die für den Anwender Speicherplatz, Rechenkapazität sowie Programme oder komplette Dienste bereitstellen, ohne dass dieser einen Einfluss auf die dahinter liegende technische Infrastruktur besitzt. Im IT-Marketing wird der Cloud-Begriff freilich auch für klassische Dienstleistungen der oben beschriebenen Art benutzt, um ihnen einen modernen Anstrich zu verpassen.

Setzt sich das Cloud-Modell weiter durch, so wird ein radikaler Paradigmenwechsel in der IT vollzogen, der die Endgeräte fast nur noch auf Ein-, Ausgabe- und Übertragungsfunktionen reduziert. Ansätze davon sind bereits heute Alltag: Im Privatbereich sind dies etwa Dienste zur webgestützten Ablage von Fotos oder Videos, die Online-Nutzung von Standardsoftware wie Textverarbeitung via Browser oder Apps in mobilen Systemen.

Radikaler Paradigmenwechsel

Auch zahlreiche Sozialorganisationen nutzen bereits entfernte IT-Ressourcen für Aufgaben wie die Lohn- und Gehaltsabrechnung. Teilweise werden in Rechenzentren auch Adressatenverwaltungs- und Office-Systeme betrieben. Als Endgeräte können dabei neben PCs und Notebooks zunehmend Netbooks, Thin Clients, Smartphones oder Tablet-PCs zum Einsatz kommen, da sie kaum mehr eigene Rechenleistung brauchen, sondern ihre Anwendungen und/oder Daten aus der „Cloud" beziehen.

Für soziale Organisationen sind zwei der derzeit gängigen Cloud-Modelle Relevant:

Software und Daten aus der Steckdose

Infrastructure-as-a-Service (IaaS) stellt reine Rechen- und Speicherkapazitäten zur Verfügung, das nutzende Unternehmen verwaltet die darauf gespeicherten Programme und Daten eigenständig. Dieses Angebot entspricht aus Kundensicht funktionell am ehesten der klassischen Anmietung von Serverkapazitäten im Rechenzentrum.

Beim **Software-as-a-Service (SaaS)** Modell werden vom Anbieter bereitgestellte Anwendungsprogramme genutzt, ebenso natürlich die gesamte dahinter liegende Infrastruktur, die für die Kunden jedoch unsichtbar bleibt. Anwendungsbeispiele reichen von Klassikern wie der ausgelagerten Lohn- und Gehaltsabrechnung (s. oben) über die Nutzung von Office- und Mail-Lösungen, Terminkalendern usw. bis hin zu kompletten ERP-Systemen.

Der Kernpunkt des Cloud-Konzeptes – die Loslösung der Rechen- und Speicherkapazitäten von physikalischen Orten – ist zugleich seine entscheidende Krux. Denn häufig weiß der Anwender nicht mehr, ob die Daten in Deutschland, innerhalb der EU oder in etwa den USA gehostet werden, wo weit weniger strenge **Datenschutzvorschriften** gelten. Schon die Terminkoordination über einen Webservice kann sich dabei als kritisch erweisen, wenn Daten von Mitarbeitern oder Adressaten darin auftauchen (vgl. auch Abschnitt 7.1). Daher sind den technischen Möglichkeiten des Cloud Modells für eine sozialwirtschaftliche Nutzung enge rechtliche Grenzen gesteckt, die keine wesentlichen Unterschiede zu den bisherigen Rechenzentrumsdienstleistungen erkennen lassen.

3.3.4 Mobile Computing

Eng verknüpft mit dem Cloud Computing ist der Einsatz mobiler Lösungen. Auf den Mobilgeräten wie Smartphones oder Tablet-PCs sind dabei kleine Anwendungsprogramme – meist Apps genannt – installiert, die via Internet Kontakt zu einem Serversystem aufnehmen und von dort ihre Daten und teils auch Funktionen beziehen.

Neue Einsatzszenarien Weit entwickelt sind derartige Systeme bereits für die ambulante Pflege, wo Leistungen, Vitalwerte und andere Informationen darüber erfasst und angezeigt werden. Ebenso lassen sich über diesen Weg Touren von der Pflegedienstleitung kurzfristig neu organisieren. Einsatzformen in anderen **ambulant geprägten Arbeitsfeldern** wie etwa der offenen Behindertenhilfe oder in vielen Bereichen der Kinder- und Jugendhilfe sind bislang jedoch eher die Ausnahme. Mit der zunehmenden Verbreitung des Mobile Computings und dem Preisverfall der Geräte- und Verbindungskosten werden jedoch auch hier vermehrt Anwendungen entwickelt werden. Damit lässt sich die oft aufwendige Doppelerfassung auf Papier und anschließender Übertragung in den stationären PC vermeiden.

Weitere Einsatzszenarien sind auch in **stationären Settings** denkbar, wenn Daten in Bewohnerzimmern oder anderen Räumen erfasst werden müssen, in denen keine stationären Geräte vorhanden oder gewünscht sind.

Abbildung 37: Mobile Smartphone-Lösung zur Erfassung von Daten in der ambulanten Pflege der Firma Connext GmbH

3.3.5 Ambient Assisted Living

Unter dem Begriff Ambient Assisted Living (AAL) werden **technische Assistenzlösungen** für Menschen mit Behinderung oder Menschen im Alter gefasst. Ziel ihres Einsatzes ist es, die Lebensqualität zu erhöhen und eine unabhängige Lebensführung soweit und solange als möglich zu gewährleisten. Als weiteres Ziel wird häufig eine wirtschaftliche Organisation von Pflege und Betreuung genannt, bei der die menschliche Arbeitskraft gezielter eingesetzt werden kann (vgl. Klein 2011).

Seinen Ursprung hat dieses Konzept in den USA. Seit Anfang des 21. Jahrhunderts wird auch in Deutschland darüber diskutiert und geforscht (vgl. Driller et al. 2009, S. 7 f.).

Breite Palette an Unterstützungsformen

Die Palette möglicher Unterstützungsformen ist vielfältig und reicht von Video-Kommunikationssystemen über Sensortechniken, etwa zur automatischen Herdabschaltung oder für sturzsensible Bodenbeläge bis hin zu „intelligenten" Badspiegeln, die an die Einnahme von Medikamenten erinnern. Auch der seit Langem diskutierte Pflegeroboter kann zu den AAL-Technologien gerechnet werden. Übergänge bestehen zu Konzepten der Telemedizin, etwa wenn es um die Fernüberwachung von Vitalwerten wie Blutdruck oder Pulsschlag geht.

Gemeinsam ist diesen Technologien, dass sie aufwendige Computersysteme im Hintergrund benötigen, die beispielsweise Informationen von Sensoren in Echtzeit auswerten und im Bedarfsfall entsprechende Aktionen auslösen. Im Unterschied zu klassischen Computern handelt es sich hier jedoch zumeist um **embedded systems,** also in Alltagsgegenstände oder neuartige Geräte eingebettete Rechner, die dem Benutzer nicht wie ein klassischer Computer entgegentreten, sondern sich in die Anwendungsumgebung einpassen. Im Hintergrund fließen häufig auch Daten in klassische IT-Systeme ein. So kann etwa ein von einem Sturzsensor registrierter Vorfall zu einem automatischen Eintrag in eine Pflegedokumentationssoftware führen.

Verzahnung mit
Sozialdienstleistungen

Die AAL-Forschung konzentrierte sich bislang vor allem auf die Entwicklung der technischen Systeme und deren Zusammenspiel. Entscheidend für die Durchsetzung von AAL-Technologien wird jedoch ihre enge Verzahnung mit sozialen Dienstleistungen sein, wie etwa dem Hausnotruf oder der ambulanten bzw. stationären Pflege. Dies ist bislang in Deutschland nur vereinzelt gelungen, AAL-gestützte Dienstleistungskonfigurationen konnten sich in der Praxis noch nicht etablieren. Gründe dafür sind unter anderem in einer mangelnden Akzeptanz durch Trägerorganisationen und Fachkräfte sowie in der Finanzierungssystematik sozialer und pflegerischer Dienstleistungen zu sehen, die AAL-Technologien noch kaum berücksichtigen (vgl. Hilbert/Paulus 2011). Angesichts des prognostizierten Fachkräftemangels in sozialen Berufen und der demographischen Entwicklung wird ihnen für die Zukunft jedoch eine hohe Bedeutung zugemessen. Beispiele aus Großbritannien, den Niederlanden und den USA zeigen, dass die oben genannten Ziele mit AAL-Technologien grundsätzlich erreichbar sind (vgl. Gaden 2011).

3.4 Chancen und Risiken

Über den Markterfolg sozialer Organisationen werden künftig immer stärker eine bedarfsgerechte, schnelle und ressourcenschonende Informationsversorgung und Prozesssteuerung sowie die Verzahnung von Technik und personaler Dienstleistung mit entscheiden. Vorteile im wachsenden Wettbewerb lassen sich vermehrt mit Hilfe einer hochgradig funktionalen IT-Infrastruktur realisieren, die konsequent an den Zielen der Organisation und den Bedürfnissen der Adressaten ausgerichtet ist. Informationstechnologie-Anwendungen der Zukunft werden stärker als bisher mit den fachlichen Aufgaben und Prozessen der Sozialen Arbeit verwoben sein. Sie bringen auch Änderungen in den Arbeitsformen mit sich, die nicht immer mit fachlichen Standards oder den Interessen der Adressaten kongruent sein müssen.

Zukunftsprognosen schwierig

Wie fast alle Technik-Innovationen, birgt der Einsatz von Informationstechnologie in sozialen Organisationen und Sozialer Arbeit gleichermaßen Chancen und Risiken. Der Blick auf Prognoseversuche der letzten Jahrzehnte lehrt, dass sich eine Einschätzung künftiger Entwicklungs- und Risikopotentiale aufgrund der großen Zahl an Einflussfaktoren als schwierig erweist. Chancen und Risiken der Techniknutzung liegen häufig nahe beisammen. So kann beispielsweise der verstärkte Einsatz von IT in sozialen Diensten zur Entlastung von Verwaltungsarbeit führen, was mehr Zeit für die menschliche Zuwendung schafft. Der Technikeinsatz kann jedoch auch eine Schematisierung der Hilfen und eine Substitution menschlichen Kontakts befördern und damit einer schleichenden Entmenschlichung Vorschub leisten (vgl. Kirchlechner 2001, S. 25 ff.). Projiziert auf mögliche Zukunftsentwicklungen wie den Pflegeroboter, spitzt sich diese Doppeldeutigkeit weiter zu (vgl. Schulz-Nieswandt 2009).

Im administrativen Sektor herrscht heute weitgehend Konsens über die Vorteile des IT-Einsatzes und auch auf der fachlichen Ebene sind die Befürworter wohl in der Mehrheit. Doch entbindet dies nicht davon, auch in Zukunft über branchenspezifische Chancen und Risiken der IT zu diskutieren und sie systematisch zu erforschen.

Entscheidend für die Nutzung der informationstechnologischen Chancen ist, dass die Anforderungen an die Lösungen aus organisationaler, fachlicher und ethischer Sicht aktiv mitgestaltet werden. Die Technik muss sich den Erfordernissen des Managements und der Fachlichkeit anpassen (Methoden zur aufgabengerechten Gestaltung des IT-Einsatzes liefern die Abschnitte 5.4 und 6.5). *Mitgestaltung der Technik*

Die potenziellen Chancen und Risiken sind so vielfältig, wie die Einsatzmöglichkeiten der Informationstechnologie. Die folgende Zusammenstellung soll erste Anregungen zu ihrer Reflexion bieten. Kapitel 4 vertieft dies aus fachlicher Sicht der Sozialen Arbeit.

Mögliche Chancen

– Einfacheres und schnelleres Auffinden von Informationen aller Art
– Zeitersparnis durch Mehrfachnutzung einmal erfasster Daten (z.B. für Briefe, Formulare, Abrechnungen und Falldokumentationen)
– Beschleunigung von Arbeitsabläufen durch automatisierte Bearbeitungsroutinen (z.B. Zusammenstellen von Listen, Abrechnung von Leistungen, Erstellung von Dienstplänen)
– Verbesserung der Teamarbeit durch gemeinsamen, arbeitsplatzunabhängigen Datenzugriff
– Erstellung aussagekräftiger Statistiken ohne oder mit nur geringem Mehraufwand
– Zeitnahe Gewinnung fachlich und wirtschaftlich relevanter Steuerungsinformationen (Auslastungsquoten, Kosten, Erlöse, Verweildauer von Adressaten usw.)

- Differenzierter Datenschutz durch mitarbeiter- oder teambezogene Zugriffsrechte
- Qualitätssicherung durch Standardisierung von Hilfeplanung, Dokumentation und Berichtswesen
- Transparenz und Vergleichbarkeit der geleisteten Arbeit als Basis für fachliche Reflexion und gesellschaftliche Akzeptanz
- Ermöglichen von Autonomie durch AAL-Technologien in Verbindung mit damit verzahnten Sozialdienstleistungen

Mögliche Risiken

- Datenverlust bei schweren Technik-Fehlern oder unprofessioneller Datensicherung
- Datenmissbrauch durch unsachgemäße Handhabung oder technische Systemfehler
- Schematisierung komplexer Lebenswelten bzw. Einengung der fachlichen Perspektive auf messbare Problembeschreibungs- und Lösungs-Schemata, die in der Software vorgegeben sind
- In der Folge: Verlust von Individualität bei der Betreuung der Adressaten
- Stigmatisierung von Adressaten durch dauerhafte Speicherung standardisierter Merkmale
- Fehlinterpretation automatisch generierter Statistiken
- Überwachungs- und Rationalisierungsdruck auf Mitarbeiter durch verkürzte Erfassung der Leistungen Sozialer Arbeit in Form von Zeit- und Leistungskategorien
- Hohe Abhängigkeit vom Funktionieren der Hardware, der Netzwerke und der Software
- Eingriffe in die Privatsphäre von Adressaten und Zurückdrängen menschlicher Kontakte durch AAL-Technologien

Arbeitsaufgaben

6. In einer sozialen Einrichtung mit einem PC-Netzwerk, Office- und Fachsoftware unter Microsoft Windows an 50 Arbeitsplätzen sind Sie zuständig für die Informationstechnologie. Mit der Fachsoftware werden Klientenverwaltung, Abrechnung und Falldokumentation durchgeführt; das Office-Paket dient für die sonstigen Bürotätigkeiten. Der Geschäftsführer schlägt Ihnen eines Tages die Umstellung auf Linux vor. Er hätte gelesen, dass damit alles viel billiger würde, weil das Betriebssystem und die Programme umsonst seien. Was antworten Sie ihm?

7. Ihr Chef, Leiter eines Sozial-Zentrums mit Ambulanter Pflege, Schuld-
    nerberatung, offener Behindertenarbeit und Jugendberufshilfe, zeigt
    Ihnen begeistert den Prospekt eines Fachsoftware-Anbieters. Dort steht
    in großen Buchstaben „Sozisoft – Die ERP-Lösung für alle Arbeitsfelder
    des Sozialwesens". Er meint, dass damit nun alle Software-Probleme
    der Einrichtung zu lösen wären. Welche Antwort würden Sie ihm ge-
    ben?

Literatur zum Kapitel

Driller, Elke/Karbach, Ute/Stemmer, Petra/Gaden, Udo/Pfaff, Holger/ Schulz-Nieswandt, Frank: Ambient Assisted Living. Technische Assistenz für Menschen mit Behinderung. Freiburg 2009

Gaden, Udo: Neue Technologien in Assistenz und Pflege – Erfahrungen aus Schottland, den Niederlanden und den USA. In: Archiv für Wissenschaft und Praxis der sozialen Arbeit Nr. 3/2011, S. 18-28

Hilbert, Josef/Paulus, Wolfgang: Vom Hausnotruf zu AAL: Geschichte, Stand und Perspektiven des Einsatzes von Techniken in Medizin und Pflege. In: Archiv für Wissenschaft und Praxis der sozialen Arbeit Nr. 3/2011, S. 4-17

Kirchlechner, Berndt: Sozialarbeiterinnen als Arbeitnehmerinnen und Professionelle bei der Einführung computergestützter Dokumentationssysteme. In: Institut für Sozialarbeit und Sozialpädagogik (Hrsg.): EDV-gestützte klientenbezogene Dokumentationssysteme in der Sozialen Arbeit – Information und kritische Sichtung. Frankfurt am Main 2001, S. 21-36

Klein, Barbara: Technisierte Versorgung oder mehr Zeit für Kernaufgaben? Auswirkungen neuer Technologien auf die Pflegekräfte. In: Archiv für Wissenschaft und Praxis der sozialen Arbeit Nr. 3/2011, S. 86-98;

Kreidenweis, Helmut/Halfar, Bernd: IT-Report für die Sozialwirtschaft 2008/2009. Eichstätt 2008

Kreidenweis, Helmut/Halfar, Bernd: IT-Report für die Sozialwirtschaft 2011. Eichstätt 2011

Moos, Gabriele/Klug, Wolfgang: Basiswissen Wohlfahrtsverbände. München 2009

Schulz-Nieswandt, Frank: Ethik und Achtsamkeit als Normmodell professionellen Handelns. In: Driller, Elke u.a. (Hrsg.): Ambient Assisted Living. Technische Assistenz für Menschen mit Behinderung. Freiburg 2009, S. 23-27.

4 IT-Nutzung in der Sozialen Arbeit

4.1 Soziale Arbeit als personenbezogene Dienstleistung

In der Theoriegeschichte der Sozialen Arbeit haben sich unterschiedliche Ansätze entwickelt, um ihre Prozesse der Professionalisierung und Institutionalisierung zu erklären. Einer der jüngeren Ansätze versucht, sie als spezifische Form der Produktion personenbezogener Dienstleistungen (vgl. etwa Halfar 2009) zu fassen. Hierdurch eröffnet sich die Möglichkeit, Handlungsvollzüge nach Kriterien der Effizienz und Effektivität zu betrachten, ohne dabei die Spezifika Sozialer Arbeit aus dem Auge zu verlieren.

Wenn Soziale Arbeit wirksam mit IT unterstützt werden soll, so muss zunächst geklärt werden, welche Spezifika die Produktion von Dienstleistungen gegenüber der Herstellung von Gütern aufweist und wie sich die Soziale Arbeit dabei von anderen Formen der Dienstleistungsproduktion unterscheidet. Erste Überlegungen dazu finden sich bereits in Abschnitt 1.5.

Bei der Herstellung von Gütern aller Art liegt die Kontrolle über den Fabrikationsprozess ganz in den Händen des produzierenden Unternehmens. Es kann im Rahmen der physikalischen und technischen Grenzen darüber bestimmen, in welcher Folge von Arbeitsschritten, mit welchen Werkzeugen und mit welcher Qualität diese Produktion erfolgt. Entsprechend kann also etwa die Steuerungssoftware einer Fertigungsstraße so programmiert werden, dass sie mit höchster Effizienz stets das gleiche Ergebnis mit gleicher Qualität produziert. Das Erzeugnis – etwa ein Auto oder ein Brötchen – ist **tangibel**, seine Eigenschaften können objektiv gemessen, gefühlt oder geschmeckt werden. `Güterproduktion`

In die Produktion von Dienstleistungen ist hingegen der **Kunde als externer Faktor** eingebunden, er trägt mehr oder weniger stark zur Herstellung der Dienstleistung bei. Dieser Beitrag kann sehr unterschiedlich gestaltet sein und reicht vom Stillhalten des Kopfes beim Friseur bis hin zur fast vollständigen Eigenproduktion, etwa der Dienstleistung „Kontakt" in sozialen Netzwerken. Ein wesentlicher Unterschied zur Güterproduktion ist jedoch, dass das Verhalten der Kunden prinzipiell nicht vorhersagbar ist. Dennoch beeinflusst es die Qualität der Dienstleistung erheblich. Hält beispielsweise der Kunde des Friseurs seinen Kopf nicht still, wird die Frisur wahrscheinlich darunter leiden. Oder werden Kontakte in sozialen Netzwerken missbraucht, kann dadurch erheblicher Schaden für die beteiligten Menschen und das anbietende Unternehmen entstehen. Mit steigendem Grad der Kundenintegration, wächst auch die Abhängigkeit der Dienstleistungsqualität vom Beitrag `Dienstleistungsproduktion` des Kunden. Ein IT-System, das zur Unterstützung von Dienstleistungsprozessen entwickelt wird, muss also im Hinblick auf die Produktionsabläufe prinzipiell offener gestaltet sein, als eines, das die Güterproduktion unterstützt. Auf diese Weise können unterschiedliche Ausprägungen des Kundenverhaltens berücksichtigt werden.

Das Ergebnis eines Dienstleistungsprozesses ist **intangibel**, seine Eigenschaften können nur während oder nach der Erbringung beurteilt und vielfach auch nur indirekt – etwa über Befragungen zur Kundenzufriedenheit – gemessen werden.

Produktion sozialer Dienstleistungen

Auch in der Sozialen Arbeit findet man unterschiedliche Grade der **Kundenintegration** in die Dienstleistungserbringung; die Unterschiede zeigen sich vor allem durch die erforderliche Eigenaktivität der Adressaten. Ist sie beispielsweise bei Erziehungshilfen oder der Schuldnerberatung sehr hoch ausgeprägt, so nimmt sie etwa bei der Pflege schwerst-mehrfachbehinderter Menschen ein eher geringeres Ausmaß an. Häufig ist der Adressat sogar Hauptproduzent der Dienstleistung, da Verhaltensänderungen immer von ihm selbst vollzogen werden müssen. Der Sozialen Arbeit kommt dabei lediglich die Rolle der beratenden Begleitung oder des „Empowerments" zu.

Ziel Autonome Kunden

Ein wesentliches Merkmal unterscheidet die Soziale Arbeit jedoch von vielen sonstigen Dienstleistungen: kann das nicht vorhersagbare Kundenverhalten dort nur als möglichst gut beherrschbarer (Stör-) Faktor angesehen werden, so stellt es der Sozialen Arbeit ein zentrales Ziel dar: selbstbestimmtes Handeln, eigenständiges Finden von Lösungswegen, teils sogar unter Inkaufnahme von Lernerfahrungen durch Misserfolge, gehören zu ihren wesentlichen Charakteristika. Hinzu kommt eine oft sehr hohe Komplexität der Prozesse. So gilt es etwa neben den psychosozialen Belastungen einer Person die Dynamik der Multiproblemfamilie ebenso im Auge zu behalten wie die beteiligten schulischen, medizinischen oder sozialen Institutionen. Dabei konfligieren nicht selten verschiedene Maximen und Werte, die situationsbezogen gegeneinander abgewogen werden müssen. Die Dienstleistungskonfigurationen und die in ihnen zu fällenden Entscheidungen sind also durch eine Vielzahl an Faktoren beeinflusst und nur teilweise logisch-kausal erklärbar.

4.2 Standardisierungsdilemma

Eine Fachsoftware, welche die Planung oder Dokumentation derart komplexer und wenig vorhersagbarer Dienstleistungsprozesse unterstützen soll, muss demnach besondere Voraussetzungen erfüllen.

Setzen Organisationen der Sozialen Arbeit eine solche Software ein, können sie, wie in Abschnitt 1.5 beschrieben, als **soziotechnische Systeme** betrachtet werden. Im Feld sozialer Dienstleistungen ist die Kontingenz des sozialen Teilsystems, wie oben gezeigt, nicht Nebenbedingung oder Störfaktor, sondern zentrales Ziel. Entsprechend sind häufig auch die Prozesse und Kategoriensysteme offener gestaltet als in anderen Branchen. Deshalb wurden sie bislang von Seiten der Organisationen oft wenig gesteuert, ihre Ausgestaltung wurde nicht selten den einzelnen Fachkräften oder Teams überlassen, die Software-Unterstützung war eher gering.

Andererseits existieren auch in der Sozialen Arbeit **prozessual strukturierte Methoden** wie das Case Management (vgl. etwa Löcherbach et al. 2009) sowie **fachliche Standards** zur Klassifikation von personalen Merkmalen, Risikoeinschätzungen oder Hilfebedarfen. Diese wurden zumeist auf wissenschaftlicher Basis entwickelt und sollen dazu dienen, ein bestimmtes Qualitätsniveau und die Transparenz Sozialer Arbeit sicherzustellen. Ebenso gilt es, die Adressaten vor willkürlichen Entscheidungen zu schützen und die grundgesetzlich garantierte Gleichbehandlung zu gewährleisten. Deshalb haben diese Klassifizierungssysteme teilweise in Form von Pflege- oder Hilfebedarfsstufen Eingang in gesetzliche Normierungen gefunden und werden zur Bemessung der Leistungsfinanzierung herangezogen.

Standard vs. Einzelfall

Soziale Arbeit befindet sich somit in einem stetigen, nicht vollständig auflösbaren Spannungsfeld zwischen Formalisierung bzw. Standardisierung und Einzelfallorientierung (vgl. Hansen 2010 S. 144).

IT-Systeme, die fachliche Prozesse und Kategoriensysteme der Sozialen Arbeit abbilden möchten, befinden sich mithin ebenso in einem prinzipiellen Dilemma zwischen Standard und Offenheit. Sehr hohe Offenheit macht sie tendenziell kaum mehr von einer reinen Textverarbeitung unterscheidbar, entsprechend sinkt der Grad der Algorithmisierung bzw. Automatisierung und damit der **Effizienzeffekt** der Programme. Eine hohe Standardisierung ermöglicht hingegen mehr Automatisierung und erhöht die Effizienz, schränkt jedoch die Offenheit für individuelle Vorgangsdefinitionen und Beschreibungsmuster drastisch ein.

Standardisierung steigert Produktivität

Gleiches gilt zwar grundsätzlich auch für papiergestützte Standards und Prozessbeschreibungen, jedoch ist der **Normierungsgrad** bei Fachsoftware deutlich höher: Zum einen kann sie durch entsprechende Funktionsroutinen eine nicht bestimmungsgemäße Nutzung vordefinierter Eingaben und Abläufe stärker eindämmen, zum anderen sind

Abweichungen von der intendierten Nutzung deutlich leichter und schneller überprüfbar.

An dieser Stelle wird ein weiteres Dilemma der Formalisierung und Algorithmisierung von Realität im Kontext Sozialer Arbeit sichtbar, das bereits in Kapitel 1 kurz thematisiert wurde. Sesink (2003, S. 59) beschreibt es so:

„Ein Weltausschnitt wird durch formalisierende Abstraktion auf seine (wesentlichen?) Strukturen reduziert. Als wesentlich können von vorneherein nur formale Bezüge erscheinen. Was als wesentlich gilt, ist also auf dieser fundamentalen Ebene nicht etwa ein Ergebnis des Modellierungs- und Formalisierungsaktes, sondern eine Entscheidung, die ihm bereits zugrunde liegt. (...) Alles am zu modellierenden Weltausschnitt, das sich der Formalisierung entzieht, also was (…) individuell und einzig ist, erscheint von vornherein als unwesentlich."

Abstrahierung verändert Realität   Kernpunkt dieser Kritik ist, dass durch die Akte der Formalisierung und Algorithmisierung von vorneherein bereits bestimmte Anteile der Realität ausgeblendet werden, die für professionelles Handeln in der Sozialen Arbeit von Bedeutung sind oder sein können. Nach dieser Auffassung ist es also weniger von Bedeutung, welche Formularsysteme oder IT-Lösungen eingesetzt werden; allein die Tatsache dass mit formalisierenden Medien gearbeitet wird, verfälscht die Realität.

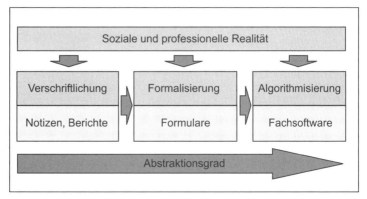

Abbildung 38: Formen der Abbildung von Realität und Grade der Abstrahierung in der Sozialen Arbeit

Dem steht jedoch die Tatsache gegenüber, dass IT-Systeme für die Soziale Arbeit sehr unterschiedlich beschaffen sein können. Entsprechend verschieden ist auch ihr Grad an Formalisierung und Algorithmisierung. So sind etwa neben Programmen mit überwiegend standardisierten Auswahlfeldern oder (teil-)automatisierten Bewertungssystemen auch solche verfügbar, die an vielen Punkten als Freitext erfassbare Beobachtungen oder Einschätzungen ermöglichen. Dabei beschränken sie sich weitgehend auf die Ein- und Ausgabe dieser Informationen, verfügen also kaum über Automatismen zu ihrer Bearbeitung. Ebenfalls denkbar und teilweise realisiert sind Systeme, die beispielsweise eine frei gestaltbare, assoziativ-grafische Abbildung von Beziehungssystemen ermöglichen. Wie weiterhin bereits in Abschnitt 1.5 gezeigt, wird die Technik in soziotechnischen Systemen immer auch durch Menschen und Organisationen beeinflusst und spezifisch angeeignet, sodass sich daraus komplexe Zusammenhänge ergeben, die sich einfachen Erklärungsmustern entziehen.

Da jedoch eine empirische Grundlagenforschung zu den hier genannten Fragestellungen bislang weitgehend fehlt, ist letztlich ungeklärt, wie sich der Einsatz von IT-Systemen allgemein und in unterschiedlichen Konfigurationen auf die Wahrnehmung und Entscheidungsfindung von Professionellen sowie die gesamte Dynamik des Hilfeprozesses auswirkt. Wie Ley (2010, S. 227) weiterhin bemerkt, bleibt bislang auch in der Theoriebildung der Sozialen Arbeit eine „handlungs- wie reflexionstheoretische Konzeptualisierung der Techniken als Mittel und Mittler weitgehend aus".

Nicht von den hier beschriebenen Dilemmata betroffen sind fachspezifische IT-Systeme, die lediglich Informationen bereitstellen oder in Arbeitsprozesse einspeisen (vgl. Abschnitt 4.3.3). Hier verfügen die Fachkräfte oder Adressaten immer über die Handlungsfreiheit, diese vollständig oder selektiv zu nutzen, zu interpretieren oder sie unbeachtet zu lassen. Eine Besonderheit stellen auch Systeme zur internetgestützten Sozialberatung dar, die den medienvermittelten Beratungsprozess bewusst durch spezifische Software-Funktionalitäten steuern (vgl. Abschnitt 4.3.2).

4.3 Formen der IT-Nutzung

Soziale Arbeit als professionelle, institutionalisierte Arbeit mit Adressaten sowie als Unterstützungsinstanz für Selbsthilfe kann Informationstechnologie auf vielfältige Weise nutzten. Dabei ergibt sich ein breites Spektrum möglicher Nutzungsformen, das in einer Matrix der drei Elemente Adressat, Fachkraft und Organisation dargestellt werden kann.

	Adressat	Fachkraft	Organisation
Adressat	Adressat: Adressat	Adressat: Fachkraft	Adressat: Organisation
Beispiel	Selbsthilfeforum, Soziales Netzwerk	Online-Beratung	Website, Anfrage- bzw. Buchungsportal
Fachkraft	Fachkraft: Adressat	Fachkraft: Fachkraft	Fachkraft: Organisation
Beispiel	Online-Beratung, Internetgestütztes Informationssystem	Expertenforum, Fachspezifisches Wiki, Fachsoftware	Fachsoftware
Organisation	Organisation: Adressat	Organisation: Fachkraft	Organisation: Organisation
Beispiel	Newsletter, Internetgestütztes Informationssystem	Intranet, Fachsoftware	Belegungsportal, elektronisches Abrechnungssystem

Abbildung 39: Matrix möglicher IT-Nutzungsformen in der Sozialen Arbeit (angelehnt an Ley 2007)

Die folgenden Abschnitte greifen drei für die professionelle Soziale Arbeit wichtige Nutzungsformen heraus und zeigen damit verbundene Chancen und Risiken exemplarisch auf. Einige andere der in Abbildung 39 genannten Formen sind in den Abschnitten 3.2 und 5.5 beschrieben.

4.3.1 Software zur Planung und Dokumentation von Hilfen

Software für die Planung und Dokumentation von Hilfen ist heute für nahezu alle Arbeitsfelder der Sozialen Arbeit und Pflege verfügbar. Sie ist zumeist in umfassende Branchenprogramme integriert, die auch die Abrechnung von Leistungen oder statistische Auswertungen umfassen. Gemeinsame Basis bildet meist eine Stammdaten- und Adressverwaltung (vgl. Abschnitt 3.2.4).

Variationsbreite entspricht fachlicher Vielfalt

Funktionalität und Aufbau dieser Programme zeigen sich sehr unterschiedlich. Darin spiegelt sich die große Variationsbreite im fachlichen Verständnis von Planung, Durchführung und Dokumentation von Hilfeprozessen wieder. Ein Teil der Programme ist durch vordefinierte Auswahlfelder für die zu erfassenden Informationen stark standardisiert. Andere setzen eher auf offenere Eingabeformen in Textfeldern.

Zu den Kernfunktionalitäten dieser Systeme zählen meist

- die Erfassung der Vorgeschichte, einschließlich vorangegangener Hilfen (Anamnese)
- die Erfassung von Problemen und Ressourcen der Adressaten und ihrem sozialen Umfeld (Diagnose)
- die zu planenden bzw. geplanten Hilfen und Maßnahmen (z.B. Hilfe-, Förder- oder Teilhabeplan)
- die quantitative bzw. qualitative Dokumentation der erbrachten Leistungen sowie von Ereignissen oder Interventionen im Hilfeverlauf
- ein Berichtswesen, das Aussagen zu einem Fallverlauf zusammenfasst bzw. eine Evaluation der Zielerreichung ermöglicht.

Aus fachlicher Perspektive ist für den Nutzwert solcher Programme entscheidend, in wie weit sie die konzeptionelle Ausrichtung der jeweiligen Einrichtung widerspiegeln und ob dies auf einem fachlichen Niveau geschieht, das dem aktuellen Stand des Wissens entspricht. Auf eine kurze Formel gebracht, geht es um die Frage: „Steckt Sozialarbeit drin, wo Sozialarbeit drauf steht?" (Mosebach/Göppner 2005, S. 46). In der Praxis ist dies nicht immer selbstverständlich. Software für die Soziale Arbeit wird zumeist aus einer diffusen Gemengelage ökonomischer und fachlicher Anforderungen der Einrichtungen sowie der Kostenträger entwickelt. Hinzu kommen oft Elemente mehr oder weniger wissenschaftlich fundierter Verfahren der Anamnese oder Diagnose sowie Eigenideen der Herstellerfirmen. Die Fachlichkeit wird dabei vielfach durch Sachzwänge, Traditionen oder überkommene Wissensstände gebrochen.

Entwicklungskooperationen zwischen Software-Herstellern, Praxis und Wissenschaft, die Programme auf einer gesicherten Wissensbasis konsistent erstellen und optimieren sowie deren Nutzung evaluieren, sind bislang eher die Ausnahme. Dennoch zeigen Beispiele, dass sich dies als fruchtbarer Weg erweist. „Das Ergebnis ist eine Software, die [...] das wiedererkennen lässt, was Theorie und Praxis im Vorfeld als Konzept zugrunde gelegt haben" (Löcherbach/Macsenaere/Meyer 2008, S. 308).

Ein wichtiger Faktor für das fachliche Niveau einer Software ist auch die **Methodenreife** in dem jeweiligen Arbeitsfeld, ein anderer die Tiefe und Homogenität der staatlichen Regulierung. In der Altenhilfe etwa, wo sich bereits ein anerkanntes Set nationaler Expertenstandards herausgebildet hat, findet sich dieses oft in der entsprechenden Pflegesoftware wieder. Die Hilfen für Menschen mit Behinderungen mit ihren

Steckt Sozialarbeit drin?

Methodenreife entscheidet

bislang sehr unterschiedlichen Modellen der Hilfebedarfs- und Teilha-
beplanung auf Landes- oder Bezirksebene fallen hier schon deutlich
zurück. Die Kinder- und Jugendhilfe schließlich mit ihrer breiten Me-
thodenpalette und einer ausgeprägten regionalen Kleinteiligkeit der
Steuerung bildet unter den großen Arbeitsfeldern in dieser Hinsicht das
Schlusslicht.

Andererseits ist die **Methodenpluralität** in einer demokratischen Gesellschaft mit unterschiedlichen Werthaltungen, insbesondere in den
pädagogisch geprägten Arbeitsfeldern, bewusst gewollt. Daher wird es
auch in Zukunft kaum möglich und sinnvoll sein, zu vollständig einheitlichen Methodensets und Kategoriensystemen zu kommen und diese in Software abzubilden. „So sehr also Software-Entwickler daran
interessiert sind, fachlich auf wissenschaftliche Kategorien zurückzu-
greifen, so wenig finden sie in dieser Frage brauchbare Grundlagen
vor" (Axhausen 2003, S. 206).

Datenschatten und Realität | Eine weitere, mit dem in Abschnitt 4.2 beschriebenen Grunddilemma
zusammenhängende fachliche Frage beim Einsatz von Dokumentati-
onssystemen ist der Zusammenhang zwischen der Realität und dem
„**Datenschatten**" (Kirchlechner 2001, S. 27) von Adressaten, der in einer solchen Software abgebildet wird. Dieses Problem der Abstraktion
und Reduktion von Komplexität existiert zwar grundsätzlich auch bei
papiergestützten Formularsystemen, wie sie bislang häufig zu Doku-
mentationszwecken eingesetzt werden. Bei Fachsoftware wirkt es sich
durch programmlogische Verknüpfungen jedoch stärker aus: So bilden
etwa Merkmale, die als Diagnose festgehalten wurden, die Grundlage
für die Maßnahmenplanung und diese wiederum strukturiert die Dokumentation und schließlich auch Evaluation der Hilfen. Hier zeigt
sich verstärkt die Bedeutung der Qualität der zugrunde liegenden Kategoriensysteme, aber auch eine grundlegende Gefahr des Einsatzes
von Fachsoftware in der Planung und Dokumentation von Hilfen:
Durch ihre Inhalte und Ablaufstrukturen prägt sie zwangsläufig die
Wahrnehmung der Fachkräfte auf ihre „Fälle" und die damit zusam-
menhängenden Entscheidungsprozesse mit. Ihr Einfluss auf die Qualität Sozialer Arbeit ist somit erheblich.

Unterscheidungskriterien | Damit stellt sich die Frage, wie sich in der Praxis eine fachlich ange-
messene Software von einer nicht angemessenen unterscheiden lässt.
Formale Methoden zur Definition und Überprüfung von Anforderungen an Software werden in Abschnitt 6.5 beschrieben. Auf der **inhaltlichen Ebene** ist diese Frage angesichts der Vielfalt an Arbeitsfeldern
und Konzepten der Sozialen Arbeit nur schwer beantwortbar. Im Bereich der Hilfen für Einzelpersonen oder Familien können folgende

Leitfragen Anhaltspunkt zur Beurteilung der fachlichen Qualität von Software liefern:

- Werden neben den Problemen auch die Ressourcen des Adressaten und seines sozialen Umfeldes in angemessenem Umfang erfasst?

- Sind Darstellungen insbesondere der Problem- und Ressourcenwahrnehmung oder der Definition von Zielen sowohl aus der Perspektive der Fachkräfte, als auch aus der von Adressaten, Angehörigen und weiterer Beteiligter möglich?

- Sind neben standardisierten Feldern an allen wichtigen Stellen auch Freitext-Einträge möglich, die das Festhalten fallindividueller Informationen erlauben?

- Ist eine historische Dimension der Erfassung dieser Informationen vorhanden, sodass alte Einträge nicht von neuen überschrieben werden, sondern mit ihrem jeweiligen Eingabedatum erhalten bleiben?

- Können in den Planungsprozess von Hilfen alle zuvor erfassten Ressourcen und Probleme einbezogen werden, und können Ziele auch als Freitext formuliert werden?

- Sind die im jeweiligen Arbeitsfeld etablierten und wissenschaftlich anerkannten Klassifikationssysteme bei Anamnese, Diagnostik und Hilfe- bzw. Maßnahmenplanung hinterlegt und können diese durch selbst definierte Kategorien ergänzt werden?

- Gibt es eine chronologische, textbasierte Dokumentation von Hilfeprozess und fachlichem Handeln, die nach selbst definierbaren Kategorien gliederbar und mit einer Volltextsuche versehen ist?

- Wird in der textbasierten Verlaufsdokumentation systematisch nach Kategorien wie Tatsachenwahrnehmung, Interpretation und Handlungen unterschieden?

- Sind Ziele auch während des Hilfeverlaufs anpassbar bzw. ist der Hilfeplan zyklisch fortschreibbar und werden die definierten Zieldimensionen jeweils historisch vorgehalten?

- Ist eine systematische Evaluation der Zielerreichung integriert, die neben nummerischen Werten wie Zielerreichungsgrade auch Freitexteingaben erlaubt?

- Kann bei der Evaluation nach den unterschiedlichen Sichtweisen der Beteiligten unterschieden werden?

- Können die anwendenden Organisationen in allen Bereichen zusätzliche Datenfelder anlegen sowie vorhandene Datenfelder ausblenden bzw. umbenennen?

4.3.2 Soziale Beratung im Internet

Vorteil Niedrigschwelligkeit   Erste Ansätze von Online-Beratung im Bereich der Sozialen Arbeit gab es bereits Mitte der 90er Jahre des letzten Jahrhunderts. Spätestens seit der Verbreitung von Web 2.0 und Social Media ist das Internet zu einem Ort intensiver sozialer Kontakte geworden. Insbesondere für jüngere Menschen ist es deshalb naheliegend, sich auch bei psychischen oder sozialen Problemen Hilfe aus dem Netz zu holen.

Mittlerweile hat sich die Beratung im Internet zu einem Angebot entwickelt, das sich sowohl als eigenständiges Setting als auch als Ergänzung zur klassischen Beratung versteht. Die Vorteile der Online-Beratung werden vor allem in ihrer **Niedrigschwelligkeit** und präventiven Wirkung, der Ungebundenheit von Ort und Zeit sowie der Öffnung gegenüber neuen Adressatenkreisen gesehen. Nahezu alle seriösen Konzepte betonen, dass Online-Beratung nicht in Wettbewerb zu den klassischen Beratungsformen tritt, sondern sie als zusätzliche Methode ergänzt (vgl. etwa Warras 2008, S. 45). Bei Online nicht zu lösenden Fragen und Problemen wird versucht, Kontakt zu einer persönlichen Beratung herzustellen. Grenzen werden vor allem dort gesehen, wo die Anwendung therapeutischer Methoden notwendig erscheint oder, wenn auf Seiten der Adressaten grundlegende schriftsprachliche Kompetenzen unterentwickelt sind.

Neben kostenfreien Angeboten aus dem Bereich der Wohlfahrts- oder Fachverbände gibt es auch eine wachsende Zahl gewerblicher Angebote, vor allem aus dem psychologischen oder juristischen Bereich.

Auf der Ebene der Grundhaltungen und Methoden lehnt sich die Online-Beratung an die Face-to-face-Beratung an. Aufgrund der rein textbasierten Kommunikation hat sie aber auch spezielle Techniken entwickelt. Sie sollen die fehlenden Sinneskanäle so weit wie möglich kompensieren und Missverständnisse vermeiden. Zu diesen Techniken gehören etwa die Nutzung von Emoticons, bestimmten Fragetechniken oder die Rückversicherung zum Verständnis von Aussagen (vgl. etwa Brunner 2006).

Auf Basis der gängigen Internet-Technologien sind unterschiedliche Formen der Beratungskommunikation möglich:

- E-Mail
- Text-Chat
- Foren (browserbasiert)
- Video-Telefonie, Video-Chat

Zentrales Merkmal Schriftkommunikation   Videogestützte Formen sind im Bereich der Online-Beratung derzeit nicht verbreitet, da sie deutlich stärker an das Setting der Face-to-Face-

Beratung heranrücken und viele der oben beschriebenen Vorteile von der Online-Beratung nicht mehr gegeben wären. Gerade diese Merkmale machen jedoch die Online-Beratung für viele Nutzer attraktiv. Vor allem gilt dies für schambesetzte Themen oder für Menschen mit Kontaktstörungen oder depressiven Zügen (vgl. Buckel et al. 2003, S. 32). Attraktiv ist Online-Beratung auch für Personen, die aufgrund von Behinderungen keine Beratungsstelle aufsuchen können oder die in Regionen mit schlechter psychosozialer Versorgung leben.

Abbildung 40: Startseite des Online-Beratungsdienstes kids-hotline (www.kids-hotline.de)

Angebote der Sozialberatung im Internet können unterschieden werden nach

– den technischen Instrumenten,

– dem Professionalisierungsgrad und Grad der Nutzerintegration

– und dem Beratungssetting.

Hinsichtlich der **technischen Instrumente** wird zwischen asynchronen und synchronen unterschieden. Asynchrone Instrumente mit zeitversetzter Kommunikation sind E-Mail und Foren, ein synchrones Instrument mit Echtzeit-Kommunikation ist der Chat.

Asynchrone und synchrone Techniken

Foren können mit einer Pinnwand verglichen werden, auf der Ratsu-
chende zumeist in thematisch gegliederten Bereichen ihre Fragen oder
Anliegen hinterlassen. Sie sind in der Regel nach einer mehr oder weniger stark personalisierten Anmeldung öffentlich zugänglich. Je nach
Art des Angebots antworten entweder ausgebildete Berater oder andere Anwender des Forums. Der sich so entwickelnde Beratungsdialog
kann von allen anderen Anwendern mitgelesen werden, je nach Konzept sind auch Kommentare oder Beiträge anderer Nutzer möglich.

Beratungschats werden in virtuellen Chaträumen durchgeführt, die
von den Nutzern während der Öffnungszeiten jederzeit betreten oder
verlassen werden können. Alle Nutzer, die sich aktuell im Chatraum
aufhalten, sind mit Pseudonymen oder Echtnamen (Vornamen) sichtbar. Im Rahmen der Online-Beratung werden Chats zumeist nur zu
bestimmten Zeitfenstern und unter Anwesenheit ausgebildeter Berater
durchgeführt.

Professionelle und Peer-Beratung Beim **Professionalisierungsgrad und Grad der Nutzerintegration** wird
zwischen Settings mit professionellen Beratern, wie Sozialarbeitern
oder Psychologen, ausgebildeten Peer-Beratern und normalen Nutzern
mit beratenden Beiträgen, unterschieden. Dabei existieren sowohl rein
professionell geführte Angebote als auch solche mit Mischformen aus
Professionellen und Peer-Beratern, sowie Professionellen, Peer-Beratern und Nutzern.

Einzel- und Gruppenberatung Als **Beratungssettings** stehen die Einzel- und die Gruppenberatung zur
Verfügung. Dabei treten die beiden Settings jeweils in spezifischen
Kombinationen mit den technischen Instrumenten und dem Professionalisierungsgrad auf. So wird die Einzelberatung primär per Mail und
Einzel-Chat sowie zumeist von ausgebildeten Beratern angeboten.
Gruppenberatungen finden in Chaträumen oder Foren statt, sie werden als professionelle Angebote sowie als Mischformen aus professio-
neller und Peer-Beratung angeboten. Dabei besteht häufig auf Wunsch
des Nutzers oder Vorschlag eines professionellen Beraters die Möglichkeit, in ein Einzelberatungs-Setting zu wechseln.

Die weitere Entwicklung der Sozialberatung im Internet hängt maßgeblich davon ab, in wie weit es künftig gelingt, sie im Finanzierungs-
system für soziale Dienstleistungen zu verankern. Dieses System ist
bislang durch Kriterien wie örtliche und sachliche Zuständigkeiten geprägt, die mit den Grundprinzipien der Online-Beratung nur schwer
vereinbar sind.

4.3.3 Internetgestützte Informationssysteme

Seit der Erfindung des World Wide Web Anfang der 90er Jahre des 20. Jahrhunderts stellt das Internet eine Plattform dar, auf der Informationen jeder Art kostengünstig weltweit bereitgestellt werden können. Die ursprünglich reinen Text-Informationen wurden zunehmend durch Bild-, Audio- und Video-Angebote ergänzt. Die Anbindung von Websites an Datenbank-Systeme ermöglicht per Browser **Abfragen** in komplexen Informationsbeständen unterschiedlicher Art. Neben eigenständigen Websites haben in den letzten Jahren **soziale Netzwerke** bei der Suche und Bereitstellung von Informationen stark an Bedeutung gewonnen. Im Unterschied zur Einweg-Kommunikation der klassischen Websites sind sie **interaktiv** geprägt. Der Bereitsteller einer Information bewegt sich auf der gleichen Ebene mit ihren Nutzern, Kommunikation ist wichtiger als Information, der Konsument ist gleichzeitig Produzent. Dabei wird die Bedeutung einer Information, Person oder Institution vor allem durch die Anzahl und Qualität ihrer Vernetzungen definiert.

Websites und Soziale Netzwerke

Generell kann bei der Suche nach und Bereitstellung von Informationen aus dem Sozialen Sektor nach folgenden Formen unterschieden werden:

Allgemeine Suchmaschinen wie Google oder Bing durchsuchen Websites und Dokumente wie PDFs nach Begriffen oder Begriffskombinationen, die der Nutzer in das jeweilige Suchfenster eingibt. Über derartige Suchmaschinen wird heute der weit überwiegende Teil der Suche nach Informationen im Web abgewickelt.

Spezifische Suchmaschinen beschränken sich auf ein Themenfeld oder einen Typus von Dokumenten. Sie sind teils eigenständig, teils in allgemeine Suchmaschinen integriert. So bietet etwa Google Scholar eine Suche nach wissenschaftlicher Literatur oder die Suchmaschine „Wer liefert was?" zeigt Produkte und Dienstleitungen für Geschäftsbeziehungen zwischen Unternehmen (Business-to-Business) an. Spezielle Suchmaschinen für soziale Themen wurden zwar mehrfach aufgelegt, konnten sich aber gegenüber den allgemeinen Suchmaschinen nicht durchsetzen.

Themenspezifische Portale sind Websites, die ein breites Informationsangebot zu einem oder mehreren Themenbereichen bereitstellen. Diese Informationen sind zumeist direkt in einer Datenbank des Portals gespeichert oder werden über Links auf andere Websites zugänglich gemacht. Im Bereich der Sozialen Arbeit kann zwischen Portalen für Adressaten, Portalen für Fachkräfte und gemischt nutzbaren Portalen unterschieden werden. Betreiber dieser Systeme können staatliche Stellen, Wohlfahrts- oder Fachverbände oder gewerbliche Anbieter sein.

Beispiele für **allgemeine Fachkräfte-Portale** sind etwa socialnet.de oder info-sozial.de. Hier werden unter anderem Einrichtungsverzeichnisse, Fachinformationen, Veranstaltungshinweise, Literatur und Rezensionen sowie Stellenbörsen angeboten.

Abbildung 41: Startseite des Fachkräfte-Portals socialnet.de

Portale für Adressaten und gemischte Portale sind in der Regel auf eine bestimmte Lebenslage wie Behinderung oder Familie zugeschnitten. Struktur, Tiefe und geografische Reichweite der Angebote variieren in einem breiten Spektrum. Ihre Inhalte reichen von allgemeinen Sachinformationen über eine Einrichtungssuche bis hin zu Rechtsinformationen und Hilfsmittelverzeichnissen. Ein Beispiel für ein Adressatenportal ist elternimnetz.de; ein bekanntes gemischtes Portal aus dem Bereich der Rehabilitation ist rehadat.de.

Suchmöglichkeiten nach Hilfsangeboten sowie Fachinformationen sind oft auch auf **Websites von Fach- und Wohlfahrtsverbänden** zu finden. Die Einrichtungssuche beschränkt sich hier jedoch zumeist auf die Mitgliedsorganisationen und die Fachinformationen sind auf die Mitarbeiter und Adressaten dieser Verbände zugeschnitten.

Soziale Netzwerke werden von Institutionen der Sozialen Arbeit derzeit noch eher zurückhaltend genutzt, im Vordergrund steht bislang vor allem die Mitarbeitergewinnung. Weitere Nutzungsmöglichkeiten bestehen etwa im Spendenmarketing oder um Bürger und Fachkräfte über das eigene Leistungsangebot zu informieren. Dabei steht nicht die reine Information, sondern die Interaktion mit den Adressaten im Vordergrund. Dies bedarf völlig anderer Denk- und Handlungsmuster als sie im Bereich der Einweg-Kommunikation etwa über Portale oder Websites vorherrschen. Die Botschaften einer Organisation werden von den Adressaten in den Netzwerken kommentiert, transformiert und multipliziert oder auch ignoriert (vgl. Wagner 2012). Statt juristisch wasserdicht formulierter Stellungnahmen wird hohe Authentizität und direkte Kommunikation auf Augenhöhe erwartet.

Große Verbände betreiben häufig **Intranet-Portale** mit spezifischen Fachinformationen und Kommunikationsforen, die jedoch ganz oder zu großen Teilen nur den Organisationsmitgliedern zugänglich sind. Ein Beispiel dafür ist carinet.de des Deutschen Caritasverbandes.

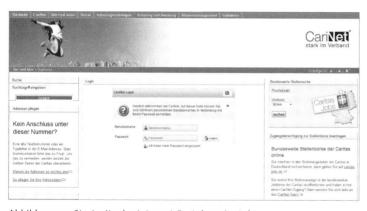

Abbildung 42: Startseite des Intranet-Portals carinet.de

4.4 Zukunftstrends

Für das Management und die Organisation sozialer Dienstleistungen relevante Entwicklungen wurden bereits in Abschnitt 3.3 beschrieben. Ergänzend dazu werden hier aus fachlicher Sicht der Sozialen Arbeit relevante IT-Trends aufgezeigt.

Moderne Fachkonzepte wie CaseManagement, Empowerment oder sozialräumliche Ansätze betonen die Vernetzung sowohl auf der Fall- als auch auf der Systemebene. Internet-Portale bieten Informationen zu sozialen Dienstleistungen an und Adressaten Sozialer Arbeit nutzen Angebote wie Online-Beratung. Fachsoftware für die Soziale Arbeit bildet dagegen noch immer meist eine Insel innerhalb der Institutionen (vgl. auch Abschnitt 3.3.2). Doch Soziale Arbeit hört nicht an Organisationsgrenzen auf. IT-Lösungen, die, wie in anderen Branchen

Integration von Web und Fachsoftware

längst üblich, **organisationsübergreifende Prozesse** wie die Beantragung und Genehmigung von Leistungen abbilden, sucht man im Bereich der Sozialen Arbeit bis auf wenige Ausnahmen vergebens. Ihre Entwicklung scheitert nicht nur daran, dass es, anders als etwa in der Medizin, keine technischen Standards für den Datenaustausch gibt. Eine wesentliche Ursache ist auch, dass in vielen Hilfearten keine bundesweit gültigen Klassifizierungssysteme und Prozessstandards existieren (vgl. Abschnitt 4.3.1).

Geradezu prädestiniert zur sozialräumlichen Vernetzung ist das Internet. Doch auch hier sind die meisten Bemühungen bislang kaum über Online-Adressverzeichnisse sozialer Einrichtungen hinausgekommen, Web und Fachsoftware stellen bislang zumeist völlig getrennte Welten dar. Die Web-Suche etwa nach einem freien Kita-Platz für ein Kind mit Hörschädigung, die in Echtzeit auf die Belegungsdaten der einzeln Träger zurückgreift, die fachlichen Profile der Einrichtungen scannt und die Eltern-Anfragen in den fachsoftwaregestützten Workflow des Trägers einspeist, ist auch in der Informationsgesellschaft des 21. Jahrhunderts noch Zukunftsmusik. Dennoch ist zu erwarten, dass Konfigurationen dieser Art zunehmend entwickelt werden.

Hybride Dienstleistungen | Künftig sind auch vermehrt „**hybride**" **soziale Dienstleistungen** mit einem Mix aus personalen und technikgenerierten Services denkbar. Dies ist zumeist mit einer stärkeren Kundenintegration in den Erbringungsprozess verknüpft (vgl. Abschnitt 4.1). Damit wird nicht nur die Kosteneffizienz gesteigert, sondern mitunter auch die Chancen der Adressaten für Teilhabe und Autonomie erhöht. So könnte etwa der Fußballfan mit geistiger Behinderung auf dem Touchscreen seines Tablet-PCs das Gesicht seines Lieblingsbetreuers antippen und ihn für einen Stadionbesuch am nächsten Samstag buchen. Diese elektronische Buchung würde anschließend automatisch in das Einsatzplanungsprogramm übernommen und von der dahinter liegenden Abrechnungssoftware verbucht.

Ein anderes Szenario wäre, dass etwa Jugendliche in der beruflichen Bildung über ihr Smartphone die Einschätzung ihrer Lernfortschritte in einer Fachsoftware eingeben und diese bei der Besprechung mit dem Betreuer in einem schicken Chart visualisiert wird (vgl. Kreidenweis/ Halfar 2012).

Weitere Entwicklungen werden aus der Welt des **Web 2.0** auf die Soziale Arbeit zukommen: Insbesondere junge Adressaten wie Mitarbeiter vernetzen sich zunehmend über **soziale Netzwerke**, die reale Welt verschmilzt immer mehr mit dem virtuellen Raum. In sozialen Organisationen werden diese Technologien bislang jedoch kaum genutzt,

Internetauftritte sind zumeist reine Einweg-Kommunikation und beim internen Informationsaustausch begnügt man sich mit E-Mail und Dateiverzeichnissen auf dem Server. Interessante Ansatzpunkte bieten hier etwa **Wikis**, um das Wissen einer Organisation besser zugänglich zu machen. Blogs, Foren und Video-Konferenzen können die Kommunikation auch bei zunehmender Dezentralisierung fördern und über organisationsinterne soziale Netzwerke kann man erfahren, wer etwa Experte für die Beantragung von Hilfen für mehrfach behinderte junge Erwachsene ist oder wer beim nächsten Sommerfest sein Talent als Feuerspucker einbringen kann.

Arbeitsaufgaben

8. In der Kinder- und Jugendhilfeeinrichtung, in der Sie arbeiten, soll eine Fachsoftware zur Planung und Dokumentation der Hilfen angeschafft werden. Einer Ihrer Kollegen ist vehement dagegen, weil er meint, dass die Software kein individuelles Arbeiten mehr ermöglichen und alle Kinder in ein Einheitsschema pressen würde. Was entgegnen Sie ihm?

Literatur zum Kapitel

Axhausen, Silke: PC-gestützte Falldokumentationssysteme – Grenzen und Möglichkeiten. In: Joachim König/Christian Oerthel/Hans-Joachim Puch (Hrsg.): Soziale Arbeit im gesellschaftlichen Wandel. Ziele, Inhalte, Strategien. Dokumentation ConSozial 2002. Starnberg 2003, S. 203-222

Brunner, Alexander: Methoden des digitalen Lesens und Schreibens in der Online-Beratung. 2006. Quelle: http://www.e-beratungsjournal.net/ausgabe_0206/brunner.pdf (aufgerufen am 20.12.2011)

Buckel, Sabine/Hofmeister, Dieter/Kraus, Hermann/Schultze, Nils G./Wagner, Norbert/Weißhaupt, Ulrike: Online-Beratung. Hilfe im Internet für Jugendliche und Eltern. Fürth 2003

Halfar, Bernd: Sozialwirtschaft als spezifische Dienstleistungsproduktion. In: Nachrichtendienst des Deutschen Vereins für Öffentliche und Private Fürsorge Nr. 11/2009, S. 479-483

Hansen, Flemming: Standards in der Sozialen Arbeit. Berlin 2010

Kirchlechner, Berndt: Sozialarbeiterinnen als Arbeitnehmerinnen und Professionelle bei der Einführung computergestützter Dokumentationssysteme. In: Institut für Sozialarbeit und Sozialpädagogik (Hrsg.): EDV-gestützte klientenbezogene Dokumentationssysteme in der Sozialen Arbeit – Information und kritische Sichtung. Frankfurt am Main 2001, S. 21-36

Kreidenweis, Helmut/Halfar, Bernd: Die Roboter kommen. In: Sozialwirtschaft Nr. 2/2012, S. 7-11

Ley, Thomas: „Unser Schreibzeug arbeitet mit an unseren Gedanken." Oder: Zur Konstruktion des sozialpädagogischen Falles in computerisierten Arbeitsumgebungen. In: Georg Cleppien/Ulrike Lerche (Hrsg.): Soziale Arbeit und Medien. Wiesbaden 2010

Ley, Thomas: Wer wird von was, wie und warum beeinflusst? – Präsentation auf dem Workshop „(R)Evolution durch IT" im ISS e.V. 2007 (unveröff.)

Löcherbach, Peter/Klug, Wolfgang/Remmel-Faßbender, Ruth/Wendt, Wolf Rainer: Case Management. Fall- und Systemsteuerung in Theorie und Praxis. München 2009

Löcherbach, Peter/Macsenaere, Michael/Meyer, Friedrich-Wilhelm: Computergestütztes Case-Management in der Kinder- und Jugendhilfe. In: Joachim König/Christian Oerthel/Hans-Joachim Puch (Hrsg.): In Soziales investieren – Mehr Werte schaffen. Dokumentation ConSozial 2007. München 2008, S. 302-310

Mosebach, Ursula/Göppner, Hans-Jürgen: Sozialinformatik. Studieren in virtuellen Räumen. In: Sozialmagazin Nr. 6/2005, S. 46-53

Sesink; Werner: Wozu Informatik? Ein Antwortversuch aus pädagogischer Sicht. In: Frieder Nake/Arno Rolf/Dirk Siefkes (Hrsg.): Informatik zwischen Konstruktion und Verwertung. 2003, S. 59-62

Wagner, Daniel: Facebook, Twitter, Xing & Co. Soziale Netze strategisch nutzen. In: Joachim König/Christian Oerthel/Hans-Joachim Puch (Hrsg.): Soziale Nachhaltigkeit – wer erzieht, pflegt und hilft morgen? Dokumentation ConSozial 2011. München 2012

Warras, Jörg: Soziale Arbeit im Internet: Chancen und Grenzen. Saarbrücken 2008.

5 Informations- und Geschäftsprozessmanagement

Wer die Verarbeitung von Informationen und die Gestaltung von Arbeitsprozessen in sozialen Organisationen steuern und mit IT unterstützen möchte, muss zahlreiche fachliche, ökonomische und rechtliche Faktoren berücksichtigen. Halfar (1997, S. 113) bezeichnet es für die Soziale Arbeit als notwendig, „die Definitionsmacht in der Software-Konstruktion" zu gewinnen, um die informationstechnologischen Instrumente an den Kernaufgaben sozialer Organisationen auszurichten. Kenntnisse des Informations- und Prozessmanagements sind hierfür eine wichtige methodische Voraussetzung. Nur so gelingt es, die komplexen Anforderungen sinnvoll zu strukturieren und in eine Form zu überführen, die eine professionelle (Weiter-)Entwicklung entsprechender IT-Werkzeuge ermöglicht.

IT-Einsatz methodisch gestalten

5.1 Daten, Information und Wissen

Wenn man Informationen managen will, muss man zunächst wissen, worum es sich dabei genau handelt und welche weiteren Phänomene in diesem Umfeld eine wichtige Rolle spielen.

Im Alltag werden Begriffe wie Daten, Information und Wissen häufig wenig trennscharf verwendet. Auch in der wissenschaftlichen Literatur gibt es je nach Blickwinkel aus der Informatik, Kognitionspsychologie oder Kommunikationswissenschaft unterschiedlich akzentuierte Definitionen. Für die Zwecke des Informationsmanagements sind diese Akzente von untergeordneter Bedeutung, doch ist es notwendig, diese drei Ebenen zu unterscheiden.

Unterschiedliche Definitionen

Daten können formal beschrieben werden als eine zunächst beliebige Abfolge von Zeichen aus einem definierten Zeichenvorrat, also beispielsweise dem lateinischen bzw. kyrillischen Alphabet oder aus arabischen Ziffern.

32.534,80	x$I d&sVGe	80036	München

Abbildung 43: Beispiele für kontext- und bedeutungslose Daten

Diese Daten sind ohne Zusammenhang – und damit praktisch bedeutungslos. In dieser Form können Sie jedoch problemlos in einer Datenbank gespeichert, elektronisch vervielfältigt oder via Internet versendet werden. Mit der Verarbeitung von Daten in diesem Sinne beschäftigen sich verschiedene Fachgebiete der angewandten Informatik, wie etwa das Datenbank-Design, das Datenbank-Management oder die Programmierung.

Zur **Information** werden Daten erst durch die menschliche Wahrnehmung, die die Daten in einen Problemzusammenhang stellt. Im Kontext von Organisationen oder Unternehmen werden Informationen immer für einen bestimmten Zweck generiert, bereitgehalten, gespeichert oder weiterleitet.

Schulden in €	Name des Adressaten (verschlüsselt/ entschlüsselt)	PLZ	Wohnort
32.534,80	x$I d&s5V Uta Mayer	80036	München

Abbildung 44: Durch Kontext-Bezug werden aus Daten Informationen: Die (in einer Schuldnerberatungsstelle betreute) Adressatin Uta Mayer aus 80036 München hat Schulden in Höhe von 32.534,80 €.

Wissen entsteht erst durch die Verknüpfung und Bewertung von Informationen auf dem Hintergrund von persönlicher Erfahrung oder bereits vorhandenem (Fach-)Wissen. Es ist – bewusst oder unbewusst – Grundlage vieler menschlicher Handlungen.

Im obigen Beispiel etwa könnte ein erfahrener Schuldnerberater auf der Grundlage seines Fach- und Erfahrungswissens der Adressatin vorschlagen, gemeinsam einen Entschuldungsplan zu erarbeiten und ihr mitteilen, dass Ihre Chance recht groß ist, auf diesem Weg wieder schuldenfrei zu werden.

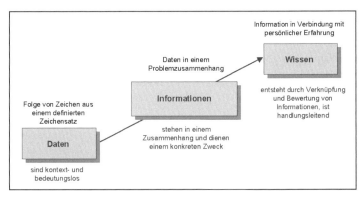

Abbildung 45: Daten, Informationen und Wissen bauen häufig aufeinander auf.

5.2 Informationen und Prozesse

Methoden des systematischen Managements von Informationen und Geschäftsprozessen finden erst allmählich Eingang in soziale Organisationen. Beide Ansätze haben ihre Wurzeln in **Betriebswirtschaftslehre** und **Wirtschaftsinformatik** und sind an der Schnittstelle dieser beiden Disziplinen angesiedelt. Aus dieser Zwischenstellung wird bereits deutlich, dass sie sowohl Fragen der Organisation und Gestaltung von Unternehmensabläufen als auch den Einsatz von Informationstechnologien betreffen.

Die betriebswirtschaftliche und wirtschaftsinformatische Fachliteratur sieht das Informationsmanagement teilweise als übergreifenden Verantwortungsbereich im Unternehmen für **Informationsversorgung und Informationstechnologie** an (etwa Krcmar 2010). Teilweise wird es aber auch als **unternehmensstrategische Querschnittsaufgabe** definiert, die der technologischen Umsetzung vorgelagert und von dieser organisatorisch getrennt ist (vgl. etwa Schwarze 1998, S. 61 ff.).

Informationsmanagement und IT-Management

In diesem Buch werden das Management der Informationsversorgung und das Management der Informationstechnologie getrennt behandelt. Dieses Kapitel stellt das **Informations- und Prozessmanagement** als allgemeine Management-Aufgabe dar, die in allen Unternehmensbereichen gleichermaßen wahrgenommen werden muss. Das anschließende Kapitel 6 zum **IT-Management** thematisiert die auf IT-Systeme bezogenen Aufgaben und beschreibt eine in der Praxis meist auf eine Abteilung oder Person konzentrierte Funktion.

Definition

> Informationsmanagement umfasst alle Aufgaben der Planung, Durchführung und Kontrolle bei der Beschaffung, Bereitstellung und Nutzung von Informationen. Es übernimmt die Verantwortung für die Koordination der Informationsströme im Unternehmen.

Zentrale Aufgabe des Informationsmanagements ist es, ein **Gleichgewicht zwischen Informationsbedarf und Informationsangebot** zu schaffen. Während ein Zuviel an Information leicht zur Überflutung und Entwertung der Information führt, birgt eine Unterversorgung die Gefahr, aufgrund fehlender Informationen falsche Entscheidungen zu treffen.

Informationsversorgung optimieren

Informationsmanagement entstand nicht zuletzt aus der Erkenntnis, dass der Einsatz von Informationstechnologien nicht automatisch zu einer Verbesserung der Produktivität im Unternehmen führt. Vielmehr bedarf es dazu einer Reihe zusätzlicher Aktivitäten seitens des Managements und der Mitarbeiterschaft.

Neben dem Informationsmanagement haben teilweise auch Konzepte und Ideen des **Wissensmanagements** Eingang in sozialwirtschaftliche

Wissensmanagement fokussiert „weiche" Faktoren

Diskussionen gefunden (vgl. Kreidenweis/Steincke 2006). Eine Abgrenzung zwischen beiden Begriffen ist nicht immer einfach, die Übergänge sind fließend. Das Informationsmanagement kann als eigenständiges Thema, aber auch als erster Schritt in Richtung Wissensmanagement betrachtet werden. Wissensmanagement hat darüber hinaus „weiche" Faktoren wie die Kreativität, das menschliche Verhalten, das organisationale Lernen und die Unternehmenskultur im Blick (etwa Mandl/Reinmann-Rothmeier 2000). Dabei nutzt es verschiedene Methoden zur Förderung des Generierens, Teilens, Anwendens und Bewertens von Wissen im Unternehmen. Berührungspunkte zum Informations- und IT-Management gibt es dort, wo es um die konkrete Organisation der Wissenskommunikation bzw. die Repräsentation von Wissen in elektronischen Systemen geht.

Oft eng verknüpft mit dem Informationsmanagement ist das Management von Arbeitsprozessen, kurz: **Geschäftsprozessmanagement**. Hier geht es um die aufgabengerechte und effiziente Gestaltung von Arbeitsabläufen im Unternehmen.

Definition

Ein **Arbeits- oder Geschäftsprozess** ist eine zeitlich-sachlogisch gegliederte Abfolge einzelner Funktionen in einer Organisation oder zwischen Organisationen, in dessen Verlauf ein Input-Faktor zu einem Output-Faktor transformiert wird.

Das **Geschäftsprozessmanagement** beschäftigt sich mit der Darstellung, Beurteilung und Optimierung von Arbeitsprozessen in Unternehmen (vgl. Krcmar 2010, S. 60).

Verschiedene Prozess-Typen

In Organisationen können verschiedene Typen von Prozessen unterschieden werden.

Die **Kernprozesse** sind maßgeblich für den Output einer Organisation für ihre Kunden, also für die Herstellung eines Produktes oder die Erbringung einer Dienstleistung. Sie bestimmen maßgeblich die Kosten, Qualität und Effizienz.

In sozialen Organisationen gehören dazu beispielsweise die Betreuung, Beratung und Pflege oder die Überleitung in andere Hilfeformen.

Unterstützungsprozesse dienen der Aufrechterhaltung der Kernprozesse und laufen eher im Hintergrund ab. Beispiele dafür sind Finanzbuchhaltung, Leistungsabrechnung, die Erstellung von Statistiken oder die Weiterbildung von Mitarbeitern.

Die **Managementprozesse** beschreiben zentrale Leitungsaufgaben, wie etwa die Personalplanung und -entwicklung, die Finanz- oder Haushaltssteuerung oder die Entwicklung und Fortschreibung der Unternehmensstrategie.

Abbildung 46: Beispiele für Management-, Kern- und Unterstützungsprozesse in sozialen Organisationen

Kern- und Unterstützungsprozesse bilden zusammen den **operativen Bereich** einer Organisation. Hier findet die tägliche, an aktuellen Notwendigkeiten und Aufgaben orientierte Arbeit statt. Die Managementprozesse bezeichnen den **strategischen Bereich**, der Entscheidungen grundsätzlicher Natur und die langfristige Planung beinhaltet.

Eingang in die Sozialwirtschaft fand das Denken in Prozessen vielfach über das Qualitätsmanagement, das neben der Struktur- und Ergebnisqualität vor allem die **Prozessqualität** beleuchtet.

In der gewerblichen Wirtschaft wird das Management von Prozessen vielfach weit stärker unter dem Aspekt der Produktivität betrachtet. Begrifflich gefasst als **Business Process Reengineerings** war es immer schon eng mit dem Einsatz von Informationstechnologien verknüpft (vgl. etwa Gadatsch 2003). Die Einführung von IT-Lösungen ist häufig Anlass, die Arbeitsprozesse auf der Grundlage neuer technischen Möglichkeiten zu optimieren. Umgekehrt wurden durch den IT-Einsatz auch völlig neue Formen von Geschäftsprozessen wie das Online-Ban-

Prozessgestaltung und IT-Einsatz

king oder der das Web-Shopping geschaffen. Es geht beim Prozessmanagement also nicht nur um die Anpassung von IT-Systemen an vorhandene Arbeitsprozesse. Technologische Innovationen machen auch die Einführung neuer oder die Veränderung vorhandener Geschäftsprozesse erforderlich.

5.3 Information als Produktionsfaktor in sozialen Organisationen

Klassische Produktionsfaktoren der Volkswirtschaftslehre sind Rohstoffe, Arbeit und Kapital. Unter betriebswirtschaftlichen Gesichtspunkten bestimmen nach Gutenberg (1983, S. 2ff.) die Elementarfaktoren Arbeitsleistung, Betriebsmittel und Werkstoffe sowie die dispositiven Faktoren Planung, Organisation und Unternehmensführung die Herstellung von Produkten.

Information und Wissen werden auf breiter Ebene erst seit den 90er Jahren des 20. Jahrhunderts zu den Produktionsfaktoren gerechnet. Seit dieser Zeit wird auch von einem Wandel der Industriegesellschaft zu einer **Informations- oder Wissensgesellschaft** gesprochen.

Information ist Wirtschaftsfaktor   Dieser Wandlungsprozess ist der Erkenntnis geschuldet, dass Information immer stärker das gesellschaftliche und wirtschaftliche Leben prägt. Ihre Aktualität und Qualität entscheidet teilweise bereits in höherem Maße über den Erfolg von Unternehmungen, als klassische Produktionsfaktoren. So basieren etwa ganze Wirtschaftszweige der Dienstleistungsbranche auf der „Ware" Information. Dazu gehören etwa das Finanzwesen mit weltweit kursierenden Börseninformationen oder die Internet-Wirtschaft mit Suchmaschinenanbietern, Nachrichten- und Downloadportalen sowie der gesamte Social Media Sektor.

Exkurs

Bis zur Erfindung des Buchdrucks war Information ein extrem knappes Gut. Trotz immer kostengünstigerer und schnellerer Produktion blieb Information bis zum Ende des 20. Jahrhunderts weitgehend an bedrucktes Papier gebunden. Deswegen war sie grundsätzlich noch immer knapp oder aufwendig zu beschaffen.

Seit der Verbreitung des Internets nimmt die Menge der verfügbaren Information gewaltig zu. Während sich die Menge der gedruckten Information „nur" etwa alle 8 Jahre verdoppelt, liegt der Verdoppelungszeitraum der im Internet verfügbaren Information bei 1-2 Jahren. Ende 2010 wurde die Zahl der Webseiten auf über 255 Milliarden (2003, 4 Milliarden) geschätzt und das tägliche Aufkommen an E-

Mails beträgt inklusive Spam 294 Milliarden (vgl. pc.de/web/internet-2010-zahlen-2188, Zugriff: 3.12.2011).

Während im traditionellen Unternehmensverständnis Informationen vor allem zur operativen Abwicklung und Dokumentation der Betriebstätigkeit notwendig sind, wird Information heute vor allem unter **strategischen Gesichtspunkten** betrachtet. Sie wird immer mehr zur unentbehrlichen Grundlage für Planung, Steuerung und Kontrolle. **Wettbewerbsvorteile** entstehen dabei häufig aus Zeitnähe, Detailtiefe, Genauigkeit und Flexibilität in der Form ihrer Aufbereitung.

Unternehmensstrategien basieren auf Information

Mit ihrem Schwerpunkt auf personenbezogenen Dienstleistungen gehört die Sozialwirtschaft schon immer zu den informationsverarbeitenden Branchen. Information rückte als Produktionsfaktor jedoch aus verschiedenen Gründen bislang kaum in den Blickpunkt des Interesses:

–   Geringer Wettbewerbsdruck ließ Vorsprünge in der Aktualität oder Qualität der Informationsversorgung kaum als marktrelevante Vorteile hervortreten.

–   Die Kosten der Informationsgewinnung und -verarbeitung wurden als gegeben betrachtet, Methoden zu deren Beeinflussung waren kaum bekannt.

–   Eine wenig auf moderne Management-Methoden ausgerichtete Führungskultur benötigte für ihre Entscheidungen kaum differenzierte Unternehmensinformationen.

Mittlerweile hat sich das gesellschaftliche, ökonomische und rechtliche Umfeld sozialwirtschaftlicher Organisationen gewandelt. Dies löste vielfach auch Wandlungsprozesse innerhalb der Einrichtungen und Verbände aus. Wachsender Wettbewerb, stagnierende Erlöse und steigende Kosten sowie gesetzliche Vorschriften zum Nachweis von Wirtschaftlichkeit und Qualität verstärken heute die Notwendigkeit zum Einsatz moderner Management-Methoden, Arbeitsformen und Informationstechnologien. Damit gewinnt der Produktionsfaktor Information gleichermaßen auf den Ebenen Leitung, Fachlichkeit und Verwaltung an Bedeutung. Die folgende Übersicht zeigt dazu einige Beispiele:

Soziale Organisationen brauchen Informationen

Bereich bzw. Ebene	Information über…	Unternehmerische Bedeutung
Leitung	… Kosten der einzelnen Leistungen und Leistungsbereiche und ihre Zusammensetzung	Qualifizierte Verhandlungen mit Kostenträgern bzw. Beteiligung an öffentlichen Ausschreibungen
	… Auslastungsquote der einzelnen Angebote oder Fachbereiche eines Trägers	Verbesserte Personalplanung bzw. Einsatzplanung, Ausbau bzw. Abbau von Angeboten, Einsatz von Marketing-Instrumenten
	… alternative Finanzierungsquellen wie EU-Projektmittel, systematische Spendengewinnung	Kompensation von Mindereinnahmen aus öffentlichen Zuschüssen und Leistungsentgelten
Fachlichkeit	… neue gesetzliche Leistungsgrundlagen, Leistungsvoraussetzungen und Erbringungsformen	Qualitativ hochwertige Beratung der Adressaten und „guter Ruf" der Einrichtung
	… Dienstleistungspalette der eigenen Einrichtung bzw. des eigenen Verbandes	Weitervermittlung von Adressaten vorrangig an trägereigene Angebote um deren Auslastung zu sichern
	… Vorgänge in der betreuten Gruppe bzw. Familie bei Vertretung oder Ablösung von Kollegen	Sicherung einer qualitativ hochwertigen Dienstleistungserbringung und bessere Kosten-/Mittel-Relation bei Erreichung der Betreuungsziele
Verwaltung	… Art und Zeitpunkt aller erbrachten Leistungen in den einzelnen Fachbereichen	Erlössicherung durch vollständige und zeitnahe Abrechnung mit den Kostenträgern
	… Möglichkeiten der Arbeitsvereinfachung durch rationellen Einsatz von IT	Effizienter Personaleinsatz und Senkung des Verwaltungskostenanteils zugunsten der Betreuungsqualität

Abbildung 47: Informationen in der Sozialwirtschaft und ihre unternehmerische Bedeutung

Die Erkenntnis, dass Information zu einem wichtigen Produktionsfaktor geworden ist, führt direkt zur Notwendigkeit, diesen Faktor wie alle anderen wichtige Faktoren zu „managen", also bewusst zu planen, zu gestalten und den Erfolg dieser Tätigkeiten zu evaluieren. Dies ist in der Sozialwirtschaft bislang oft nur ansatzweise der Fall bzw. wird lediglich in Teilbereichen durch andere Management-Prozesse wie Qualitätsmanagement oder Personalmanagement konsequent betrieben.

Informationen müssen gemanagt werden

Der folgende Abschnitt stellt wichtige Grundlagen des Informations- und Prozessmanagements dar und zeigt Methoden zur Analyse und Optimierung der Informationsversorgung im Unternehmen.

5.4 Informationsverarbeitung als Prozess

Soziale Organisationen sind heute ebenso wie öffentliche Verwaltungen oder Wirtschaftsbetriebe arbeitsteilig organisiert. Diese Arbeitsteilung macht es notwendig, Regelungen über die Aufteilung der anfallenden Aufgaben zu treffen. Die traditionelle Organisationslehre nimmt dabei vor allem die funktionale Unternehmensorganisation in den Blick: Arbeitsaufgaben sind Stellen zugeordnet, welche in Unterabteilungen und Abteilungen gebündelt sind. Diese Betrachtungsweise wird als **Aufbauorganisation** bezeichnet und in Form von **Organigrammen** dargestellt.

Arbeitsteilung gestaltet Organisationen

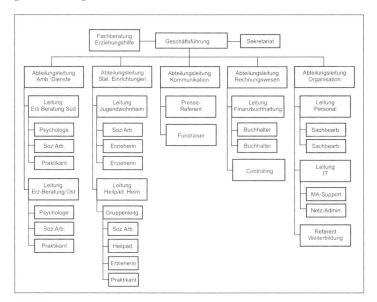

Abbildung 48: Beispiel-Organigramm einer sozialen Organisation

In dieser Darstellungsform von Organisationen sind zwar die hierarchischen Gliederungen und Aufgabenbereiche gut erkennbar. Sie sagt jedoch nichts darüber aus, wie die Organisation tatsächlich arbeitet. Der Kern ihrer Tätigkeit, die Dienstleistung oder das Produkt für die Kunden oder Zielgruppen bleibt unsichtbar, die Perspektive des Organigramms ist **nach innen gerichtet** und **statisch**.

Will man die eigentliche Arbeit einer Organisation betrachten, so ist die Ergänzung durch eine **dynamische** Perspektive notwendig, die die **Ablauforganisation** wiedergibt.

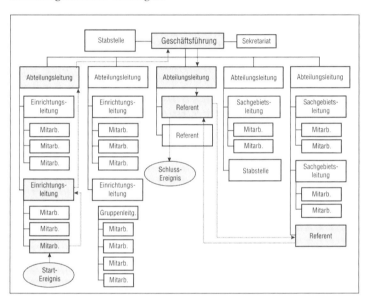

Abbildung 49: Beispiel-Organigramm einer sozialen Organisation mit integriertem Arbeitsprozess

Modelle von Arbeits- oder Geschäftsprozessen dienen in der Praxis nicht nur zur Analyse, sondern vor allem zu ihrer Verbesserung. Von einer Neu- oder Umgestaltung der Prozesse verspricht man sich eine **Optimierung** hinsichtlich Bearbeitungskosten, Qualität oder Durchlaufgeschwindigkeit, sowie eine verbesserte **interne Prozess-Integration** durch die Überwindung von Abteilungsgrenzen. So könnte etwa im oben (Abbildung 49) dargestellten Prozess erkannt werden, dass zu viele Stellen und Hierarchie-Ebenen beteiligt sind, was einen zu hohen Arbeitsaufwand und eine zu langsame Bearbeitung mit sich bringt.

In der gewerblichen Wirtschaft führte der verschärfte globale Wettbewerb zunehmend zur Notwendigkeit, die Qualität von Abläufen im

Unternehmen zu sichern und die Abläufe effizienter zu gestalten. Auch die Durchdringung mit Informationstechnologie stieg stetig an und es wurden Methoden benötigt, die Technik für die Abläufe besser nutzbar zu machen um damit den Kundennutzen zu steigern. Heute wird einer prozessorientierten Sichtweise auf Unternehmen vielfach ein höherer Stellenwert eingeräumt als der klassischen Organisationslehre.

Im Qualitätsmanagement sozialer Organisationen lag der Fokus des prozessualen Denkens vor allem auf der Sicherstellung der Qualität der Adressatenarbeit. Der systematische Einsatz von Informationstechnologie war dabei ebenso wenig Thema wie die Effizienz der verwaltungsorientierten Abläufe innerhalb der Einrichtungen und Dienste. Dies hatte vielfach zur Folge, dass Mitarbeiter das Qualitätsmanagement als zusätzliche Belastung wahrnahmen und kaum Entlastungseffekte eintraten. Faiß (2009, S. 39) beschreibt die unterschiedliche Herangehensweise beider Methoden so: „Während in vielen Qualitätsmanagementvorhaben eine flächendeckende Detailoptimierung zu beobachten war, setzt die Geschäftsprozessoptimierung an der zielgerichteten Optimierung wesentlicher Kernprozesse an."

Im Unterschied zu vielen bislang praktizierten Formen des Qualitätsmanagements verfolgt das Geschäftsprozessmanagement Ziele auf unterschiedlichen Ebenen:

Qualitäts- und Prozessmanagement unterscheiden

- Die **Kostensenkung** ist in vielen Unternehmen ein wesentlicher Treiber für den Einstieg in diese Reorganisationsmethode. Ihr liegt der Erfahrungswert zu Grunde, dass Abläufe durch organisatorische Maßnahmen und verbesserte IT-Unterstützung teils erheblich verschlankt werden können. Mögliche Maßnahmen sind etwa eine Reduzierung der Zahl der Beteiligten oder der Zahl der Schritte durch Zusammenfassung an einem Arbeitsplatz.

- Eng damit verknüpft ist häufig das Ziel der **Laufzeitreduzierung**, die mit ähnlichen Maßnahmen oder auch mit einer Parallelisierung von Prozessschritten erreicht werden kann. Dabei kann gleichermaßen an den Bearbeitungszeiten, Warte- und Liegezeiten sowie an den Transportzeiten angesetzt werden.

- Parallel dazu wird das Ziel der **Qualitätssteigerung** verfolgt, das integraler Bestandteil des Prozessmanagements ist. Hier wird etwa überlegt, wie durch Plausibilitätskontrollen in einer Software oder auch durch menschliche Prüfvorgänge Fehler vermieden bzw. beseitigt werden können. Vielfach dienen auch die oben genannten Maßnahmen bereits dadurch der Steigerung von Qualität, dass Übermittlungsfehler und lange Wartezeiten für die Kunden vermieden werden.

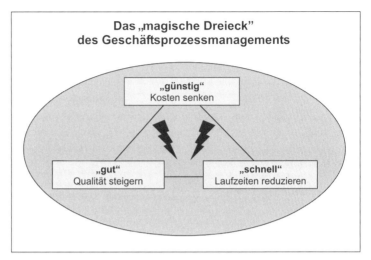

Abbildung 50: Das „magische Dreieck" des Geschäftsprozessmanagements mit den jeweiligen Zielkonflikten

Zielkonflikte   Vielfach kommt es in der Praxis zu **Konflikten** zwischen den drei Ziel-ebenen: So kann sich etwa eine Maßnahme zur Kostensenkung negativ auf die Qualität auswirken. Umgekehrt können Aktivitäten der Qua-litätssicherung die Kosten in die Höhe treiben. Auch eine Beschleuni-gung kann negative Wirkungen auf die Faktoren Kosten und Qualität entfalten.

Die Kunst des Geschäftsprozessmanagements ist es, alle Zielebenen im Auge zu behalten und die Prozesse so zu gestalten, dass positive Effekte auf allen drei Ebenen erzielt werden.

Unabhängig von diesen zentralen unternehmerischen Zielen fördert das Geschäftsprozessmanagement bei allen Beteiligten eine am **Kun-dennutzen** und der **Wertschöpfung** orientierten Blick auf das eigene Tun. Auch hilft es dabei, die eigene Arbeit als sinnvollen Teil eines Ganzen zu betrachten. So kann etwa sichtbar gemacht werden, dass eine zunächst aufwendigere elektronische Erfassung bestimmter Infor-mationen in späteren Arbeitsschritten deutliche Entlastungseffekte nach sich zieht.

Exkurs

Externe Prozess-Integration

In der gewerblichen Wirtschaft wird über die interne Verbesserung von Arbeitsprozessen hinaus seit einigen Jahren verstärkt die externe Pro-zess-Integration praktiziert. Sie gerät in der Sozialwirtschaft erst lang-

sam in den Blick und betrifft beispielsweise die Zusammenarbeit zwischen Leistungsträgern und Leistungsanbietern (z.b. zwischen Pflegekassen und Pflegeheimen) oder die Kooperation unter Anbietern verschiedener Leistungen für die gleiche Zielgruppe (z.b. ambulante, teilstationäre und stationäre Jugendhilfe).

Wird der Einsatz einer neuen IT-Lösung geplant, spielen Fragen der **Prozessorganisation** eine entscheidende Rolle. In der Praxis neigen soziale Organisationen jedoch nicht selten dazu, ihre überkommenen Strukturen unreflektiert in eine neue Software zu übertragen. Das Ergebnis solcher Innovationen erweist sich jedoch häufig als unbefriedigend, da die Verbesserungspotenziale innerhalb der vorhandenen Strukturen nur gering sind. Die unreflektierte Abbildung alter Prozesse birgt auch die Gefahr, sie auf Jahre hinaus zu „zementieren" und nur noch schwer für Änderungen zugänglich zu machen. Man spricht in diesem Kontext auch von der „Elektronifizierung von Ineffizienz". Auf eine kurze Formel gebracht heißt dies:

Prozessanalyse vor der IT-Einführung

Alte Abläufe + teure Technik = alte teure Abläufe

5.4.1 Analyse und Verbesserung von Geschäftsprozessen

Haben soziale Organisationen die Bedeutung der prozessorientierten Sichtweise erkannt, so entsteht der Bedarf, die eigenen Abläufe zu durchleuchten um Verbesserungspotenziale aufspüren und realisieren zu können.

Dabei kann zwischen dem Geschäftsprozessmanagement und **Workflowmanagement** unterschieden werden. Häufig wird in der Fachliteratur das Geschäftsprozessmanagement eher als strategische Aufgabe bezeichnet („tun wir die richtigen Dinge?"), während das Management der Workflows als eine „technische Verfeinerung des betriebswirtschaftlichen Geschäftsprozesses" (Scheer 2002) angesehen wird. Es ist demnach auf der operativen Ebene angesiedelt („tun wir die Dinge richtig?"); im Mittelpunkt steht die Optimierung einzelner Abläufe mit Hilfe von Technik.

Prozesse und Workflows

Für eine strategische Neuausrichtung etwa des Leistungsportfolios eines Trägers genügt vielfach eine relativ grob strukturierte Darstellung der einzelnen Geschäftsprozesse. Soll hingegen etwa im Rahmen einer IT-Einführung die Effizienz der Abläufe verbessert werden, so muss eine „hochauflösende" Betrachtung der Workflows gewählt werden, um Optimierungspotenziale erkennen und realisieren zu können.

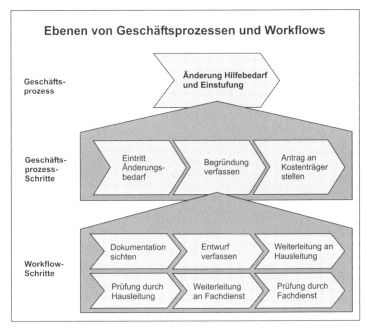

Abbildung 51: Beispielhafte Darstellung der Detaillierungsgrade bei der Betrachtung von Geschäftsprozessen

Prozessmodellierung

Um Geschäftsprozesse und Workflows analysieren zu können, muss
die vorgefundene Realität zunächst auf übersichtliche Weise abgebildet
werden. Für diesen, als **Modellierung** bezeichneten Schritt haben sich
unterschiedliche Methoden entwickelt. Grundsätzlich kann zwischen
textlichen Beschreibungsmethoden und **grafischen Visualisierungsme-
thoden** unterschieden werden. In der Praxis wird häufig eine Kombination beider Formen benutzt: Im Zentrum steht dabei die grafische
Abbildung, die durch eine zumeist kurz gehaltenen textlichen Beschreibung ergänzt wird.

– Weit verbreitet ist die grafische Modellierungsmethode des Pro-
   grammablaufplans, oft auch **Flussgramm** oder **Flowchart** genannt.
   Sie ist in der DIN 66001 normiert.

– In der gewerblichen Wirtschaft ist darüber hinaus die Methode der
   ereignisgesteuerten Prozessketten (EPK) weit verbreitet. Sie legt
   stärkeren Wert auf die formallogischen Verknüpfungen von Prozessschritten und eignet sich deshalb gut als Grundlage für eine
   spätere IT-technische Implementierung der Prozesse in dafür aus-
   gelegter betriebswirtschaftlicher Software.

– Als Modellierungsbasis für die Programmierung betrieblicher Anwendungssysteme wurde die **Unified Modelling Language** (UML) geschaffen. Sie die in der ISO/IEC 19501 normiert.

Für die Auswahl einer geeigneten Modellierungsmethode sind vor allem der Gegenstandsbereich, die Vorerfahrungen in der jeweiligen Organisation sowie die intuitive Nutzbarkeit entscheidend. Da im Rahmen des Qualitätsmanagements in sozialen Organisationen bereits häufig die Symbolik der Flussdiagramme Verwendung findet, ist diese Methode vielen Mitarbeitern im Grundsatz bereits bekannt. Sie eignet sich gleichermaßen als Grundlage für organisatorische Optimierungen wie für IT-Implementierungen.

Geschäftsprozesse bestehen immer aus einem **Input**, aus der **Transformation** und einem **Output**. Sie beginnen mit einem Auslöser oder Startereignis, erstrecken sich anschließend über eine unterschiedliche Anzahl von Bearbeitungsschritten und enden mit einem Schlussereignis.

Grundstruktur von Geschäftsprozessen

Die wichtigsten Bestandteile eines Geschäftsprozesses sind:

– Auslöser oder Startereignisse
– Manuelle oder IT-gestützte Vorgänge bzw. Funktionen
– Papiergestützte Informationsträger von außerhalb oder innerhalb der Organisation
– Elektronische Informationsträger, meist aus Datenbanken
– Entscheidungpunkte
– Ausgabe von Dokumenten (z.B. Briefe, E-Mails, Formulare)
– Schlussereignisse
– Übergabestellen zu anschließenden Geschäftsprozessen

Für die Darstellung in Flussdiagrammen finden häufig folgende Symbole Verwendung:

Symbol	Erklärung	Beispiel
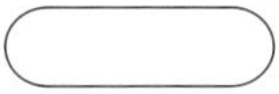	Start- und Endpunkt	Anfrage eines Adressaten, Abschluss einer Beratung
	IT-gestützte Aktivität oder Tätigkeit	Erfassung von Name und Kontaktdaten in der Fachsoftware
	Manuelle Aktivität oder Tätigkeit	Telefonat, Gespräch, handschriftliche Notiz
	Verbindung zum nächstfolgenden Element zur Simulation des natürlichen Ablaufs	Dokument oder Information wird weitergereicht
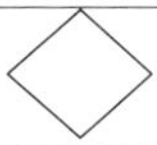	Verzweigungs- oder Entscheidungsfrage	Aufnahme möglich? Informationen vollständig?
	Dokument	Brief, Formular, Vertrag
	Gespeicherte Daten	Adressen, Ansprechpartner, Leistungen
	Verbindungsstelle zur vorausgehenden bzw. folgenden Seite (kein Prozesselement, nur Darstellungshilfe)	Nummerierung sinnvoll  S. 3

Abbildung 52: Symbol-Bibliothek zur Modellierung von Geschäftsprozessen

Angewandt auf den Prozess einer Anfrage von Adressaten in einer sozialen Organisation sieht die Darstellung eines Prozesses beispielsweise folgendermaßen aus:

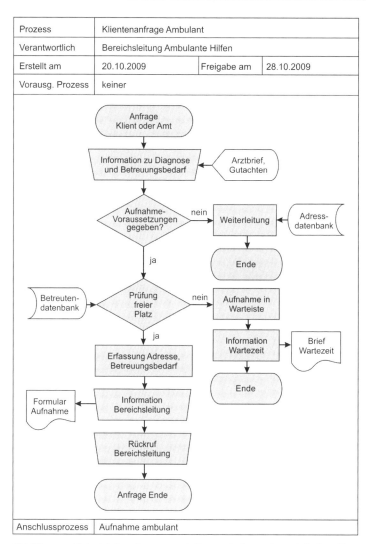

Prozess	Klientenanfrage Ambulant		
Verantwortlich	Bereichsleitung Ambulante Hilfen		
Erstellt am	20.10.2009	Freigabe am	28.10.2009
Vorausg. Prozess	keiner		

Anschlussprozess	Aufnahme ambulant

Abbildung 53: Beispiel einer Prozessmodellierung in Form eines einfachen Flussdiagramms

Um den Aufwand bei der Prozess-Modellierung in Grenzen zu halten, konzentriert man sich zunächst auf den Normalfall des Prozessgeschehens. Im Anschluss daran werden die möglichen Ausnahmefälle erörtert. Wenn diese in größerer Häufung auftreten oder wenn sie mit einem erheblichen Mehraufwand verbunden sind, werden sie mit Hilfe von Entscheidungsrauten und Verzweigungen in den Flowchart integriert.

Normalfall und Ausnahme

Flowcharts der oben gezeigten Art bilden zwar die zeitliche Abfolge und Logik von Prozessen ab, ihnen fehlt jedoch die Ebene der **Aufbau-organisation**, in der sie ablaufen. Als Weiterentwicklung des einfachen Flussdiagramms wird deshalb das **Schwimmbahn-Diagramm** genutzt: Es macht sichtbar, über welche Unternehmensbereiche oder Stellen innerhalb eines Bereiches der Prozess verläuft. Hieraus lassen sich häufig wichtige Erkenntnisse für die Neugestaltung ableiten, weil an den Übergängen oder **Schnittstellen** nicht selten Optimierungsbedarfe identifiziert werden können.

Prozess	Abrechnungsvorbereitung Frühförderung		Ist-Zustand
Verantwortlich	Abteilungsleitung Frühe Hilfen		
Erstellt am	02.11.2009	Freigabe am	06.11.2009
Vorausg. Prozess	Leistungserbringung Frühförderung		

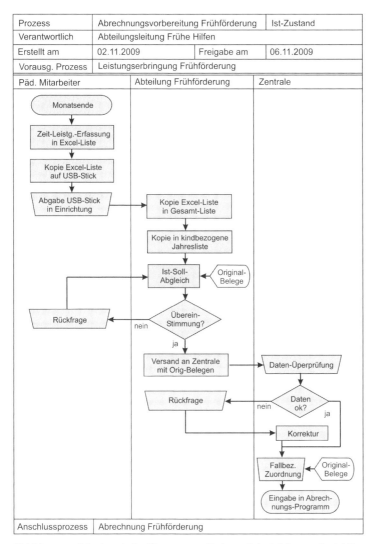

Päd. Mitarbeiter	Abteilung Frühförderung	Zentrale

Anschlussprozess	Abrechnung Frühförderung

Abbildung 54: Schwimmbahn-Diagramm mit einem Beispiel-Prozess im Ist-Zustand aus dem Bereich der Frühförderung

Prozessoptimierung

Prozessoptimierungen können sich auf Kernprozesse, Unterstützungsprozesse und Managementprozesse beziehen. Im Zusammenhang mit der Einführung von IT-Lösungen geht es zunächst häufig um **Unterstützungsprozesse** an der Schnittstelle zwischen Verwaltung und Sozialer Arbeit. Mit der Ausbreitung von Fachsoftware rücken vermehrt

die Kernprozesse in den Blickpunkt des Interesses. Bei Management-
prozessen sind vor allem die IT-gestützte Bereitstellung von Informationen sowie Werkzeuge zur Unterstützung der Entscheidungsfindung
interessant.

Exkurs

Software zur grafischen Prozess-Abbildung

Gängige Office-Programme wie Microsoft Word, Excel oder Power-
point beinhalten zumeist das auf S. 128 abgebildete Symbolset, jedoch
sollte hier einem Tabellenkalkulationsprogramm der Vorzug gegeben
werden, weil es spaltenorientiertes Arbeiten unterstützt und Berech-
nungen ermöglicht.

Als Alternative bieten sich spezialisierte Visualisierungsprogramme für
Unternehmensgrafiken an. Die Auswahl reicht hier von Freeware- über
Shareware-Produkte bis hin zu Programmen im klassischen Lizenz-
vertrieb. Weit verbreitet ist Microsoft Visio, als Shareware wird z.B.
das Programm WizFlow und als Freeware Dia angeboten.

Prozessoptimierung als
Organisationsentwicklung

Die Optimierung von Arbeitsprozessen kann als Aufgabe im Rahmen
von **Organisationsentwicklung** angesehen werden, ist in der Praxis jedoch häufig eng mit der Einführung neuer informationstechnologischer Instrumente verknüpft. Dabei geht es einerseits darum, gewach-
sene Abläufe und ihre Verankerung in der Aufbauorganisation mit or-
ganisationsanalytischem Blick zu durchleuchten. Andererseits kann
auch das Wissen um neue technische Möglichkeiten zu einer Neugestaltung von Prozessen führen. So können beispielsweise einzelne Be-
arbeitungsschritte oder Detailprozesse durch Automatisierung entfallen oder durch Digitalisierung der Informationsbasis eine völlig neue
Gestalt bekommen.

Ein erster Ansatz zur Prozessoptimierung ist die **Schwachstellen-Ana-**
lyse. Im Anschluss an die Modellierung des Ist-Zustandes werden die
Prozesse auf verbesserungswürdige Punkte untersucht. Häufig vor-
kommende Schwachstellen sind:

- **Medienbrüche:** Im Prozessablauf wird der Informationsträger ge-
  wechselt: Informationen werden auf Papier erfasst und anschließend in IT-Systeme eingegeben, bereits elektronisch erfasste Informationen werden ausgedruckt, gefaxt, fernmündlich weitergeleitet
  oder auf Datenträger kopiert und manuell transferiert, elektronische Dokumente werden ausgedruckt und in Akten archiviert

- **Redundanzen:** Mehrfach-Eingaben in unterschiedliche Programme mangels geeigneter Datenübergabe-Schnittstellen, Mehrfachbearbeitung oder -kontrolle, mehrfache lokale Speicherung von Dokumenten, die per E-Mail verschickt wurden
- **Instanzenvielfalt:** stark arbeitsteilige Prozessgestaltung mit vielen Übergabepunkten, Informationseinholungen sowie Zustimmungs-, Abstimmungs- oder Freigabeschleifen
- **Flaschenhälse:** Stellen, an denen der Ablauf aufgrund hoher Arbeitsbelastung, defizitärer Arbeitsorganisation oder mangelnder IT-Unterstützung stockt und zu Zeitverzögerungen, Rückfragen und Mahnungen führt
- **Qualitätsprobleme:** Unvollständige, fehlerhafte, unleserliche oder unstrukturierte Informationen, häufige Rückfragen, defizitäre IT-Funktionalität, zu geringe Kundenorientierung

Schwachstellen können in Schwimmbahn-Diagrammen durch eine **erweiterte Darstellung** sichtbar gemacht werden. Dabei bietet es sich an, pro Prozessschritt die Bearbeitungszeit, die verwendeten Medien und die Schwachstellen zu dokumentieren.

Prozess	Abrechnungsvorbereitung Frühförderung		Verantwortlich	Abteilungsleitung Frühe Hilfen
Erstellt am	02.11.2009		Freigabe am	06.11.2009
Vorausg. Prozess	Leistungserbringung Frühförderung		Zustand	Ist-Aufnahme

Päd. Mitarbeiter	Abteilung Frühförderung	Zentrale	Medien	Zeit (Min.)	Schwachstellen
Monatsende					
Zeit-Leistg.-Erfassung			MS-Excel	30	Veränderbarkeit der Tabellen und Formeln durch die Mitarbeiter
Kopie Zeit-Leistg.-Erfassung			MS-Excel auf USB-Stick	2	Kopierfehler, Verlust von Sticks
Abgabe in Einrichtung	Kopie in Gesamt-Liste		Manuell MS-Excel	20 / 2	Häufig eigene Anfahrt erforderlich, Verzögerungen bei Abgabe
	Kopie in kindbezogene Jahresliste		MS-Excel	1	Verdopplung der Daten Bei Korrekturen 2-fach-Arbeit erforderlich, fehleranfällig
	Ist-Soll-Abgleich	Original-Belege	Papier-Belege MS-Excel	90	Hoher Zeitaufwand, fehleranfällig
Rückfrage	Überein-Stimmung? nein		Telefon	5	Mitarbeiter häufig nicht erreichbar, Hohe Rückfragequote (ca. 20%)
	ja Versand an Zentrale mit Orig-Belegen	Daten-Überprüfung	Briefpost, E-Mail MS-Excel	5 / 40	Zeitverzögerung, Zwei unterschiedliche Versandwege
		S. 2			

Abbildung 55: Beispiel eines Schwimmbahn-Diagramms mit Zusatzspalten für Medien, Bearbeitungszeiten und Schwachstellen im Prozess.

Als weitere Ansatzpunkte für eine **Optimierung von Geschäftsprozessen** lassen sich häufig folgende finden:

Nicht-wertschöpfende Tätigkeiten abbauen

- Rückfragen
- Mehrfacharbeiten und -kontrollen
- Korrektur von Fehlern oder Unvollständigkeiten

Prozesse verschlanken und standardisieren

- Bearbeitung auf möglichst wenige Stellen bündeln
- Kompetenzen und Qualifikationen von Mitarbeitern erweitern
- Inhaltlich gleiche oder ähnliche Prozesse auf einen einheitlichen Standard bringen
- Abläufe parallel statt sequenziell gestalten und damit beschleunigen

Informationstechnologie gezielt nutzen

- Medienbruchfreie Vorgangsbearbeitung durch Bereitstellung von Computern und geeigneter Software realisieren
- Automatisierung von Routine-Tätigkeiten (z.B. Plausibilitätskontrollen, Berechnungen)
- Zentrale Bereitstellung statt (Mail-)Versand von Informationen und Dokumenten
- Geeignete Software für einfachere und schnellere Bearbeitung einsetzen

Grundsätzlich können **Lösungsansätze** im Rahmen der Prozessoptimierung auf folgende Weise klassifiziert werden:

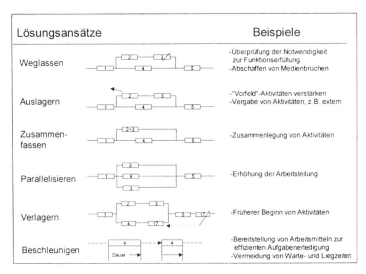

Abbildung 56: Prozessbezogene Lösungsansätze nach Krcmar (2003, S. 106)

Dazu einige Beispiele aus dem Bereich sozialwirtschaftlicher Organisationen:

Weglassen

– Ein kritischer Blick auf das Verfahren zur Gewährung von freiwillig ausgezahlten Überbrückungsgeldern einer Lebensberatungsstelle ergibt folgendes: Die Genehmigung durch den Vorgesetzten ist bei Beträgen unter 100 € künftig überflüssig, da in der Vergangenheit 99 Prozent dieser Vorgänge positiv entschieden wurden.

– Der durchgängige Einsatz einer Fachsoftware in Verwaltung und heilpädagogischen Gruppen macht die monatliche Erstellung und Einreichung von Adressatenlisten und Gruppenkassenbüchern überflüssig.

Auslagern

– Wird den Adressaten sofort bei der Erstanfrage eine Checkliste übergeben, auf der alle notwendigen Unterlagen für den Hilfeantrag gelistet sind, vermeidet die Einrichtung mehrmaliges Nachfassen aufgrund fehlender Unterlagen.

– Die maschinelle Bearbeitung der Ausgangspost durch die im selben Gebäudekomplex ansässige Verbandszentrale erspart die Vorhaltung und Besorgung von Briefmarken sowie das manuelle Frankieren.

Zusammenfassen

– Sozialarbeiter im Allgemeinen Sozialdienst verfassen Standardberichte mit Hilfe von Spracherkennungssoftware künftig selbst am PC. Das erspart Diktate, die Weitergabe der Bänder an den Schreibdienst, das Tippen, Ausdrucken und die Rückgabe an die Sozialarbeiter sowie ggf. weitere Durchläufe im Falle von Korrekturen.

Parallelisieren

– Bei einem Träger mit mehreren Einzeleinrichtungen werden die Buchungsbelege nicht mehr zum Monatswechsel an die Geschäftsstelle geschickt und dort zentral erfasst. Die Einrichtungen erfassen die Belege künftig selbst per Online-Zugriff in die zentrale Buchhaltungsdatenbank. Dies beseitigt den Erfassungs-Engpass in der Zentrale, führt zu einer Beschleunigung des Zahlungsverkehrs und zu höherer Zeitnähe beim monatlichen Berichtswesen an die Geschäftsführung.

Verlagern

– Werden bei Anfragen in einem sozialen Dienst die Aufnahmevoraussetzungen vorab vom Sekretariat überprüft, sind Weiterleitungen und Rückrufe durch Sozialarbeiter oder Psychologen in 50 Prozent der Fälle überflüssig.

– Bei Kriseninterventionen hilft die elektronische Vorab-Erfassung von Basisdaten im Sekretariat und ihre Weiterleitung an den Fachdienst den Verwaltungsaufwand zu minimieren. Die gewonnene Zeit kann der Problembearbeitung gewidmet werden.

Beschleunigen

– Eine Adressatenverwaltungs-Software für Jugendhilfeeinrichtungen berechnet aufgrund des Geburtsdatums das monatlich jedem Jugendlichen zustehende Taschengeld. Das Programm stellt die Beträge dem Kostenträger in Rechnung und druckt Auszahlungsbelege mit Name, Betrag, Datum und Raum für die Unterschrift aus. Dadurch können die Taschengelder schneller und mit weniger Verwaltungsaufwand ausgezahlt und refinanziert werden.

Gelingt es, wichtige Geschäftsprozesse mit geeigneter IT-Unterstützung umfassend zu reorganisieren, so können enorme Produktivitätsreserven gehoben werden.

Das nachfolgende Beispiel zeigt den Prozess der Abrechnungsvorbereitung aus Abbildung 54 nach einer Neugestaltung unter Einsatz einer neuen Fachsoftware. Der Zeitaufwand für seine Bearbeitung kann hier um etwa 60 Prozent und die Durchlaufzeit auf weniger als ¼ reduziert werden.

Prozess	Abrechnungsvorbereitung Frühförderung		Soll-Zustand
Verantwortlich	Abteilungsleitung Frühe Hilfen		
Erstellt am	09.11.2009	Freigabe am	14.11.2009
Vorausg. Prozess	Leistungserbringung Frühförderung		

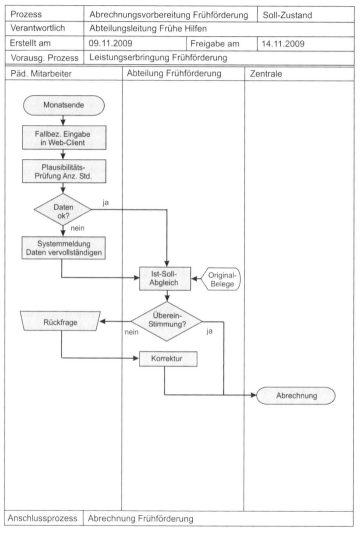

Päd. Mitarbeiter	Abteilung Frühförderung	Zentrale

Anschlussprozess	Abrechnung Frühförderung

Abbildung 57: Neuorganisation des Geschäftsprozesses aus Abbildung 54

Werden Prozess-Analysen im Rahmen eines IT-Einführungsprojektes erstellt, so muss genau unterschieden werden zwischen Schwachstellen, die mittels IT-Einsatz gelöst werden können und Schwachstellen, für die es einer Lösung auf der organisatorischen Ebene bedarf. Der Ver-

IT- und Organisationslösungen unterscheiden

such, Organisations- oder Führungsprobleme durch Informationstechnologie zu lösen, ist in der Regel zum Scheitern verurteilt. Die Lösung bezieht sich zumeist nur auf die Problemsymptome, während die darunter liegenden Probleme nicht oder nur unvollständig gelöst werden. Ist es beispielsweise in einer Pflegeeinrichtung nicht gelungen eine strukturierte handschriftliche Dokumentation einzuführen, so wird die Einführung einer softwaregestützten Dokumentation mit hoher Wahrscheinlichkeit ebenso fehlschlagen, wenn die eigentlichen Gründe für das Scheitern nicht gefunden und bearbeitet werden. Diese können etwa in einer mangelnden Ausbildung der Mitarbeiter, im Zeitmanagement oder in einem Misstrauensverhältnis zwischen Fachkräften und Leitung zu finden sein.

5.4.2 Analyse und Verbesserung der Informationsversorgung

Wie die Beispiele aus dem vorangegangenen Abschnitt zeigen, werden in vielen Arbeitsprozessen Informationen erzeugt, weitergegeben, aufgenommen und verarbeitet. Da die Informationsversorgung in Organisationen nicht nur über Geschäftsprozesse zu fassen ist, sondern teilweise auch anderen Mechanismen gehorcht, wird sie in diesem Abschnitt nochmals eigenständig thematisiert.

Das Informationsmanagement unterscheidet drei zentrale Begriffe (vgl. Schwarze 1998, S. 88):

– Der **Informationsbedarf** umfasst alle Informationen, die zur Erfüllung einer Aufgabe objektiv benötigt werden.

– Die **Informationsnachfrage** bezeichnet die subjektiv gewünschten oder geforderten Informationen.

– Das **Informationsangebot** beschreibt die tatsächlich verfügbaren Informationen.

Die Unterscheidung zwischen Informationsbedarf und Informationsnachfrage ist in der Praxis oft nicht ganz einfach. Führungskräfte und Praktiker haben im Arbeitsalltag nicht immer klar vor Augen, welche Informationen für eine optimale Erfüllung ihrer Aufgaben tatsächlich notwendig wären. Die Differenzierung zwischen Bedarf und Nachfrage ist gerade deshalb eine wichtige Planungsgrundlage für eine verbesserte Informationsversorgung im Unternehmen.

Unter- und Überversorgung vermeiden

Dabei kann es einerseits vorkommen, dass eigentlich notwendige Informationen nicht nachgefragt werden, also eine **Unterversorgung** vorliegt. Dies ist etwa der Fall, wenn Führungskräfte die Bedeutung von Kennzahlensystemen zur Steuerung ihrer Organisation noch nicht hinreichend erkannt haben oder wenn Praktiker glauben, auf die im Rahmen eines Qualitätsmanagement-Prozesses erarbeiteten Richtlinien oder Checklisten verzichten zu können. Andererseits kann auch eine **Überversorgung** vorliegen, also ein Zuviel an Informationen, die für die Erfüllung der Arbeitsaufgaben nur teilweise von Bedeutung sind. Dies kann beispielsweise durch die unreflektierte Nutzung des Mediums E-Mail in Organisationen geschehen, wenn permanent Kopien von Mails an Mitarbeiter geschickt werden, die mit den jeweiligen Angelegenheiten nicht unmittelbar betraut sind.

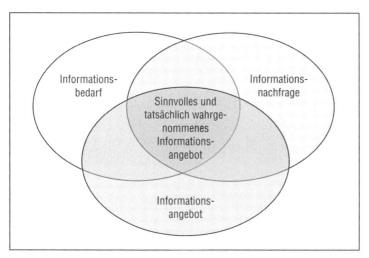

Abbildung 58: Übereinstimmung bzw. Diskrepanz von Bedarf, Nachfrage und Angebot von Information im Unternehmen

Erzeugung, Beschaffung, Transport, Verarbeitung und Archivierung bzw. Vernichtung von Informationen sind immer mit Zeit- und Kostenaufwand verbunden. Daher ist ein effizienter Umgang mit Information auch in der Sozialwirtschaft sinnvoll und notwendig. Weil eine Überversorgung wertvolle Ressourcen bindet und eine Unterversorgung die Gefahr von Fehlentscheidungen erhöht, ist es Ziel des Informationsmanagements ein **Gleichgewicht zwischen Bedarf, Nachfrage und Angebot** herzustellen. Bezogen auf die Darstellung in Abbildung 58 bedeutet dies, die drei Felder möglichst deckungsgleich auszurichten.

Gleichgewicht zwischen Bedarf, Nachfrage und Angebot

Definition

Aufgabe des betrieblichen Informationsmanagements ist es, „die richtige Information zum richtigen Zeitpunkt in der richtigen Menge am richtigen Ort und in der erforderlichen Qualität vorzuhalten" (Krcmar 2003, S. 66).

In der Praxis ist diese Aufgabe nicht immer einfach zu erfüllen, da die Verfügung über Information in Organisationen eng mit Fragen von Macht, Kontrolle, Kompetenz und Verantwortung korrespondiert. Hilfreich ist hier vielfach die Orientierung an klar strukturierten Arbeitsprozessen sowie die Bildung von **Informationsbedarfsgruppen** mit Personen, die funktional gleich oder ähnlich gelagerte Aufgaben erfüllen. Ebenso wertvolle Informationen über den tatsächlichen Informationsbedarf liefern oft Qualitätsmanagement-Prozesse sowie die daraus hervorgehenden Handbücher und Richtlinien.

Analyse des Informationsbedarfs

Die **Analyse des Informationsbedarfs** setzt zunächst am Ist-Zustand an. Eine gute Grundlage dafür sind vorausgegangene Analysen von Arbeitsprozessen (vgl. Abschnitt 5.4.1). Anhand der darin enthaltenen Vorgänge, Funktionen und Entscheidungen wird der jeweilige Input und Output an Informationen festgehalten und anschließend auf seine Relevanz hin analysiert. Kriterien für die Beurteilung sind dabei

- Medium
- Darstellungsform
- Informationsqualität
- Zeitpunkt

Das Analysekriterium **Medium** zeigt, ob die Information (fern-) mündlich, papiergestützt, per E-Mail oder etwa in einem datenbankbasierten Unternehmensportal vorliegt. Dabei wird auch ersichtlich, wenn die Information während der Bearbeitung das Medium wechselt, also etwa ausgedruckt oder per E-Mail verschickt wird.

Die **Darstellungsform** beschreibt, ob die Information als Text, als Grafik oder in tabellarischer Form vorliegt bzw. in sie transformiert wird. Hier geht es auch darum zu beurteilen, ob die Darstellungsform für den angestrebten Zweck am besten geeignet ist.

Die **Informationsqualität** macht Aussagen darüber, ob eine Information im jeweiligen Verwendungszusammenhang aktuell, vollständig, genau und verständlich, also brauchbar ist.

Der **Zeitpunkt** gibt Auskunft darüber, ob die Information rechtzeitig zur Verfügung steht bzw. weitergegeben wird, also für den aktuellen und den nachfolgenden Bearbeitungsschritt weder zu früh noch zu spät verfügbar ist.

Mit Hilfe einer Tabelle kann die Informationsversorgung analysiert und einer Optimierung zugeführt werden.

Vorgang/ Information	Medium		Darstellungsform		Qualität		Zeitpunkt	
	Ist	Soll	Ist	Soll	Ist	Soll	Ist	Soll

Abbildung 59: Tabelle zur Analyse und Verbesserung der Informationsversorgung

Weitere Analysekriterien können die Verantwortlichkeit für einen Vorgang sowie die Quellen und Zielgruppen der jeweiligen Information sein.

Die Differenz zwischen Ist und Soll zeigt **Schwachstellen** in der Informationsversorgung auf. Insbesondere in größeren Projekten müssen diese Schwachstellen hinsichtlich ihrer Relevanz für den jeweiligen Prozess und das gesamte Unternehmen bewertet werden. Während **unternehmenskritische Informationen** in jedem Fall in der benötigten Form bereitgestellt werden müssen, kann es auch vorkommen, dass eine Information zwar wünschenswert wäre, die Kosten der Beschaffung oder Aufbereitung aber im Verhältnis zum Nutzen zu hoch erscheinen. An solchen Stellen wird eine Unterversorgung bewusst in Kauf genommen.

Unternehmenskritische Informationen haben Vorrang

Im darauffolgenden Schritt werden **Lösungen** für die einzelnen Informationsdefizite gesucht. Diese können informationstechnologischer oder organisatorischer Natur sein. In der Praxis ist häufig eine Mischung aus beidem sinnvoll. So müssen beispielsweise Mitarbeiter in der Sozialberatung einerseits dazu motiviert werden, vollständige statistische Angaben zu den betreuten Fällen zu erfassen. Andererseits kann eine geeignete IT-Lösung den Zeitaufwand dafür minimieren sowie die Zusammenführung, Auswertung und grafische Aufbereitung der Daten erheblich vereinfachen.

Organisations- und IT-Lösungen

Um die Komplexität bei der Analyse des Informationsbedarfs besser in den Griff zu bekommen, ist es sinnvoll, zwischen verschiedenen Informationsformen zu unterscheiden. Wesentliche Formen sind:
– Interne und externe Informationen
– Operative und strategische Informationen
– Singuläre und periodische Informationen
– Harte und weiche Informationen

Unternehmensrelevante Informationen können sowohl von innen als auch von außen kommen. Abbildung 47 in Abschnitt 5.3 enthält Beispiele für beide Arten. Zu den internen, also selbst generierten Infor-

Interne und externe Informationen

mationen zählen beispielsweise die Belegungsquote von Wohngruppen oder die Falldokumentation einer Beratungsstelle. Von außen kommen etwa gesetzliche Vorschriften, Fachliteratur oder Informationen zu neuen Finanzierungsquellen. In der Praxis kommt es häufig darauf an, interne und externe Informationen so miteinander zu verknüpfen, dass daraus **Entscheidungsgrundlagen** entstehen. So können eigene Kostenkalkulationen in Verbindung mit externen Informationen zur Finanzierung und zur Marktsituation beispielsweise eine Basis für die Entscheidung über den Aufbau eines neuen Leistungsangebotes bilden.

Operative und strategische Informationen

Operative Informationen werden zur täglichen Arbeit in der sozialarbeiterischen und pflegerischen Praxis oder in der Verwaltung benötigt. Hierbei handelt es sich zumeist um Information in ihrer ursprünglichen Form wie Entwicklungsberichte, Gutachten, Zahlungsbelege, Bescheide und vieles mehr.

Strategische Informationen sind dagegen häufig **verdichtete oder aggregierte Informationen,** die Führungskräfte für unternehmensrelevante Entscheidungen benötigen. Diese werden vielfach in Form von Statistiken oder **Kennzahlen** aufbereitet. Sie stellen beispielsweise den Erlös pro Pflegestufe oder die durchschnittliche Verweildauer der Adressaten gegliedert nach Indikationen dar. Solche Kennzahlen werden zumeist bei der Einführung von Controlling- und Steuerungsinstrumenten wie der Balanced Scorecard definiert. Aufgabe des Informationsmanagements ist es, diese Informationen korrekt, vollständig, aktuell und wirtschaftlich verfügbar zu machen.

Singuläre und periodische Informationen

Während manche Informationen eher selten oder nur einmalig benötigt werden, müssen periodische Informationen zu bestimmten Anlässen oder in definierten Zeitintervallen verfügbar sein. Beispiel für eine **singuläre Information** sind etwa die aktuellen gesetzlichen Bestimmungen für den Bau von Heimen, die für die Planung eines Neubaus benötigt werden. **Anlassbezogene periodische Informationen** werden etwa zur Beantragung therapeutischer Maßnahmen für einen Adressaten beim Kostenträger benötigt. **Periodische Informationen mit festen Intervallen** sind etwa das monatliche Berichtswesen an die Geschäftsführung oder der halbjährliche Entwicklungsbericht zur Vorbereitung eines Hilfeplangesprächs.

Das Informationsmanagement wird sich nur in Ausnahmefällen um singuläre Informationen kümmern, etwa wenn es um Anwendung komplexer Datenbank-Anfragen oder Internet-Recherchen geht. Im Zentrum des Interesses stehen alle periodischen Informationen, darunter insbesondere die unternehmenskritischen.

Harte Informationen sind objektiv bzw. intersubjektiv nachprüfbar und liegen häufig in strukturierter bzw. numerischer Form vor. Dazu zählen etwa Kosten und Erlöse, Belegungszahlen oder Altersstatistiken des betreuten Klientels. Zu den **weichen Informationen** werden Einschätzungen, Prognosen oder Meinungen gerechnet.

Harte und weiche Informationen

Überschneidungsformen zwischen beiden Informationsarten gibt es, wenn etwa aus subjektiven Informationen wie der Einschätzung des Ressourcenpotentials der Adressaten aggregierte statistische Werte gewonnen werden, oder wenn harte Daten wie Kosten mit geschätzten Faktoren auf die Zukunft hochgerechnet werden.

Das Informationsmanagement in der Sozialwirtschaft wird immer mit beiden Informationsformen zu tun haben. Wichtig ist es dabei, die Informationsquellen sowie das Zustandekommen der Informationen nachvollziehbar und transparent zu halten, damit ihre Relevanz von den Nutzern richtig eingeschätzt werden kann.

5.5 IT-Anwendungen für das Informationsmanagement

Mit Blick auf die technischen Werkzeuge des Informationsmanagements in sozialen Organisationen ist es sinnvoll, zwischen der Verarbeitung adressatenbezogener Informationen und sonstigen betrieblichen Informationen zu unterscheiden. **Informationen über Adressaten** sollten so weit wie möglich in vorhandenen oder neu zu beschaffenden Fachsoftware-Systemen abgebildet werden. Dies ist nicht nur aus Gründen des Datenschutzes und der IT-Sicherheit (vgl. Kapitel 7) sinnvoll, sondern gewährleistet auch ihre effiziente, weil medienbruchfreie Bearbeitung durch verschiedene Stellen innerhalb der Organisation.

Adressatenbezogene und sonstige Informationen

Die **sonstigen betrieblichen Informationen** sind meist sehr heterogener Natur. Sie reichen von Qualitätshandbüchern und Betriebsvereinbarungen über Rundbriefe und andere Publikationen bis hin zu Telefonverzeichnissen oder Formularen für Urlaubs- und Dienstreiseanträge. Für diese Informationen existieren häufig keine einheitlichen Systeme, um sie effizient verwalten und schnell auffinden zu können. Die Folgen sind oft Mehrfachhaltung und -versand, Unklarheiten über aktuelle Versionen oder hoher Such-, Ablage- und Entsorgungsaufwand.

Da praktisch alle geschäftlichen Anwendungsprogramme auf irgend eine Weise Informationen verarbeiten, kommen sie grundsätzlich als Werkzeuge des Informationsmanagements in Betracht. So enthalten etwa moderne Office-Pakete immer mehr Funktionen, die Zusammenarbeit in Teams in lokalen Netzwerken oder via Internet unterstützen. Entscheidend ist jedoch die Frage, ob sich das jeweilige Instrument für ein effizientes Informationsmanagement eignet, oder ob es dafür besser geeignete Alternativen gibt.

Im Folgenden werden speziell für verschiedene Aspekte des Informationsmanagements konzipierte IT-Lösungen kurz beschrieben. Im Zuge einer wachsenden Anwendungsintegration gehen diese Programmformen zunehmend ineinander über, sodass die Grenzen in der Praxis oft nicht mehr klar gezogen werden können.

5.5.1 Intranets und Unternehmensportale

Intranets (vgl. Abschnitt 2.3.3) werden häufig als technisches Herzstück des Informationsmanagements bezeichnet. Die Speicherung und Bereitstellung der Informationen erfolgt zumeist mit Hilfe eines **datenbankbasierten Content-Management-Systems** (CMS). Typische Anwendungsformen sind die Publikation von unternehmensinternen Nachrichten, der Abruf von Formularen, Telefonlisten, Dienstanweisungen, Qualitätshandbücher. Zu den Anwendungsgebieten von Intranets gehört auch die Abbildung „weicher", weniger standardisierter Geschäftsprozesse aus Bereichen wie Projektmanagement oder Öffentlichkeitsarbeit.

Unternehmensportale stellen eine Weiterentwicklung des Intranet-Konzeptes dar. Neben dem Zugriff auf die zumeist „weichen" Informationen klassischer Intranets sind hier auch Zugänge zu Anwendungsprogrammen möglich. Ziel des Unternehmensportal-Konzeptes ist es, den Mitarbeitern für möglichst alle Informationsprozesse und Arbeitsaufgaben eine einheitlich gestaltete Benutzeroberfläche zu bieten. Diese Oberfläche kann so konfiguriert werden, dass die für den jeweiligen Arbeitsplatz wichtigsten Informationen und Anwendungen bedarfsgerecht verfügbar sind und nur eine einmalige Benutzeranmeldung am Portal erforderlich ist.

5.5.2 Dokumentenmanagement-Systeme

Dokumentmanagement-Systeme (DMS) ermöglichen die zentrale Ablage und Verwaltung elektronisch gespeicherter Dokumente aller Art. Dazu zählen Textdokumente, Tabellen, Grafiken, Videos, eingescannte Briefe, Rechnungen und vieles mehr. **Meta-Informationen** wie Schlagwörter, Autorenangaben sowie Bearbeitungsrechte ermöglichen eine effiziente Verwaltung und schnelles Wiederauffinden. Indizes und Volltextrecherchen unterstützen eine gezielte Suche. Vielfach sind auch **Workflow-Komponenten** enthalten, mit denen sich standardisierte Geschäftsprozesse, wie etwa der Eingang und die Prüfung von Rechnungen im Unternehmen, abbilden lassen. Die Übergänge zu Intranet- bzw. Content-Management-Systemen werden zunehmend fließender, immer häufiger wird daher der Begriff **Enterprise Content Management Systeme** (ECMS) verwendet. In DMS bzw. ECMS enthalten oder mit ihnen verwandt sind **Archivierungssysteme,** die eine rechtssichere, vor Manipulationen geschützte elektronische Aufbewahrung von Dokumenten ermöglichen. Dies ist etwa für Belege oder Buchungsdaten aus dem Rechnungswesen gesetzlich vorgeschrieben, deren Papier-Originale vernichtet werden, um Lagerplatz zu sparen.

Abbildung 60: Bildschirm-Maske aus einem Dokumentenmanagement-System (DocuWare der DocuWare AG)

5.5.3 Bürokommunikationssysteme

Bürokommunikationssysteme vereinen meist Versand, Empfang und Archivierung von **E-Mails** sowie **Termin- und Adressverwaltung** unter einer Programm-Oberfläche. Im Hintergrund ist ein Kommunikationsserver tätig, der den Informationsaustausch im lokalen Netzwerk und mit dem Internet steuert. Ein häufig genutztes Bürokommunikationsprogramm ist Outlook von Microsoft in Verbindung mit dem Exchange Server des gleichen Herstellers.

Mit Konzepten wie **Unified Messaging** oder **Voice over IP** werden auch weitere Kommunikationskanäle wie Telefonie und Fax in diese Systeme integriert. Ebenso werden Bürokommunikations- und Office-Software immer enger miteinander verwoben, um beispielsweise Dokumente gemeinsam in einem Netzwerk zu bearbeiten, E-Mails direkt aus der Textverarbeitung zu verschicken oder Telefonnummern aus Datenbanken per Mausklick anwählen zu können.

Dank ihrer einfachen Handhabung sind Bürokommunikationssysteme in sozialwirtschaftlichen Organisationen sehr beliebt. Ihr Vorteil ist eine hohe Flexibilität und intuitive Bedienbarkeit, ihr Nachteil ein oft wenig systematisches, durch viele Redundanzen gekennzeichnetes Handling von Informationen.

5.5.4 Business Intelligence (BI)

Programme dieses Typus, auch Management-Informationssysteme (MIS) genannt, sind auf die Zusammenführung und Analyse steuerungsrelevanter Informationen aus verschiedenen Quellen im Unternehmen spezialisiert. Sie sollen es Führungskräften ermöglichen, neue Chancen oder problematische Entwicklungen möglichst frühzeitig zu erkennen, um entsprechende Maßnahmen einleiten zu können. Dazu werden zumeist Daten aus den einzelnen operativen Anwendungsprogrammen wie Finanzbuchhaltung, Personalverwaltung, Leistungsabrechnung usw. importiert und entsprechend den jeweiligen Informationsbedürfnissen kombiniert und grafisch oder tabellarisch aufbereitet. Dabei ist neben der Bildung von **Kennzahlen** etwa auch die Definition von **Schwellwerten** für die Signalisierung von Handlungsbedarf möglich. Weiterhin sind oft Simulationsfunktionen enthalten, mit deren Hilfe sich **Zukunftsszenarien** darstellen lassen. So kann etwa errechnet werden, wie sich eine Steigerung der Belegungsquote um 5 oder 10 Prozent auf den Gesamterlös und das Personalbudget auswirken würde.

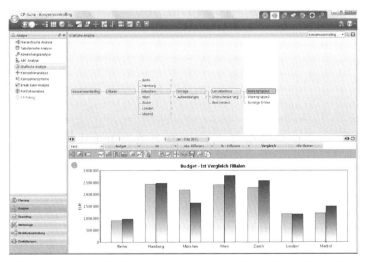

Abbildung 61: Beispiel-Bildschirm aus einer BI- und Controlling-Software (Corporate Planner der CP Corporate Planning AG)

Arbeitsaufgaben

9. Welche der nachfolgend genannten Prozesse sind Kern-, Unterstützungs- oder Management-Prozesse? Begründen Sie Ihre Entscheidung.

   a) Die Gruppensupervision der Mitarbeiter im pädagogischen Dienst

   b) Die Pflegeplanung für einen Altenheim-Bewohner

   c) Die Planung eines neuen Dienstes der offenen Behindertenhilfe

   d) Die Veranstaltung von Elternabenden in einer heilpädagogischen Tagesstätte

10. In einer Schwachstellen-Analyse Ihrer Organisation haben Sie folgende Punkte entdeckt. Um welche Arten von Schwachstellen handelt es sich und mit welchen prozessbezogenen Lösungsansätzen ließen sie sich beseitigen? (Auch Kombinationen sind möglich)

    a) Daten von Adressaten werden zunächst vom Sozialarbeiter von Hand aufgenommen, von der Verwaltung in eine Datenbank eingegeben, anschließend als Aktendeckblatt ausgedruckt und den Sozialarbeitern übergeben.

    b) In der einrichtungseigenen Finanzbuchhaltungssoftware finden sich zahlreiche Buchungsfehler und die Einbuchung der Belege ist mehrere Monate im Verzug. Die Buchungen werden von der einzigen Verwaltungskraft der Einrichtung durchgeführt, die keine buchhalterische Ausbildung besitzt und zudem stark mit Arbeit überlastet ist.

11. Analysieren Sie die Informationsversorgung in folgendem Fallbeispiel nach dem Raster in Abbildung 59 (nur Ist-Spalte):

    Die Leiter der 15 Außenstellen einer Komplex-Einrichtung bekommen die monatlichen Auswertungen über die Auslastung ihrer Dienste aus der Zentrale meist erst auf den Tisch, wenn zufällig ein Mitarbeiter in die Zentrale kommt und den Papierstapel mit den ausgedruckten Tabellen mitnimmt. Dabei muss sich jeder Leiter die Zahlen seines Dienstes aus dem Zahlenberg der Gesamt-Einrichtung mühsam heraussuchen. Da jedoch auch die telefonische Meldung der belegten Plätze in die Zentrale nicht immer klappt, sind die Werte oft nicht zuverlässig. Die meisten von ihnen verlassen sich deshalb lieber auf ihre eigenen, von Hand geführten Strichlisten.

12. Entwickeln Sie zunächst zum Fallbeispiel in Arbeitsaufgabe 11 einen möglichen Soll-Zustand (s. Raster in Abbildung 59). Zeigen Sie anschließend mögliche Formen der IT-Unterstützung zur Verbesserung der Informationsversorgung auf.

Literatur zum Kapitel

Faiß, Peter: Prozessanalyse und -optimierung. In: KVI im Dialog Nr. 1/2009, S. 36-40

Gadatsch, Andreas: Grundkurs Geschäftsprozess-Management. Wiesbaden 2003

Gutenberg, Erich: Grundlagen der Betriebswirtschaftslehre. Band 1: Die Produktion. Berlin u.a. 1983

Halfar, Bernd: Sozialinformatik unerlässlich. In: Blätter der Wohlfahrtspflege Nr. 6/1997, S. 113-114

Krcmar, Helmut: Einführung in das Informationsmanagement. Heidelberg 2010

Krcmar, Helmut: Informationsmanagement. Berlin/Heidelberg/New York 2003

Kreidenweis, Helmut/Steincke, Willi: Wissensmanagement. Baden-Baden 2006

Mandl, Heinz/Reinmann-Rothmeier, Gabi: Wissensmanagement. München; Wien 2000

Scheer, August-Wilhelm: ARIS – vom Geschäftsprozess zum Anwendungssystem. Berlin u.a. 2002

Schwarze, Jochen: Informationsmanagement: Planung, Steuerung, Koordination und Kontrolle der Informationsversorgung im Unternehmen. Berlin 1998.

6 IT-Management in sozialen Organisationen

Je intensiver eine Organisation die Informationstechnologie nutzt, um-so mehr wird sie dort zu einem **unternehmenskritischen Faktor**. Das bedeutet, dass zahlreiche Arbeitsabläufe von der Klientenaufnahme über die Leistungsabrechnung bis hin zum Controlling in hohem Maße vom reibungslosen Funktionieren der Technik abhängig werden. Plakativ gesprochen: „Ohne Computer läuft nichts mehr".

Besonders für kleinere Träger mag ein Begriff wie IT-Management zunächst hochtrabend klingen. Dabei geht es vor allem darum, bei der Beschaffung von Hard- und Software oder bei personellen und finanziellen IT-Planungen über den aktuell wahrgenommenen Bedarf hinaus mittel- und langfristig zu denken. Ad-hoc-Lösungen müssen oft teuer bezahlt werden und können eine Organisation auf Jahre hinaus lähmen. Dies gilt nicht nur für die Sozialwirtschaft: „Die fehlende Anbindung von IT-Investitionen an unternehmerische Zielvorgaben und damit am Unternehmenserfolg ist laut den Analysten des US-Marktforschungsunternehmens Gartner auch für Fehlinvestitionen verantwortlich. Rund 20 Prozent aller Investitionen von Unternehmen im Computer- und Kommunikationssektor sind letzten Endes verschwendet" (Tragner 2008, S. 22). *(Randnotiz: Mittel- und langfristige Planung)*

Daraus leitet sich ein breit gefächertes Aufgabenspektrum des IT-Managements ab: Es muss die aktuellen technischen Möglichkeiten berücksichtigen, den IT-Betriebe organisieren, die Strukturen und Prozesse der Einrichtung einbeziehen und sich auf die spezifische fachliche Logik der Erbringung und Bewirtschaftung sozialer Dienstleistungen einlassen.

Definition

IT-Management ist eine geplante, auf die Gesamtstrategie einer Organisation abgestimmte Gestaltung aller technischen, organisatorischen und fachlichen Aspekte des Einsatzes von Informationstechnologie. Ziel des IT-Managements ist es, die Informationstechnologie so auszurichten, dass sie die Erreichung der Organisationsziele bestmöglich unterstützt.

Von der Leitungsebene bezieht das IT-Management alle notwendigen strategischen Informationen zur Gestaltung seiner Planungen und stimmt diese wiederum mit der Führung ab. Die Fachbereiche, also die Teile der Organisation, in der die eigentlichen sozialen Dienstleistungen erbracht werden, formulieren Anforderungen an die IT, die in diese Planungen einfließen müssen. Gleiches gilt für die administrativen Bereiche der Organisation wie Personalverwaltung oder Rechnungswe- *(Randnotiz: IT-Verantwortung ist Management-Aufgabe)* sen. Dabei hat das IT-Management die Aufgabe, einen Überblick über alle Segmente zu behalten und Entwicklungsprozesse aus IT-Sicht beratend zu begleiten.

In vielen der Sozialorganisationen ist dies bis heute nicht selbstverständlich. Die IT-Verantwortung ist zumeist auf einer niedrigen Hierarchie-Ebene, oft unterhalb der Verwaltungsleitung oder in einer ausgelagerten Serviceeinheit angesiedelt. Sie ist vielfach stark technisch ausgerichtet und setzt die Anforderungen aus den Zentral- und Fachbereichen reaktiv um. Aus Sicht der Führungsebene stellt der IT-Bereich häufig einen undurchsichtigen und stetig steigenden Kostenfaktor dar, dessen Wertschöpfungsbeitrag nicht immer ersichtlich ist.

6.1 Entwicklungsstufen des IT-Managements

In Wirtschaftsunternehmen und Verwaltungen, aber auch bei größeren Sozialträgern kann man verschiedene Entwicklungsstufen beobachten, die das IT-Management im historischen Verlauf durchschreitet. Diese hängen eng mit dem Selbstverständnis des IT-Bereichs, aber auch mit Funktionszuschreibungen durch die Leitungsebene und die Fachbereiche zusammen.

Von der Aufgabenerledigung zur Beratung

In einer ersten Phase ist das **Selbstverständnis** der IT-Verantwortlichen häufig von einer Art „hoheitlicher" Aufgabenerledigung geprägt: IT wird beantragt, geprüft, genehmigt und gewährt. Dieses Selbstverständnis ist heute vielfach einem **Dienstleistungsparadigma** gewichen: Die IT ist ein Auftragnehmer im Unternehmen, der die Fachbereiche auf Anforderung mit der gewünschten Technologie beliefert. In einer weiteren, noch nicht oder erst teilweise realisierten Entwicklungsstufe, wird die IT zum aktiven **Berater** und **Service-Partner**, der gemeinsam mit den Fachbereichen Geschäftsprozesse gestaltet und eine sinnvolle IT-Unterstützung dafür entwickelt.

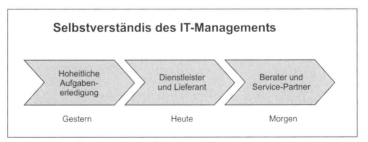

Abbildung 62: Entwicklung des Selbstverständnisses des IT-Managements (vgl. Schlegel 2009, S. 108)

Aus der **Gesamtperspektive** des Unternehmens kann die Entwicklung des IT-Managements in vier Stufen dargestellt werden:

- In einer ersten Stufe fokussiert sich das IT-Management auf die technologische Infrastruktur. Im Mittelpunkt stehen der Ausbau und die Verfügbarkeit der Hardware- und Netzwerk-Komponenten.

- Die zweite Stufe ist geprägt von einer stärkeren Einbeziehung der Anwendungssoftware-Ebene und der eher noch reaktiven Mitarbeit an Prozessen zu deren Auswahl oder Implementierung.

- Ein dritter Entwicklungsschritt realisiert die Hinwendung zu einer aktiven Rolle als strategisch ausgerichteter Integrator von Prozessen und Systemlandschaften.

- Eine vierte Stufe schließlich zeigt das IT-Management als Innovator, der mit Blick auf das Gesamtunternehmen Projekte initiiert, die Prozesse nachhaltig verbessern.

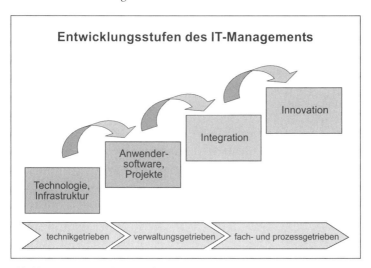

Abbildung 63: Entwicklungsstufen des IT-Managements in sozialen Organisationen

In der Mehrzahl der sozialen Organisationen ist das IT-Management nach den Ergebnissen des IT-Reports für die Sozialwirtschaft (Kreidenweis/Halfar 2010, S. 19) noch relativ stark auf den Betrieb technischer Systeme ausgerichtet. Teilweise wird es jedoch bereits als dienstleistungsorientierter Partner der Fachbereiche gesehen, was in der obigen Systematik etwa der zweiten Stufe entspricht. Der Übergang von der ersten zur zweiten Stufe ist häufig kombiniert mit einer starken

Verwaltungsgetriebene vs. fachlich getriebene IT

Verwaltungsorientierung der IT. Dabei konzentriert sie sich stark auf die Technik-Unterstützung von Bereichen wie Rechnungswesen, Stammdatenverwaltung und Leistungsabrechnung. Der Blick auf die fachlichen Prozesse wie Dienst- und Hilfeplanung oder Dokumentation und Evaluation bleibt dagegen unterbelichtet. Die dritte Stufe ist in der Praxis noch wenig ausgeprägt, der Einstieg beginnt häufig mit einer stärkeren Fokussierung der Leistungserbringung sowie der Informationsprozesse zwischen Fachbereichen, Verwaltung und Führung. Die vierte Stufe dürfte derzeit in der Sozialwirtschaft bislang eher die Ausnahme bilden, da sie eine enge Anbindung der IT an das Management sowie eine entsprechende personelle Ausstattung und Kompetenz voraussetzt.

6.2 IT-Strategie-Entwicklung

Strategie stützt Entscheidungsfindung Für viele soziale Organisationen stellt sich zunächst die Frage, ob Sie überhaupt eine IT-Strategie benötigen und ob es sich lohnt, sich auf den Weg einer Strategie-Entwicklung zu machen. Die Antwort auf diese Frage hängt natürlich stark von der Größe der Organisation, von der Intensität der IT-Nutzung und der Durchdringung mit Informationstechnologie ab. Für kleine Einrichtungen mit nur wenigen, primär in der Verwaltung konzentrierten PCs oder einem kleinen Netzwerk ist ein umfassender IT-Strategieprozess sicherlich entbehrlich. Dennoch sollte auch hier von Zeit zu Zeit überlegt und schriftlich festgehalten werden, wo Schwachstellen liegen und wie diese beseitigt werden können. Dazu können einzelne der hier beschriebenen Methoden genutzt werden. Mittlere und große Träger mit hoher oder wachsender IT-Durchdringung sollten sich in jedem Falle mit strategischen IT-Fragen auseinandersetzen. Dies verhindert Fehlentscheidungen, die später oft teuer bezahlt werden müssen oder die sich bei der weiteren Entwicklung der Organisation auf Jahre hinaus als Hemmschuh erweisen.

Derzeit verfügt nur etwa ein Drittel der sozialen Organisationen über eine schriftlich fixierte IT-Strategie (vgl. Kreidenweis/Halfar 2010, S. 18 f.). Dabei zeigt sich ein deutliches Größengefälle: Bei Einrichtungen unter 100 Mitarbeitern können nur 15 Prozent diese Frage bejahen, zwischen 100 und 1.000 Mitarbeitern sind es 30 Prozent und Werte über 60 Prozent werden erst bei Trägern mit über 1.000 Mitarbeitern erreicht. Doch auch bei den größten Trägern mit über 1.500 Mitarbeitern zeigen sich noch erhebliche Lücken: Fast 40 Prozent können nicht auf ein Strategiepapier in Sachen IT zurückgreifen.

Grundlage Unternehmensstrategie Zur Entwicklung einer IT-Strategie sind Informationen über die Unternehmensstrategie unabdingbar. Daraus werden die Ziele für die IT im Unternehmen abgeleitet, die wiederum die Grundlage für alle weiteren Elemente der IT-Strategie bilden. Zu den wichtigsten Strategiefeldern einer Unternehmensstrategie in der Sozialwirtschaft gehören:

– Entwicklung des Spektrums der Leistungsangebote
– Personalwirtschaft und Personalentwicklung
– Finanzierung
– Führung
– Prozess- und Qualitätsmanagement
– Marktkommunikation

Die Anbindung der IT-Entwicklung an die Gesamtentwicklung und -strategie eines Unternehmens wird unter dem Begriff **IT-Goveranance** gefasst (vgl. etwa Fröschle/Strahringer 2006). Sie liegt in der Verantwortung der obersten Führungsebene. Ziel ist es sicherzustellen, dass die IT die Erreichung der Unternehmensziele effizient und effektiv unterstützt.

Voraussetzung dafür ist zum einen, dass überhaupt eine Unternehmensstrategie existiert, also die Führung sich über das Tagesgeschäft hinaus darüber im Klaren ist, wohin sie die Organisation mittel- und langfristig steuern will und welche Maßnahmen sie dazu ergreifen möchte. Zum anderen ist dazu eine strukturierte Kommunikation zwischen Leitungsebene und IT-Verantwortlichen notwendig, die als **Business-IT-Alignment** bezeichnet wird.

Im Kern geht es darum, dass das Management die strategische Bedeutung der IT für die aktuelle und künftige Unternehmensentwicklung erkennt und konkrete Erwartungen an die IT formuliert. Ebenso muss der IT-Bereich in die unternehmerischen Planungsprozesse eingebunden sein, um rechtzeitig grundlegende technologische Weichen stellen zu können oder durch Hinweise auf neue Möglichkeiten der Technikunterstützung strategische Entscheidungen zu begleiten und mit zu gestalten. Voraussetzung dafür ist, dass das IT-Management mit strategischem Denken vertraut ist.

Strategie-Entwicklung ist ein klassischer **Management-Prozess**, der sich unabhängig von konkreten Inhalten abstrakt beschreiben lässt: Ausgangspunkt ist immer eine Analyse der Ist-Situation, an die sich die Phase der Entwicklung strategischer Optionen anschließt. Aus diesen Alternativen werden die für das Unternehmen vorteilhaftesten Varianten gewählt. Daraus wird die eigentliche Strategie formuliert, an deren einzelne Punkte die Realisierungsplanung anschließt. Letztes Element sind schließlich Maßnahmen zur Steuerung und Kontrolle der beschlossenen Realisierungswege.

Strategie-Entwicklung als Management-Prozess

Angewandt auf die IT-Strategie sozialer Organisationen sollte der Prozess folgende Themenbereiche umfassen:

– IT-Infrastruktur

– IT-Organisation

– Anwendungssoftware

– IT-Sicherheit

Dabei ist es sinnvoll, jeden dieser Themenbereiche nach den **Dimensionen Technik, Organisation** und **Mensch** (vgl. Abschnitt 1.5) gegliedert zu betrachten.

Zur Ist-Analyse erweist sich neben einer quantitativ-vergleichenden Betrachtung der IT-Ausstattung und Durchdringung (vgl. Abschnitt 3.2) eine **qualitative Schwachstellen-Analyse** nach den oben gennanten Dimensionen als sinnvoll.

Schwachstellen-Analyse	Technik Verfügbarkeit, Sicherheit, Qualität...	Organisation Aufbauorganisation, Prozesse, Informationen, Stellen ...	Mensch Hoffnungen und Ängste, Kommunikation, Qualifikation usw.
IT-Infrastruktur – Hardware – Netzwerke – Systemsoftware	– Ausfallquote der Server zu hoch – Netzanbindung der Außenstellen lückenhaft	– Nur ein Netz-Spezialist vorhanden	– Überlastung, Qualifikationsdefizite
IT-Organisation – Strukturelle Anbindung – Binnenorganisation – Prozesse und Services – Personal und Qualifikationen – Kosten	– Kein Ticket-System zur Erfassung von Anwender-Anfragen	– Kaum Planungsinfos von der Geschäftsführung – Unklare Aufgaben-verteilung in der IT	– Kommunikationsdefizite zw. IT und Sozialarbeit
Anwendersoftware – Betriebswirtsch. Software – Fachsoftware – Informationssysteme – Kommunikationssysteme	– Doku-Software xy läuft zu langsam – Dienstplan-Programm stürzt häufig ab	– Support für Programme nicht durchgängig verfügbar – Abrechnungssoftware lückenhaft	– Angst vor „Schubladendenken" durch stärkeren IT-Einsatz – Angst vor Kontrolle und Überforderung

Schwachstellen-Analyse	Technik	Organisation	Mensch
	Verfügbarkeit, Sicherheit, Qualität...	Aufbauorganisation, Prozesse, Informationen, Stellen ...	Hoffnungen und Ängste, Kommunikation, Qualifikation usw.
IT-Sicherheit − Interne Risiken − Externe Risiken	− Firewalls in Außenstellen teils nicht auf technischem Stand	− Keine Eskalations-stufen für Schadensfälle definiert	− Unterentwickeltes Gefährdungsbewusstsein

Abbildung 64: Beispiel einer qualitativen Schwachstellen-Analyse im Rahmen der IT-Strategie-Entwicklung

Nach dem gleichen Raster kann auch eine Analyse der Stärken durchgeführt werden.

Im nächsten Schritt geht es darum, mögliche **Zieloptionen** zu finden, sie zu bewerten und zu filtern, um sie später in eine konkrete Projekt- und Umsetzungsplanung überführen zu können.

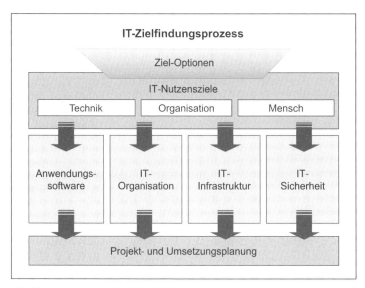

Abbildung 65: Prozess der Formulierung einer IT-Strategie mit Zieloptionen und Zieldimensionen

Bei der Formulierung von Zieloptionen und Zielen ist es wichtig, Nutzungsziele und Systemziele zu unterscheiden. **Nutzungsziele** repräsentieren die „Business-Perspektive" auf die IT: Hier geht es darum, welche Ziele im betriebswirtschaftlichen, organisatorischen oder fachlichen Bereich mit Hilfe von IT erreicht werden sollen. Beispiele sind etwa die Steigerung der Dokumentationsqualität, die Beschleunigung

Nutzungs- und Systemziele unterscheiden

der Leistungsabrechnung oder die Vermeidung von Fehlern in der Buchhaltung. **Systemziele** beschreiben dagegen Zielsetzungen auf der technologischen bzw. IT-internen Ebene wie etwa die Virtualisierung der Serverlandschaft, den Einsatz einer zentralen Firewall oder die Einführung einer Supportanfragen-Dokumentation in der IT-Abteilung. Systemziele sind also keine eigenständigen Ziele, sie müssen einem oder mehreren Nutzungszielen zugeordnet werden können. So dient etwa die Server-Virtualisierung der Vermeidung von Produktivitätsausfällen in der Verwaltung und in den Fachbereichen. Elemente einer IT-Strategie sind Systemziele zumeist nur dann, wenn es sich um grundlegende Architekturfragen handelt.

Mit der **Projekt- und Umsetzungsplanung** betritt man die Ebene der konkreten Maßnahmen, die zur Erreichung der jeweiligen Ziele ergriffen werden müssen. Aufgabe des Strategie-Prozesses ist dabei nicht die Ausarbeitung detaillierter Maßnahmenpläne. Dennoch sollte sichtbar werden, wie die jeweiligen Ziele zu erreichen sind. Da in der Regel auch eine Priorisierung notwendig ist, erweist sich häufig auch eine grobe Ressourcen- und Zeitbedarfsabschätzung als sinnvoll.

Im Rahmen dieses Prozessschrittes sollte unterschieden werden zwischen Maßnahmen, die im **Regelbetrieb** umgesetzt werden können, und solchen, für die eigene **Projekte** initiiert werden müssen. Im Falle eines Projektes sollte eine Projektskizze erstellt werden, mit der das Vorhaben in die weiteren Schritte des Projektmanagements (vgl. Abschnitt 6.4) einmündet.

6.3 IT-Organisation

Während die Mehrzahl der großen Komplexträger der Sozialwirtschaft eine eigene IT-Abteilung besitzt, ist bei kleinen und mittleren Trägern oft ein „EDV-Beauftragter" oder Praktikant unterwegs, der die Technik am Laufen hält. Manche dieser Träger haben die gesamte IT-Betreuung nach außen verlagert: Für Hardware und Netzwerke ist ein lokales Systemhaus zuständig und bei Softwarefragen wird von den Mitarbeitern direkt die Hotline der Anbieter kontaktiert. Von Zeit zu Zeit, insbesondere wenn umfassendere Veränderungen anstehen, wird die Leitungsebene aktiv und initiiert einen Beschaffungsvorgang, der vielfach wenig strukturiert abläuft. Anschließend zieht sich die Führung wieder aus dem Themenfeld zurück.

Verantwortlichkeiten klar regeln   Fasst man das Thema IT-Organisation von seinem strategischen Ende her an, so zeigen sich Defizite in diesem Umgang mit IT. In diesem Abschnitt werden deshalb wichtige Grundzüge einer sinnvollen IT-Organisation in Sozialunternehmen beschrieben. Diese unterscheiden sich hinsichtlich der Einrichtungsgrößen und -arten zwar nach ihrer Intensität und ihrem Ressourcenbedarf, sind jedoch prinzipiell ähnlich strukturiert. So wird man in kleineren Einheiten etwa mehrere Aufgaben auf einer Stelle bündeln müssen, teils sogar in Kombination mit IT-fremden Aufgaben. Auch stellt sich hier verstärkt die Frage eines teilweisen **Outsourcings**, weil das extrem facettenreiche IT-Know-how auf qualitativ hohem Niveau kaum wirtschaftlich vertretbar vorgehalten werden kann. Grundsätzlich geht es immer darum, die IT-Verantwortlichkeiten klar zu regeln, Aufgaben und Rollen festzulegen und die dazu notwendigen Ressourcen zu mobilisieren.

In Wirtschaftsunternehmen wie in der Sozialwirtschaft haben sich eine Reihe unterschiedlicher Modelle für die organisatorische Verankerung der IT herausgebildet.

Modell	Beschreibung	Vorteile/Chancen	Nachteile/Gefahren
Einpersonen-Kombifunktion	IT-Verantwortung in Personalunion etwa mit der Verwaltungsleitung innerhalb der Linienorganisation oder dem Qualitätsmanagement in Form einer Stabsstelle; häufig bei kleineren Einrichtungen	Geringer Ressourcenbedarf	Strategische IT-Themen kommen angesichts des Tagesgeschäfts im Nicht-IT-Teil der Stelle häufig zu kurz, hohes Ausfallrisiko
Stabstelle	Reine IT-Stelle mit direkter Anbindung an die Gesamtleitung	Bereichsübergreifende Positionierung; direkter Draht zum oberen Management	Ausweitung über 1-2 Stellen hinaus erfordert neue organisatorische Verankerung, hohes Ausfallrisiko
Unterabteilung der Verwaltung oder Zentralen Dienste	IT-Bereich mit einer Leitungs- und mehreren Mitarbeiterstellen innerhalb der Linienorganisation	Nähe zu den klassischen Kernbereichen der IT-Nutzung innerhalb der Verwaltung	Gefahr der Verwaltungslastigkeit in der Denk- und Handlungsperspektive zu Lasten der Sicht der Fachbereiche
Eigenständige IT-Abteilung	Teil der Linienorganisation mit unmittelbarer Verantwortlichkeit gegenüber der Gesamtleitung	Nähe zur Unternehmensleitung, Neutralität gegenüber Fach- und Verwaltungsabteilungen	„Gefühlte" Überbetonung der IT als eher kleiner Bereich innerhalb des Unternehmensaufbaus

Modell	Beschreibung	Vorteile/Chancen	Nachteile/Gefahren
Teil einer trägereigenen Service-Gesellschaft	Häufig bei Trägern mit Holding-Struktur; Ausgliederung oft zusammen mit anderen zentralen Dienstleistungen wie Rechnungswesen, Personalwirtschaft oder Gebäudewirtschaft, zumeist mit pauschalierter oder aufwandsbezogener Leistungsverrechnung	Höherer unternehmerischer Freiheitsgrad; stärkere Service-Orientierung; höhere Kostentransparenz	Mangelnder unmittelbarer Einfluss auf die zumeist ebenfalls als eigenständige Gesellschaften agierenden Fachbereiche; Durchsetzung gemeinsamer IT-Standards erschwert
Eigene IT-Service-Gesellschaft	Unternehmenseigener IT-Dienstleister, teils auch mit Dienstleistungsangeboten für externe Organisationen des eigenen Trägers oder fremder Träger	s.o., bei externem Angebot Vorteile durch Skaleneffekte	s.o., höheres unternehmerisches Risiko bei externem Angebot
Gemeinsame IT-Servicegesellschaft mehrerer Träger		s.o., Skaleneffekte durch Größe und homogene Kundenstruktur	Risiken durch Änderungen in der Geschäftspolitik der beteiligten Partner

Abbildung 66: Modelle der Verankerung des IT-Bereichs in der Organisationsstruktur

Die drei an erster Stelle genannten Formen haben sich vielfach historisch entwickelt, während die ausgegliederten Gesellschaften zumeist aus einem organisationsweiten Reorganisierungsprozess hervorgegangen sind. Die beiden zuletzt genannten Modelle sind in der Sozialwirtschaft bislang eher selten zu finden, ihre Bedeutung dürfte jedoch mit steigendem Kostendruck zunehmen.

Zentrale und dezentrale Elemente   Die **binnenorganisatorische Gliederung** des IT-Bereichs ist stark von seiner Größe abhängig und steht vor allem bei kleineren IT-Teams immer im Spannungsfeld zwischen einer Generalisten- und einer Spezialisten-Funktion der Mitarbeiter. Einerseits ist in vielen Teilgebieten, wie etwa der IT-Sicherheit, vertieftes Fachwissen nötig, andererseits müssen sich die IT-Mitarbeiter bei Abwesenheit gegenseitig vertreten können oder bei Spitzenlasten in anderen Bereichen aushelfen.

Bei größeren oder stark regional gegliederten Trägern stellt sich auch die Frage, welche IT-Funktionen zentral und welche dezentral angesiedelt werden sollen. Dies gilt insbesondere für Aufgaben des Anwendersoftware-Supports sowie für die Leitung von IT-Auswahl- und Einführungsprojekten.

Grundsätzlich können zwei Modelle unterschieden werden: Eine **zentrale IT-Abteilung** mit integriertem Support sowie eine **hybride Struktur** aus zentralen und dezentralen Elementen. Während es zumeist außer Frage steht, Aufgaben der Server- und Netzwerkbetreuung oder der IT-Sicherheit und Benutzerverwaltung zentral anzusiedeln, kann insbesondere der Support für fachspezifische Software-Lösungen in den Fachbereichen verortet werden.

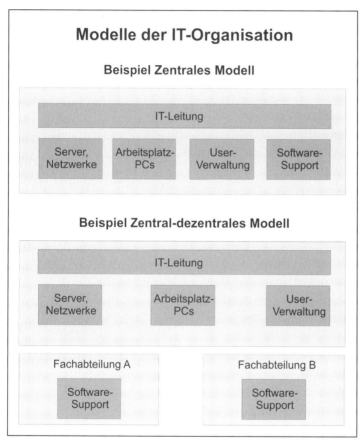

Abbildung 67: Beispiele einer zentralen und einer zentral-dezentral gemischten IT-Organisation

Das **Aufgabenspektrum** der IT-Organisation in sozialen Organisationen ist vielfältig und beinhaltet sowohl strategische als auch operative Aufgaben.

Strategische Aufgaben sind insbesondere

- Mitgestaltung der IT-Strategie
- Organisation des IT-Services
- IT-Qualitätssicherung und -Controlling
- Personalführung und -entwicklung im IT-Bereich
- Entwicklung und Fortschreibung eines IT-Sicherheitskonzepts
- Beschaffungsstrategie
- IT-Projektmanagement
- Beratung der Fachbereiche

Zu den wichtigsten **operativen Aufgaben** zählen

- Beschaffung und Inventarisierung von Hard- und Software
- Installation und Wartung von Servern, Arbeitsplatzgeräten und Netzwerken
- Installation und Aktualisierung von Software
- Software-Anpassungen (Customizing)
- Administration von Benutzer- und Zugriffsrechten in Netzwerken, Fachsoftware oder sonstigen Systemen
- Datensicherung (Backups)
- Durchführung der technischen Maßnahmen zur IT-Sicherheit
- Überwachung der organisatorischen Maßnahmen zur IT-Sicherheit
- Organisation bzw. Durchführung von Mitarbeiter-Schulungen
- Anwender-Unterstützung (Support, Hotline)

In den folgenden Abschnitten werden ausgewählte **strategische Aufgaben** des IT-Managements näher erläutert und Methoden zur Wahrnehmung dieser Tätigkeiten dargestellt. Zur Durchführung der operativen Aufgaben ist zumeist eine technisch orientierte Ausbildung erforderlich, hier unterscheiden sich soziale Organisationen nicht wesentlich von anderen Betrieben.

6.4 IT-Projektmanagement

Viele Neuerungen im IT-Bereich sozialer Organisationen, wie etwa die Auswahl und Einführung einer Fachsoftware (vgl. Abschnitte 6.5 und 6.6), sprengen den Rahmen des täglichen Routinebetriebs: Sie erweisen sich oft als sehr vielschichtig, arbeitsintensiv und erfordern die Einbeziehung verschiedener Bereiche und Kompetenzen. Zu ihrer Realisierung werden deshalb in der Regel Projekte ins Leben gerufen.

Definition

Projekte sind Vorhaben, die im Wesentlichen durch folgende Merkmale gekennzeichnet sind (vgl. Kohlhoff 2004, S. 15):

- Einmaligkeit der Bedingungen und relative Neuartigkeit
- klare Orientierung auf ein Ziel
- zeitliche und personelle Begrenzung
- Komplexität und Interdisziplinarität – Einbindung verschiedener Kompetenzen
- nicht vollständig vorhersehbare Entwicklungsdynamik
- Abgrenzbarkeit gegenüber anderen Vorhaben
- spezielle Organisationsform

Eine wichtige Grundlage für erfolgreiche Projektarbeit ist die Kenntnis und Nutzung zentraler Methoden des IT-Projektmanagements. Sie können als eine Spezifizierung der allgemeinen Methodik des Projektmanagements (vgl. etwa Tiemeyer 2002) verstanden werden.

Definition

Projektmanagement umfasst die Gesamtheit aller Aufgaben zur Steuerung und Koordination von Projekten. Dabei bedient es sich hierfür entwickelter Methoden und Techniken.

Wird eine IT-Strategie entwickelt oder fortgeschrieben (vgl. Abschnitt 6.2), so gehen aus dieser häufig Umsetzungsprojekte hervor. Die Planung und Realisierung solcher Projekte kann als **taktische Ebene des IT-Managements** begriffen werden. Sie ist angesiedelt zwischen der Ebene der Strategie-Entwicklung und der operativen Ebene des Regelbetriebes.

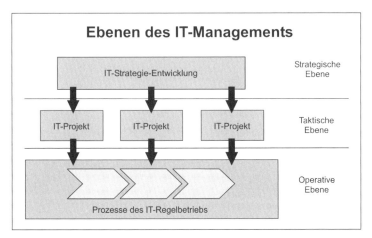

Abbildung 68: IT-Projektmanagement als taktische Ebene zwischen strategischer und operativer Ebene des IT-Managements

Projekte betreten Neuland   Projekte durchlaufen in aller Regel eine bestimmte Abfolge von Schritten, die sich wiederum in Teilschritte untergliedern können. Mit einem Projekt wird in der Regel Neuland betreten, es kann nicht oder nur bedingt auf Vorerfahrungen in diesem Feld zurückgegriffen werden. Zum Wesen von Projekten gehört es deshalb, dass es trotz gründlicher Planungen zu Abweichungen und unvorhersehbaren Ereignissen kommen kann.

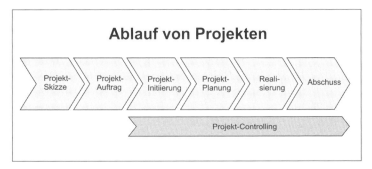

Abbildung 69: Der Ablauf von Projekten gliedert sich in verschiedene Schritte

Im Folgenden werden zentrale Methoden des IT-Projektmanagements in Kurzform vorgestellt. Ausführliche Darstellungen finden sich in Ammenwerth/Haux 2005 und Kreidenweis 2011.

Start mit Projektskizze   Am Anfang eines IT-Projektes steht zunächst eine oft eher vage Idee. Ihr Ursprung kann sehr verschieden sein: das Ergebnis eines Strategieprozesses, alltägliche Defiziterfahrungen, die Auswirkungen neuer gesetzlicher Regelungen oder das Auslaufen vorhandener Software-Lizenzen. Erster Schritt sollte deshalb eine **strukturierte Projektskizze** sein, in der die Projektidee ohne großen Ressourcenaufwand präzisiert wird und wichtige Rahmenbedingungen benannt werden. Zentrale Inhalte einer solchen Skizze sind

– Ausgangssituation

– Aufgabenstellung des Projektes

– Ziele und Nutzungserwartungen

– Zeit- und Ressourcenbedarf

– Kostenabschätzung

Die Projektskizze dient häufig auch als **Antrag** an die Leitungsebene, die damit über eine Entscheidungsgrundlage für den Einstieg in die Projektarbeit verfügt. Durch die Zustimmung zum Projekt wird die Leitung zum Auftraggeber, dem im weiteren Projektverlauf regelmäßig Bericht erstattet wird.

Beim Schritt der **Projekt-Initiierung** werden die Strukturen für die Projektarbeit geschaffen. Die Projektorganisation unterscheidet sich grundlegend von der hierarchisch gegliederten Linienorganisation: Maßgeblich sind die zu erfüllende Aufgabe und die dazu notwendigen Kompetenzprofile, nicht die Stellung der jeweiligen Personen.

Tragfähige Projektstrukturen schaffen

Den Kern dieser Projektorganisation bilden die Projektleitung und das Projektteam. Um diesen Kern herum können je nach Art und Größe des Projektes weitere Elemente wie ein erweitertes Projektteam und eine Steuerungsgruppe angesiedelt sein.

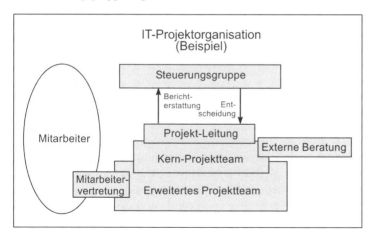

Abbildung 70: Beispiel einer Projektorganisation für ein IT-Projekt

Arbeitsfähiges Projektteam Die **Projektleitung** übernimmt die Hauptverantwortung für das Projektmanagement. Sie zeichnet für die Erreichung der definierten Ziele und die Einhaltung des geplanten Zeit- und Kostenrahmens verantwortlich. Für diese Aufgabe kann sie je nach Projektumfang ganz oder teilweise von ihrer regulären Arbeit freigestellt sein.

Im **Projektteam** sollen einerseits möglichst alle vom Projekt betroffenen Bereiche vertreten sein, andererseits soll es eine gewisse Größe nicht überschreiten, um arbeitsfähig zu bleiben und nicht zu viele Personalressourcen zu binden. Erfahrungen zeigen, dass sich eine Teamgröße von vier bis sieben Mitgliedern als sinnvoll erweist. Sind mehr Bereiche von dem Projekt betroffen, kann in ein Kernteam und ein erweitertes Projektteam gesplittet werden. Die Mitglieder des erweiterten Teams werden herangezogen, wenn ihr spezielles Wissen gefordert ist oder wenn grundsätzliche Entscheidungen anstehen.

Methodisches und fachliches Know-how Ist für die Durchführung des Projektes das notwendige Know-how in der Organisation nicht im ausreichenden Maße vorhanden ist, kann es in Form einer **externen Beratung** hinzugeholt werden. Bei der Vergabe des Beratungsauftrages gilt es zwischen methodischem und fachlich-inhaltlichem Know-how zu unterscheiden. Methodisches Know-how bezieht sich beispielsweise auf das Management eines IT-Projektes oder auf Methoden zur Definition von Software-Anforderungen. Fachlich-inhaltliches Know-how meint etwa das Wissen um die konkreten Anforderungen einer sozialen Organisation oder die Kenntnis des Anbietermarktes von Fachsoftware. In vielen IT-Projekten erweist es sich als vorteilhaft, wenn ein Berater über fundiertes Wissen in beiden Bereichen verfügt.

Durch die **Projektsteuerung** wird die Einbindung der obersten Leitungsebene gewährleistet. In kleineren Organisationen oder Projekten kann die Projektleitung die Kommunikation mit der obersten Leitungsebene wahrnehmen. In größeren Organisationen bietet sich die Bildung einer Steuerungsgruppe an, in der neben Geschäftsführung oder Vorstand verschiedene Bereichsleiter oder Inhaber von Stabsstellen wie Qualitätsmanagement oder Controlling vertreten sind. Die Steuerungsgruppe fungiert als Entscheidungs- und Kontrollgremium, das das Projekt während seiner gesamten Laufzeit begleitet und Entscheidungen von größerer Tragweite trifft.

Teilziele und Aktivitäten planen Die **Projektplanung** schließt unmittelbar an die Initiierung an. Ihr Ziel ist es, aus der Projektskizze bzw. dem Projektauftrag einen klar gegliederten und umsetzbaren Plan zu entwickeln. Die Qualität dieser Planung ist für den Erfolg eines Projektes von entscheidender Bedeutung. Hier wird das Projektziel in verschiedene Teilziele untergliedert, aus denen wiederum Aktivitäten abgleitet werden. Diese werden in eine zeitliche Reihenfolge gebracht und mit Verantwortlichkeiten und Ressourcen versehen. Weiterhin werden Methoden und Zeitpunkte definiert, um den Projektfortschritt steuern und kontrollieren zu können. Ergebnis dieser Phase ist ein nachvollziehbarer Projektplan, der vom Auftraggeber bzw. der Steuerungsgruppe verabschiedet wird.

In der **Zieldefinition** werden die in der Projektskizze benannten Ziele entsprechend der Projektplanung in Teilziele gegliedert und so formuliert, dass ihre Erreichung objektiv nachprüfbar wird. | Ziele überprüfbar formulieren

Für sinnvolle Zielformulierungen gelten dabei folgende Anforderungen:

– **Messbarkeit**: Ziele sollen so formuliert sein, dass aus ihnen Kriterien abgeleitet werden können, anhand derer die Zielerreichung beurteilt werden kann.

– **Realisierbarkeit**: Die Ziele müssen im Rahmen des Projekts in erheblichem Umfang beeinflussbar sein.

– **Lösungsneutralität**: Ziele müssen unterschiedliche Lösungsvarianten erlauben, sie dürfen nicht von vornherein auf einen Lösungsweg fixiert sein.

Zu jedem Teilziel werden ferner Messmethoden definiert, anhand derer die Zielerreichung überprüft wird.

An die Zielplanung schließt sich die **Aufgabenplanung** an. Dabei entstehen Teilprojekte und Arbeitspakete, die jeweils in sich plan- und kontrollierbar sein müssen.

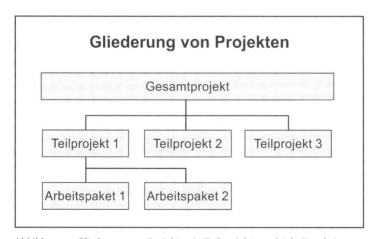

Abbildung 71: Gliederung von Projekten in Teilprojekte und Arbeitspakete

Die Projektplanung besteht mindestens aus der Festlegung von Arbeitspaketen und ihrer Abfolge, der Verantwortlichen und Beteiligten sowie des benötigten Zeitrahmens. Die Meilensteine benennen Punkte, an denen die Erreichung der gesteckten Teilziele überprüft wird. Ein solcher Plan kann mit Hilfe einer einfachen Tabelle realisiert werden.

Kalenderwoche				12 13 14 15 16 17 18 19 20 21 22 23 24 25 26 27 28 29 30 31 32 33 34 35
Start: 17. April 2009				
Arbeitspakete	Verantwortlich	Beteiligte	OK	
1. Mitarbeiter-Information	Geschäftsführung	GF, KT, BR	x	
2. Erstanalyse Marktangebot	Projektleitung	KT, B	x	
3. Ist-Analyse Geschäftsprozesse	Projektleitung	KT, ET, B	x	
4. Soll-Konzept Geschäftsprozesse	Projektleitung	KT, ET, B, GF	x	
5. Zieldefinition	Projektleitung	KT, ET, GF, B	x	
6. Mitarbeiter-Information	Geschäftsführung	GF, KT	x	
7. Erstellung Anforderungsprofil	Projektleitung	KT, ET, B		
8. Vorauswahl-Verfahren	Projektleitung	KT, B		
9. Beschaffung Detailinformationen	Projektleitung	KT		
10. Endauswahl-Verfahren	Projektleitung	KT, B		
11. Kaufentscheidung	Geschäftsführung	KT, GF		
12. Mitarbeiter-Information	Geschäftsführung	KT, GF		
				Meilenstein 1 Meilenstein 2 Meilenstein 3 Meilenstein 4
KT = Kernteam, ET= Erweitertes Projektteam, B=Berater, GF=Geschäftsführung, BR=Betriebsrat				

Abbildung 72: Beispiel-Projektplan für kleinere Projekte mit einem überschaubaren Aufgabenspektrum

Bei der **Projektkostenplanung** ist zwischen Ablaufkosten und Folgekosten zu unterscheiden. Die Ablaufkosten entstehen im Projektverlauf vor allem durch Personaleinsatz, Beratungsdienstleistungen und sonstige Kosten für Material oder Reisen. Die Projektfolgekosten definieren sich bei IT-Projekten über die aus dem Projekt hervorgehenden Beschaffungen von Soft- oder Hardware sowie der zugehörigen Dienstleistungen. Typische Posten einer Ablaufkostenplanung sind interne Personalkosten für Projektleitung und Projektteam, Material- und Reisekosten sowie Kosten für externe Beratung.

Transparenz durch Kommunikation

IT-Projekte, deren Ergebnisse die Aufgabenzuschnitte oder Arbeitsweisen der Mitarbeiter betreffen, bedürfen einer intensiven innerorganisatorischen **Projektkommunikation**. Damit kann im Umfeld des Projektes ein Klima der Transparenz geschaffen werden, das ihm die notwendige Unterstützung im Unternehmen während der Projektlaufzeit und bei der späteren Umsetzung der Projektergebnisse sichert. Die Kommunikationsstrategie sollte integraler Bestandteil der Planung sein, mit dem Projektstart beginnen und im Projektverlauf kontinuierlich fortgeführt werden. Gängige Formen sind Aushänge, Mitarbeiterrundbriefe oder Intranet-Seiten sowie die persönliche Information in Dienstbesprechungen oder Versammlungen, wo auch Gelegenheit zu Rückfragen und Anregungen besteht.

Aufgabe des **Projektcontrollings** ist es, im Projektverlauf die Einhaltung der Planung zu überwachen und bei Abweichungen steuernd einzugreifen. Je nach Größe und Zuschnitt eines Projektes kann das Controlling bei der Projektleitung oder innerhalb der Steuerungsgruppe angesiedelt sein. Zentraler Bezugspunkt ist der Vergleich der Planungswerte mit den aktuellen Ist-Werten hinsichtlich der Dimensionen Zeit, Aufwand, Ressourcenverbrauch und Ergebnisqualität.

Aufgabe des **Projektabschlusses** ist es, die Ergebnisse zusammenzufassen, und zu bewerten. Der zentrale Schritt des Projektabschlusses ist die **Abnahme** der Projektergebnisse durch das Steuerungsteam oder den Auftraggeber, der auf Grundlage eines Abschlussberichtes, verbunden mit einer Ergebnispräsentation erfolgt. Wichtige Gliederungspunkte eines Abschlussberichtes sind

Ergebnisse zusammenfassen und bewerten

- Ausgangssituation und Ziele
- Projektplanung
- Verlaufsbeschreibung mit Plan-Ist-Vergleich
  - Erreichung der Teilziele
  - Einhaltung des Terminplans
  - Einhaltung der Zeit- und Kostenbudgets
- Ergebnisse
- Ergebnisbewertung
- Empfehlungen für weitere Schritte

Nach Ende der Projektarbeit geht die Verantwortung von der Projektleitung auf die zuständigen Stellen in der Linienorganisation über. So ist etwa nach Ende eines Software-Einführungsprojektes die IT-Leitung für den technischen Betrieb und ein neu ernannter Administrator für die fachlichen Belange verantwortlich. Gleichzeitig werden die Mitglieder des Projektteams aus ihrer Verantwortung entlassen und die Projektstruktur wird aufgelöst.

6.5 Systemauswahl

Innerhalb der IT einer sozialer Organisationen ist die Anwendungssoftware das entscheidende Element für die adäquate Aufgabenerledigung im Rahmen der Kern-, Management- und Unterstützungsprozesse. Nur mit ihrer Hilfe kann Informationstechnologie **wertschöpfend** wirken.

Wertschöpfung durch Software

Bildet die Software die benötigten Funktionen nur unzureichend ab oder ist sie selbst fehlerhaft, sind oft erhebliche Einbußen an Effizienz und Qualität die Folge. Wichtig ist die Wahl geeigneter Software auch, weil ihre Beschaffung erhebliche Finanzressourcen bindet und der Wechsel auf ein anderes Programm meist mit hohem Arbeitsaufwand und tiefgreifenden Störungen des betrieblichen Ablaufs verbunden ist.

Die Auswahl geeigneter Software-Lösungen für soziale Organisationen ist zumeist ein komplexer Prozess, in dessen Verlauf viele fachlich-inhaltliche, organisatorische und technische Aspekte berücksichtigt werden müssen. Um angesichts dieser Komplexität eine richtige Entscheidung treffen zu können, ist ein **methodengeleitetes Vorgehen** erforderlich.

Anders als bei vielen materiellen Gütern wie etwa Möbeln, kann die Qualität fachspezifischer Software nur sehr bedingt durch Augenschein beurteilt werden. Vielmehr gilt es, eine ganze Reihe unterschiedlicher Faktorenebenen im Auge zu behalten.

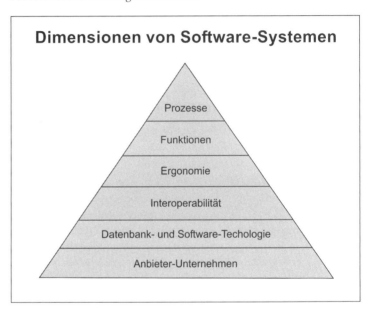

Abbildung 73: Dimensionen fachspezifischer Software-Systeme, die beim Auswahlprozess berücksichtigt werden müssen

Die grundlegende Ebene bildet das **Anbieter-Unternehmen**: Seine Zukunftsperspektiven und Entwicklungschancen sind der Boden, auf dem die Software auch in Zukunft gedeihen muss, denn Fachsoftware-Entscheidungen sind in der Regel auf längere Zeiträume angelegt. Die nächst höhere Ebene bildet die **technologische Basis** der Software. Hier geht es um die Perspektiven der Software im Sinne ihrer Anschlussfähigkeit an neuere Entwicklungen, etwa der Hardware- oder Internet-Technologien. Eng mit der technischen Basis verknüpft ist die **Interoperabilität**, also die Offenheit des Programms gegenüber Fremdsystemen. Eine weitere Anforderungsebene bildet die **Ergonomie**: Nur ein

Programm, das sich den Benutzern gut erschließt und erklärt, kann in der Praxis den erwarteten Nutzen stiften. An zweithöchster Stelle stehen schließlich die eigentlichen **fachlichen Funktionalitäten**: nur sie gewährleisten, dass das Programm tatsächlich den intendierten Zweck im Unternehmen erfüllt. Die Spitze der Pyramide und zugleich das höchste Anforderungsniveau bilden die **Prozesse**: Sie sollen in der Software so abgebildet oder abbildbar sein, dass die Informationen innerhalb des Unternehmens möglichst durchgängig und effizient fließen können (vgl. Kapitel 5).

Ein Software-Auswahlprozess gliedert sich in eine Reihe von Schritten, die zumeist sukzessiv, teilweise aber auch parallel bearbeitet werden. Ablauf und Tiefe eines solchen Prozesses können je nach Umfang eines Projektes variieren, seine Grundstruktur bleibt unabhängig davon erhalten.

Als Organisationsform bietet sich das im vorangegangenen Abschnitt beschriebene **IT-Projektmanagement** an. Die Analyse und Optimierung der Geschäftsprozesse (vgl. Abschnitt 5.4.1) liefert dabei wichtige Anhaltspunkte für die Definition von Anforderungen an eine geeignete Software.

6.5.1 Gestaltung und Ablauf

Im ersten Schritt gilt es festzulegen, wie der Prozess der Auswahl konkret gestaltet werden soll. Je nach Komplexität des Vorhabens ist es sinnvoll, eine unterschiedliche Anzahl an Schritten mit unterschiedlich hohem Ressourcenaufwand zu durchlaufen. Um die Qualität des Ergebnisses nicht zu gefährden, dürfen zentrale Schritte nicht ausgelassen werden. Wichtige Kriterien für die Entscheidung zwischen einem umfassenden und einem vereinfachten Auswahlverfahren sind:

– Komplexität der Anforderungen
– Bedeutung der Software für die Organisation
– Durchdringungstiefe bzw. Anwenderzahl
– Finanzvolumen
– Gesetzliche Vorschriften für die IT-Beschaffung

Spezielle gesetzliche Vorschriften für IT-Beschaffungsverfahren gelten für öffentliche Auftraggeber wie Jugendämter oder kommunale Sozialdienstleister. Diese sind in der Vergabe- und Vertragsordnung für Leistungen (VOL) definiert (vgl. www.bmwi.de, Bereich Gesetze).

Die folgende Abbildung zeigt eine Übersicht sämtlicher Schritte eines Auswahlprozesses, die in den kommenden Abschnitten näher erläutert werden.

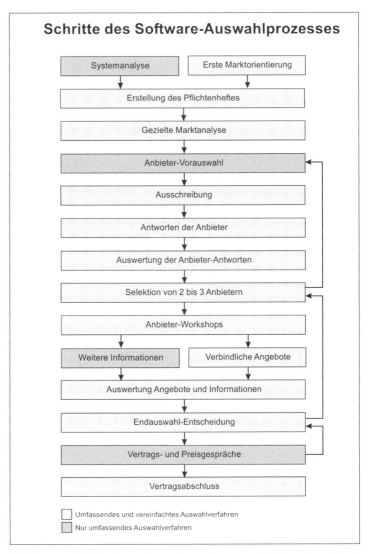

Schritte des Software-Auswahlprozesses

Abbildung 74: Schritte des umfassenden und des vereinfachten Auswahlprozesses

Systemanalyse zeigt
Lösungsbedarf

Insbesondere bei größeren oder stark dezentral organisierten Einrichtungen ist zu Beginn eine **Systemanalyse** sinnvoll. Dabei wird sichtbar, mit welcher Software welche Prozesse unterstützt werden, woher diese stammt und wo signifikante Schwachstellen liegen. Nicht selten kommt dabei eine, der oberen Führungsebene oder den IT-Verantwortlichen nicht hinreichend bekannte „IT-Subkultur" zum Vorschein, die aus einer Vielzahl von Excel-Tabellen, Access-Anwendungen, Word-Formularsystemen sowie anderen selbst entwickelten Programmen besteht. Die Systemanalyse kann als Ergänzung zu der in Abschnitt 5.4.1 beschriebenen Modellierung der Geschäftsprozesse verstanden werden und gibt zusätzliche Hinweise auf den Lösungsbedarf durch ein neu zu beschaffendes System.

Vor dem Einstieg in die Formulierung von Anforderungen an eine neue Software ist es sinnvoll, sich in einer ersten **Marktorientierung** über das aktuelle Angebot an einschlägigen Softwarelösungen zu informieren. So können Möglichkeiten und Grenzen der verfügbaren Technik besser eingeschätzt werden. Der Blick auf marktgängige Lösungen liefert auch Ideen für die Formulierung von Anforderungen, da er die Perspektive über den Tellerrand der eigenen Organisation erweitert und bislang vielleicht nicht bekannte Formen der IT-Unterstützung von Arbeitsprozessen aufzeigt. Gleichzeitig entsteht eine Vorstellung davon, welche Basisfunktionalitäten heute als selbstverständlich gelten und nicht mehr aufwendig in einem Anforderungsprofil beschrieben werden müssen.

Marktorientierung liefert Ideen

Als Informationsquellen für die erste Informationsbeschaffung dienen vor allem

- Fachmessen, z.B. ConSozial, Altenpflege, RehaCare
- Marktübersichten, z.B. IT-Report für die Sozialwirtschaft (Kreidenweis/Halfar 2011)
- Internet-Portale, z.B. social-software.de mit umfassender Anbieter-Übersicht
- Websites der Anbieter
- Prospekte und Leistungsbeschreibungen der Anbieter
- Besuche bei anderen Organisationen
- Informationen aus Fach- und Trägerverbänden

6.5.2 Pflichtenheft

In einem Software-Auswahlprozess stellt das Pflichtenheft das zentrale Instrument dar, um den sich alle weiteren Schritte ranken.

Definition

Nach DIN 69905 beschreibt ein **Lastenheft** die „vom Auftraggeber festgelegte Gesamtheit der Forderungen an die Lieferungen und Leistungen eines Auftragnehmers innerhalb eines Auftrages".

In der Praxis wird dafür häufig auch der Begriff des **Pflichtenheftes** benutzt. Er bezeichnet im strengen Sprachgebrauch der oben genannten DIN-Norm jedoch die Antwort der angefragten Unternehmen auf das Lastenheft, die aufzeigt, wie die jeweiligen Lösungsvorschläge aussehen. Im Bereich der reinen Software-Auswahl kommt dieses Vorgehensmodell in der Regel jedoch nicht zum Tragen, da es primär für die Entwicklung von Lösungen oder aber für komplexe Anpassungsprozesse von Standardsoftware an betriebliche Anforderungen gedacht ist. Deshalb wird hier der vielfach gebräuchliche Begriff des Pflichtenheftes benutzt.

Ein Pflichtenheft muss so gestaltet sein, dass die adressierten Anbieterfirmen daraus die Zielsetzung und die Rolle des Projektes in der Gesamtorganisation sowie alle Details und Rahmenbedingungen der gesuchten Lösung erkennen können. Grundlegende Kenntnisse des Fachgebietes, in dem die Software eingesetzt werden soll, können als bekannt vorausgesetzt werden.

Struktur und Umfang des Pflichtenheftes richten sich stark nach der Komplexität des jeweiligen Auswahlprojektes. Die folgende Übersicht enthält ein Standard-Beispiel für den Aufbau eines Pflichtenheftes im Rahmen einer Software-Auswahl. Die *kursiv* dargestellten Gliederungspunkte können in vereinfachten Auswahlverfahren gegebenenfalls entfallen, alle anderen Punkte sollten mindestens in Kurzform Erwähnung finden.

Beispiel

Aufbau eines Pflichtenheftes

1. Informationen zur Organisation

1.1. Selbstverständnis und Tätigkeitsfelder

1.2. Aufbauorganisation (Organigramm)

1.3. Besonderheiten der Aufbau- und Prozessorganisation

2. Ausgangslage

2.1. Ist-Zustand und bisher eingesetzte IT-Verfahren

2.2. Gründe für die Neu- oder Ersatzbeschaffung

2.3. Einsatzfelder der zu beschaffenden Software

3. Zielsetzungen des Projektes

3.1. Nutzungsziele

3.2. Systemziele

4. Projektbeschreibung

4.1. Projekt-Organisation

4.2. Verantwortlichkeiten und Ansprechpartner

4.3. Zeitliche Gesamtplanung

5. Mengengerüste

5.1. Stammdaten: Anwender und mit der Software verwaltete Adressaten, Partner usw.

5.2. Bewegungsdaten: Anzahl Abrechnungen, Dokumentationseinträge usw. pro Monat bzw. Jahr

6. **Nicht-funktionale Anforderungen**

6.1. *Systemtechnologie: Datenbanken, Programmierumgebungen, Programm-Architekturen*

6.2. *Integration in die eigene Systemumgebung (Betriebssysteme, Terminal-Server-Betrieb usw.)*

6.3. *Datenübernahme aus Altsystem(en)*

6.4. Customizing-Fähigkeit

6.5. Ergonomie und Hilfesysteme

6.6. Standard-Schnittstellen zu Office- und Kommunikationssoftware

6.7. Datenschutz, IT-Sicherheit und Benutzerrechte-Verwaltung

6.8. *System- und Datenmodell-Dokumentation*

6.9. *Anforderungen an Server- und Client-Hardware sowie Netzwerke*

7. **Funktionale Anforderungen und Geschäftsprozesse**

7.1. *Bereichsübergreifende Anforderungen und Prozesse*

7.2. Bereichsspezifische Anforderungen und Prozesse

7.3. *Schnittstellen zu anderen Fachsystemen*

8. **Anforderungen an die Anbieterfirmen**

8.1. Größe, Struktur, wirtschaftliche Situation und Zukunftsfähigkeit

8.2. Kunden-Service (Hotline, Fernwartung, Schulung)

8.3. Benennung von Referenzkunden bzw. -projekten

9. **Informationen zur Beantwortung und Abgabe**

9.1. Beantwortungshinweise zum Pflichtenheft

9.2. *Angaben zum Angebot und den Vertragsbedingungen*

9.3. Abgabetermin und weiteres Vorgehen

9.4. *Vertraulichkeitshinweis*

Die **Definition der Anforderungen** an die Software, auch Systemspezifikation genannt, ist das Kernelement eines Pflichtenheftes. Eine wichtige Rolle spielen dabei die spezifischen Anforderungen der auswählenden Organisation an die zu beschaffende Fachsoftware. Diese herauszufinden ist ein abstraktes, in die Zukunft gerichtetes Unterfangen und deshalb nicht immer einfach. Selbst bei scheinbar überschaubaren Projekten zeigt sich zumeist eine beachtliche Komplexität.

Zentrales Element Anforderungsdefinition

Zentrale Quelle für die Anforderungen stellt der **Soll-Zustand der Geschäftsprozesse** (s. Abschnitt 5.4.1) dar. Entlang der einzelnen Prozessschritte kann systematisch analysiert werden, was die Software dort jeweils leisten soll. Auf diese Weise wird ein häufiger Fehler bei der Pflichtenheft-Erstellung vermieden: eine statische Aneinanderreihung von Einzelfunktionen, die den tatsächlichen Arbeitsabläufen nicht gerecht werden kann.

Weitere Quellen für Anforderungen sind:

- die Funktionalität der bislang genutzten Software sowie die Schwachstellen, die in der Systemanalyse ermittelt wurden
- Formularsysteme, Qualitätshandbücher, Betriebsvereinbarungen, Dienstanweisungen, Datenschutzbestimmungen und sonstige organisationsgestaltende Dokumente sowie die dafür verantwortlichen Mitarbeiter
- Ideen aus Leistungsbeschreibungen verschiedener Anbieter aus der ersten Marktsondierung (s. oben).

Anforderungsdefinition sinnvoll gliedern | Wie in der obigen Pflichtenheft-Gliederung bereits dargestellt, erweist es sich als sinnvoll, zwischen **nicht-funktionalen** und **funktionalen Anforderungen** zu trennen.

Innerhalb der funktionalen Anforderungen kann nochmals zwischen **bereichsübergreifenden** und **bereichsspezifischen Anforderungen** unterschieden werden. Bereichsübergreifende Anforderungen betreffen etwa einheitliche Standards für das Formularmanagement oder die Terminverwaltungsfunktionen. Diese sind im Unterschied zu den bereichsspezifischen Anforderungen nicht immer unmittelbar an Prozesse gebunden. Eine solche Trennung erleichtert die Arbeit spürbar, denn viele der Anforderung können an einer Stelle gebündelt werden.

Das **funktionale Anforderungsprofil** einer sozialen Organisation kann sich etwa folgendermaßen aufgliedern:

Beispiel

Gliederungsbeispiel funktionale Anforderungen

1. **Bereichsübergreifende Anforderungen**

1.1. Termin- und Aufgabenverwaltung, Wiedervorlagen

1.2. Kommunikation und Workflows zwischen den Anwendern

1.3. Druck- und Formularmanagement

1.4. Dokumentenmanagement

1.5. Datenarchivierung und -löschung

1.6. Statistik-Auswertungen und Controllingdaten

1.7. Ressourcenverwaltung (Fahrzeuge, tech. Geräte usw.)

2. **Bereichsspezifische Anforderungen**

2.1. **Wohnbereich**

2.1.1. Erstkontakt- und Belegungsmanagement

2.1.2. Klienten-Aufnahme

2.1.3. Assessment und Förder-
        planung

2.1.4. Leistungs- und Tagesdo-
        kumentation, Abwesen-
        heitsverwaltung

2.1.5. Evaluation von Hilfever-
        läufen

2.1.6. Medikamentenverwal-
        tung

2.1.7. Treuhandgeld-Verwal-
        tung

2.1.8. Bargeld-Kassenführung

2.1.9. Dezentrale Budget-Ver-
        waltung

2.2.   Werkstatt für Behinderte

2.2.1. Produktionsplanung und
        -steuerung

2.2.2. Förderplanung

2.2.3. Tagesdokumentation,
        Abwesenheitsverwaltung

2.2.4. Behindertenlohn-Verwal-
        tung

2.3.   Beratungsstelle

2.3.1. Klientenaufnahme und
        -verwaltung

2.3.2. Leistungsdokumentation

2.3.3. Landes- und Kommunal-
        statistiken

2.4.   Zentralverwaltung

2.4.1. Klientenstammdatenver-
        waltung

2.4.2. Kostenträgerverwaltung

2.4.3. Leistungsabrechnung

2.4.4. Zentrales Leistungscon-
        trolling

2.4.5. Häuser- und Raumver-
        waltung

Um den Prozess der Definition, Darstellung und Bewertung von Software-Anforderungen handhabbar zu gestalten, empfiehlt sich ein
streng methodengeleitetes Vorgehen. In der Praxis haben sich vielfältige Varianten dieser Methodik entwickelt (vgl. z.B. Ammenwerth/
Haux 2005, S. 196ff), die häufig als **Nutzwertanalyse** bezeichnet werden. Ihr gemeinsamer Kern ist eine in Funktionsgruppen gegliederte,
tabellarische Auflistung und Priorisierung der Anforderungen. Sie ist
so aufbereitet, dass die Anbieter sie später direkt auf standardisierte
Weise bearbeiten können und anschließend eine effiziente Auswertung
durch die Einrichtung möglich ist.

Funktionsbereich: _____				
Erstellt am: _____				
Lfd. Nr.	Beschreibung der An-forderung	Prio-rität	Erfül-lung	Erläuterungen des Anbieters

Abbildung 75: Raster für die tabellarische Anforderungsdefinition mit Spalten für die Antworten der Anbieter

Bewertungsgerechte Formulierungen

Kernbereich ist die Spalte **Beschreibung der Anforderungen.** Hier wird dargelegt, welche Tätigkeiten durch den Programmcode der Software ausgeführt werden müssen: Selektion und Darstellung gespeicherter Daten, Berechnungen, Druckausgaben und vieles mehr.

Wichtigstes Prinzip ist eine **bewertungsgerechte** Beschreibung: Jeder Satz muss so gestaltet sein, dass er dem Anbieter eine **eindeutige Aussage** über die Erfüllung durch seine Software abverlangt und ermöglicht. Folgende Hinweise sind dazu hilfreich:

– Pro Feld nur eine Anforderung: Sobald das Wort „und" vorkommt überprüfen, ob es sich nicht doch um zwei zu trennende Anforderungen handelt. Dann ist eine Trennung notwendig, denn ein Anbieter könnte einen Teil davon erfüllen, den anderen nicht.

– Präzision: Klar und knapp beschreiben, was die Software an dieser Stelle genau leisten muss. Leerfloskeln und Begriffe wie „automatisch" vermeiden, stattdessen genau beschreiben, was das Programm an dieser Stelle durchführen oder ausgeben soll.

– Einheitlichkeit der Begriffe: für den gleichen Sachverhalt immer den gleichen Begriff verwenden (z.B. Kostenträger, Leistungsträger)

– Verständlichkeit: keine organisationsinternen Abkürzungen oder Begriffe benutzen, die in der eigenen Organisation eine Bedeutung haben, die vom allgemein üblichen Wortsinn abweicht.

– Bei komplexeren Funktionen mit Bedingungsformulierungen arbeiten: Wenn X gegeben ist, dann Y ausführen, ansonsten Z.

Die folgende Tabelle zeigt typische Fehler und eine optimierte Form der Anforderungsdefinition:

Unpräzise Anforderungsformulierung	Präzise Anforderungsformulierung
Die Pflegedokumentation soll sich an allgemein üblichen Standards orientieren	Die Pflegedokumentation ist durchgängig nach dem AEDL-Modell nach Monika Krohwinkel strukturiert
Alle gesetzlich und fachlich geforderten Inhalte und Formulare müssen enthalten sein	Die in den MDK-Empfehlungen und Richtlinien der Qualitätsprüfung für ambulante Dienste geforderten Dokumentationsinstrumente sind auf aktuellem Stand vollständig im Programm abgebildet (vgl. Anlage A)
Das Programm soll Controllingdaten zur Belegung automatisch bereitstellen	Belegungszahlen mit Ist- und Soll-Werten werden getrennt pro Wohngruppe per Stichtag Monatsende in eine Excel-Tabelle exportiert.
Doppelanlagen von Adressaten sollen vermieden werden	Unmittelbar nach der Eingabe von Familien- und Vorname prüft das Programm, ob der Name bereits vorhanden ist
	Wenn beides bereits vorhanden ist, wird die bereits vorhandene Anschrift mit Ort, Straße und Hausnummer angezeigt und gefragt: Neuanlage ja/nein?
	Ist dies nicht der Fall, erfolgt eine normale Neueingabe ohne Rückfrage

Abbildung 76: Beispiele für unpräzise und präzise Anforderungsformulierungen

Wichtig ist es weiterhin, vom Programm keine Dinge zu verlangen, die nur auf der organisatorischen Ebene gelöst werden können. So kann Software etwa nicht für eine vollständige Dokumentation sorgen, oder den Datenschutz gewährleisten.

Im Feld **Priorität** spiegelt sich der Umstand wider, dass meist nicht alle Anforderungen an eine Software gleich wichtig sind. Während für manche Punkte gesetzliche Vorgaben oder betriebliche Notwendigkei-

Prioritäten unterscheiden

ten existieren, die unabdingbar sind, können andere als notfalls verzichtbar oder „nice to have" eingestuft werden. Für die spätere Bewertung der Anbieter-Angaben spielt diese Priorisierung eine entscheidende Rolle, denn sie ermöglicht eine Gewichtung der Antworten nach der Bedeutung der einzelnen Funktionen für die Organisation. Für die Praxis empfiehlt sich eine dreistufige Gliederung:

3	Muss-Anforderung	Sollte in jedem Fall erfüllt sein, Nicht-Erfüllung führt ggf. zum Ausschluss des Anbieters aus dem weiteren Auswahlverfahren
2	Soll-Anforderung	Wichtig, aber nicht zwingend notwendig
1	Kann-Anforderung	Weniger wichtig, wünschenswert

Abbildung 77: Systematik für die Priorisierung von Anforderungen

Die Spalte **Erfüllung** ist für die späteren Antworten der Anbieter vorgesehen. Hier müssen sie zu sämtlichen Anforderungen in standardisierter Weise Stellung nehmen.

Im Sinne einer effektiven Auswertbarkeit erweist sich auch hier eine numerische Systematik als sinnvoll. Dabei kann zwischen folgenden Antwortdimensionen unterschieden werden:

Wert	Bedeutung
0	kann nicht erfüllt werden
2	Erfüllung ist mit **kostenpflichtiger Zusatzprogrammierung** möglich
4	Erfüllung ist mit **kostenneutraler Zusatzprogrammierung** möglich
8	Erfüllung ist per **Customizing ohne Quellcode-Änderung** möglich
10	Ist im **Standardumfang** des Programms **vollständig** enthalten

Abbildung 78: Werteskala für die Erfüllung von Anforderungen durch die Anbieter

In der Spalte **Erläuterungen des Anbieters** besteht für die Anbieter die Möglichkeit, zusätzliche Informationen zu liefern, etwa, wenn eine

Funktion derzeit noch in Entwicklung ist oder wenn die Funktionalität der Software an dieser Stelle über die Anforderungen hinausgeht.

Fachsoftware und betriebswirtschaftliche Programme erfordern in der Regel eine dauerhafte Programmpflege und Anwender-Unterstützung durch den Anbieter. Verschwindet ein Software-Hersteller vom Markt oder stellt er die betreffende Produktlinie ein, so können die Anwender in der Regel nicht mehr auf Dauer mit ihrem Programm weiterarbeiten. Ebenso kann eine schrumpfende Kundenbasis die Weiterentwicklung der Software bremsen und auf Dauer spürbare Wettbewerbsnachteile für das anwendende Sozialunternehmen bedeuten. Der in solchen Fällen früher oder später notwendige Anbieterwechsel bindet zumeist hohe Zeit- und Finanzressourcen.

Investitionssicherheit prüfen

Um höchstmögliche **Investitionssicherheit** zu gewährleisten, müssen entsprechende Anforderungen an das liefernde Unternehmen gestellt werden. Auch wenn dies in schnelllebigen Märkten wie der Software-Branche nur begrenzt möglich ist, so können damit zumindest zum Kaufzeitpunkt bereits sichtbare oder sich anbahnende Risiken weitgehend ausgeschlossen werden. Dazu sollten folgende Zahlen zu den letzten drei Geschäftsjahren erfragt werden:

- Umsatz gesamt
- Umsatz im Bereich Sozialwirtschaft
- Mitarbeiter gesamt (Köpfe)
- Mitarbeiter gesamt, umgerechnet auf Vollzeitstellen
- Mitarbeiter im Bereich Sozialwirtschaft (Köpfe)
- Kunden gesamt in Deutschland
- Kunden in der Sozialwirtschaft in Deutschland
- In der Sozialwirtschaft ausgestattete IT-Arbeitsplätze

6.5.3 Marktanalyse, Vorauswahl und Ausschreibung

Ziel der **Marktanalyse** und Vorauswahl ist es, auf effiziente Weise diejenigen Anbieter im Markt aufzuspüren, die grundsätzlich als Lösungspartner für die eigene Organisation in Frage kommen. Damit kann der Aufwand für die Ausschreibung und Unterlagen-Auswertung überschaubar gehalten werden. Der Kreis der Firmen, die an der Ausschreibung beteiligt sind, sollte auf ca. 6-8, maximal 10 begrenzt werden.

Aufwand reduzieren

Die Quellen für diese Marktanalyse sind mit denen für die erste Marktorientierung (vgl. Abschnitt 6.5.1) deckungsgleich, die Vorgehensweise ist jedoch anders: An dieser Stelle steht eine gezielte und schnelle Filterung relevanter Anbieter aus der Marktmasse im Vordergrund. Grundlage dafür sind folgende Kriterien:

- Zentrale nicht-funktionale Anforderungen technischer Art, die sich etwa auf die Zukunftsfähigkeit der verwendeten Entwicklungswerkzeuge, das Alter der aktuellen Software oder die anbindbaren Datenbank-Systeme beziehen.

- Zentrale funktionale Anforderungen, bei denen bereits die erste Marktsondierung gezeigt hat, dass sie bei einem Teil der Anbieter fehlen oder zu schwach ausgeprägt sind.

- Mindestanforderungen an die Größe, Marktpräsenz und Zukunftsfähigkeit des liefernden Unternehmens.

Die **Vorauswahl** erfolgt mit Hilfe eines einfachen methodisches Rasters, das anhand weniger sogenannter KO-Kriterien nur zwischen „ja" (gegeben) und „nein" (nicht gegeben) unterscheidet.

KO-Kriterien Vorauswahl	Anbieter A	Anbieter B	Anbieter C	Anbieter D	Anbieter E	Anbieter F	Anbieter G	Anbieter H	Anbieter I	Anbieter K
Zentraler Quellcode der Software nicht älter als 8 Jahre und nicht jünger als 1 Jahr	x		x	x	x	x		x	x	x
Freie Anlegbarkeit neuer Datenfelder und freie Maskenlayout-Gestaltung	x		x	x	x	x	x	x		x
Abbildung von Übergabe- und Freigabe-Workflows zwischen Wohnbereichen und Zentralverwaltung möglich	x			x	x			x		x
Die Mitarbeiterzahl des Anbieters, umgerechnet auf Vollzeitkräfte, beträgt mindestens 20 und hat sich in den letzten 3 Jahren nicht verringert	x		x	x	x	x	x	x		x
Mindestens 50 Kunden arbeiten auf der Basis eines Wartungsvertrages mit der aktuell angebotenen Software-Version	x	x	x	x	x	x		x	x	x
Ergebnis	ok	–	–	ok	ok	–	–	ok	–	ok

Abbildung 79: Beispiel für ein Vorauswahl-Raster zum Ausschreibungsverfahren

In die **Ausschreibung**, also den Versand der Pflichtenhefte, werden nur diejenigen Anbieter einbezogen, die in allen Prüfkriterien mit „ja" punkten können. Bleiben am Ende zu viele oder zu wenig Anbieter übrig, müssen die Kriterien gegebenenfalls variiert werden.

Nach Ende der Ausschreibungsfrist, werden alle eingegangenen Anbieter-Antworten zunächst auf Vollständigkeit geprüft. Nicht vollständig ausgefüllte Pflichtenhefte werden aussortiert.

Berechnungsformeln nutzen

Das in Abschnitt 6.5.2 beschriebene und in einer Tabellenkalkulation abgebildete Gewichtungs- und Bewertungssystem erleichtert die Auswertung der Anbieter-Antworten erheblich. Das Ergebnis kann mit Hilfe folgender Formeln berechnet werden:

– Priorität x Erfüllung = Einzelergebnis pro Anforderung
– Summe Einzelergebnisse/Anzahl Einzelergebnisse = Mittelwert pro Funktionsbereich
– Summe Mittelwerte aller Funktionsbereiche/Anzahl Funktionsbereiche = Endergebnis

Die Anbieter mit den höchsten Endergebnis-Werten kommen dem definierten Anforderungsprofil am nächsten. Zusätzlich ermöglichen die Vergleiche der Mittelwerte pro Funktionsbereiche die gezielte Einschätzung von Stärken und Schwächen der angebotenen Produkte.

Ein weiteres Auswahlkriterium stellen die Preisangaben der Anbieter dar. Gibt es vordefinierte Budget-Obergrenzen und überschreitet ein angebotenes Produkt diese erheblich, so kann dies den Ausschluss aus dem weiteren Auswahlprozess bewirken.

6.5.4 Angebotsanalyse

Nach Auswertung der Ergebnisse werden mit den besten 2-3 Anbietern **Workshop-Termine** vereinbart. Sie sind im gesamten Auswahlverfahren ein zentrales Element: Hier und in nachfolgenden Klärungen entscheidet sich, welche Software schließlich zum Einsatz kommen soll. Der Zeitrahmen für die Workshops sollte deshalb nicht zu knapp bemessen sein. Minimum ist pro Anbieter ein halber Tag, bei umfangreichen Projekten kann es auch ein voller Tag und mehr werden.

Anwendungsfälle vorbereiten

Bei komplexen Anforderungskonstellationen bietet es sich an, im Vorfeld des Workshops exemplarische Anwendungsfälle, auch **Use Cases** genannt, zu konstruieren und den Anbietern vorab zur Vorbereitung zukommen zu lassen. Gut geeignet dazu sind klassische Prozesse wie das Aufnahmeverfahren, die Hilfeplanung oder die Leistungsabrechnung. Die Konstruktion sollte sich dabei an komplexen, realistischen Fällen orientieren. Sie lassen sich in der Regel aus Geschäftsprozess-Modellen ableiten.

Im Anschluss an die Workshops werden zunächst die offenen Fragen aus dem Pflichtenheft und den Anbieter-Workshops so weit als möglich abschließend geklärt und schriftlich fixiert. Dann kann der Anbieter ein **verbindliches Angebot** vorlegen.

Referenzanwender befragen

Parallel zur Angebotserstellung sollten in dieser Phase **weitere Informationen** von anderen Anwendern eingeholt werden. Hier geht es um Themen, die nicht oder nur unvollständig über das Instrumentarium von Pflichtenheften klärbar sind:

– Qualität und Kostentreue des Einführungsprozesses: Projektmanagement, Installation, Programmanpassungen, Schulungen

– Laufsicherheit und Ablaufgeschwindigkeit der Software im Alltagsbetrieb

– Benutzerfreundlichkeit und Benutzerakzeptanz

– Servicequalität: Erreichbarkeit, Kompetenz und Qualität des Hotline-Services, zeitnahe und qualitätsvolle Fehlerbehebung

– Softwarepflege: Zeitnahe und qualitätsvolle Umsetzung neuer gesetzlich oder vertraglich bedingter Vorgaben

Zu diesem Zweck sollte man sich von den Anbietern bereits im Ausschreibungsverfahren oder spätestens im Rahmen der Workshops **Referenzanwender** und Ansprechpartner nennen lassen, die qualifizierte Auskünfte zu diesen Punkten geben können.

6.5.5 Wirtschaftlichkeitsprüfung und Auswahlentscheidung

IT-Investitionen binden in einer sozialwirtschaftlichen Organisation erhebliche Mittel und generieren laufende Kosten. In dieser abschließenden Entscheidungsphase ist deshalb neben der funktionalen Prüfung auch eine Wirtschaftlichkeitsprüfung im Sinne einer **Kosten-Nutzen-Analyse** sinnvoll.

Will man die Wirtschaftlichkeit oder den **Wertschöpfungsbeitrag** der Einführung einer fachspezifischen Software nicht nur auf der Angebotsebene sondern auch in der Gesamtsicht auf die Organisation prüfen, so gestaltet sich dies als anspruchsvolles Unterfangen. In der Betriebswirtschaftslehre wird hierfür die Berechnung der Amortisationszeit bzw. des **Return on Invests (ROI)** genutzt. Der ROI berechnet sich als Quotient aus Gewinnbeitrag der Investition und Kapitaleinsatz. Liegt dieser innerhalb der vorgesehenen Nutzungsdauer, so erscheint die Investition als sinnvoll, da sie eine Rendite verspricht.

Quantitativer und qualitativer Nutzwert

Der Gewinnbeitrag oder **Nutzwert von Fachsoftware** setzt sich zusammen aus quantitativen und qualitativen Elementen. Dabei erweist es sich oft schon als schwierig, die **quantitativen Effekte** im Voraus einigermaßen valide zu ermitteln. Selbst wenn durch Ist-Soll-Vergleiche der Durchlaufzeiten für zentrale Geschäftsprozesse (vgl. Abschnitt 5.4.1) Größenordnungen möglicher Einsparpotenziale ermittelt werden konnten, so ist es meist nicht möglich, sie direkt mit den Kosten einer Software-Einführung in Beziehung zu setzen. Dazu müsste beispielsweise vorab geklärt werden, welche Stellenanteile in welchen Bereichen durch den Software-Einsatz gespart werden können. Noch schwieriger zu quantifizieren sind Effekte auf der Einnahmenseite: Welche Erlössteigerungen können etwa durch eine bessere Einstufung der Bewohner aufgrund einer optimierten Dokumentation erzielt werden? Wie hoch ist der Liquiditätsgewinn durch eine beschleunigte Leistungsabrechnung?

Der **qualitative Nutzen** besteht beispielsweise in einer verbesserten Hilfeplanung und Dokumentation oder einer höheren Mitarbeiterzufriedenheit, die im Idealfall zu einer verbesserten Betreuungsqualität führt, welche wiederum Marktvorteile und Wettbewerbsfähigkeit langfristig sichert. Dabei ist es kaum möglich, Effekte einer organisationalen Prozessoptimierung und des IT-Einsatzes analytisch zu trennen. Für eine seriöse Quantifizierung derartiger strategischer Wirkungen stehen keine brauchbaren Methoden zur Verfügung.

Auch auf der **Kostenseite** ist eine vollständige Quantifizierung im Vorfeld schwierig. Neben den vertraglich fixierbaren externen Lizenz- und Service-Kosten sowie den Kosten für die notwendige Hardware entstehen immer auch interne **Aufwände** durch die Projektarbeit der Mitarbeiter: Arbeitszeit für Schulungen oder sonstige Tätigkeiten im Rahmen des Auswahl -und Einführungsprozesses und manches mehr. Laufende Personalkosten werden durch die Programm-Administration und die interne Anwenderunterstützung verursacht. Diese Aufwände können nur mit einem großen Unsicherheitsfaktor geschätzt werden.

Sinnvoll ist es jedoch, die Kosten, die sich aus den eingegangenen Angeboten ergeben systematisch gegenüberzustellen. Dazu eignet sich ein Kalkulationsraster folgender Art:

	Programm A			Programm B		
Lizenzkosten	Listen-preis	Rabatt	End-preis	Listen-preis	Rabatt	End-preis
Basismodul						
Zusatzmodul 1						
Zusatzmodul 2						
Zusatzmodul 3						
Fremdlizenz Daten-bank						
Zwischensumme						
Laufende Kosten	Jahres-preis	Anzahl Jahre	Ge-samt-preis	Jahres-preis	Anzahl Jahre	Ge-samt-preis
Telefon-/Mail-Sup-port						
Software-Pflege						
Sonstiges						
Zwischensumme						
Implementationskos-ten	Einzel-preis	Anzahl	Ge-samt-preis	Einzel-preis	Anzahl	Ge-samt-preis
Projektierung						
Installation						
Programm-Anpas-sung						
Schnittstellenpro-grammierung						
Altdaten-Konvertie-rung						
Mitarbeiter-Schulung						
Reisekosten						
Spesen						
Zwischensumme						
Gesamtsumme						

Abbildung 80: Kalkulationsraster zur Gegenüberstellung der Software-, Service- und Implementationskosten

Diese Aufstellung kann ergänzt werden durch die Kosten, die sich aus den Empfehlungen der Anbieter für die Server- und Client-Hardware sowie die benötigte Netzwerk-Bandbreite ergeben. Ebenso können die internen Personalkosten für selbst durchgeführte Schulungen, für die

Programm-Administration sowie für interne Anwenderunterstützung dargestellt werden.

Nach Eingang aller Angebote, Bearbeitung der Referenzkontakte und Prüfung der Kosten-Nutzen-Relation kann die endgültige **Auswahlentscheidung** in Angriff genommen werden. Hier fließen folgende Informationen zusammen:

Systematische
Auswahlentscheidung

– Die Endversionen der Anbieterangaben zu den funktionalen und nicht-funktionalen Anforderungen im Pflichtenheft
– Die Unternehmensdaten der Anbieter
– Die preislichen Angebote
– Die Ergebnisse der Referenzkunden-Befragung

Aus der zusammenfassenden Sichtung dieser Informationen ergibt sich in aller Regel eine eindeutige Rangfolge der Bieter aus der Endauswahlphase. Eine nach Bedeutung der einzelnen Bereiche gewichtete Ergebnis-Synopse kann als Kalkulationstabelle mit Werten zwischen 0 = nicht erfüllt und 5 = voll erfüllt aufgebaut werden.

Entscheidungskriterien	Ge-wich-tung	Anbieter A	Anbieter B	Anbieter C
		Software AA	Software BB	Software CC
Erfüllung der nicht-funktionalen Anforderungen laut Pflichtenheft		4	4	5
Erfüllung der funktionalen Anforderungen laut Pflichtenheft		4	3	4
Zwischensumme Anforderungen	3	8	7	9
Wirtschaftliche Situation und Zukunftssicherheit des Unternehmens		4	5	4
Transparenz und Plausibilität des Angebots		2	4	5
Vertragliche Konditionen		3	3	2
Zwischensumme Rahmenbedingungen	2	9	12	11
Subjektive Beurteilung der Projektmitarbeiter aus den Anbieter-Workshops		2	2	3
Ergebnisse der Referenzkunden-Befragung		4	3	5
Zwischensumme Zusatzinformationen	1	6	5	8
Preis-Leistungs-Verhältnis Software		4	2	4
Preis-Leistungs-Verhältnis Service		3	2	3
Zwischensumme Wirtschaftlichkeit	2	7	4	7
Gewichtetes Endergebnis		62	58	71

Abbildung 81: Beispiel einer gewichteten Synopse aller Ergebnisse des Auswahlverfahrens

Zur Berechnung des Endergebnisses wird der Gewichtungsfaktor mit jeder Zwischensumme multipliziert und mit den Produkten der anderen Zwischensummen addiert. Dasjenige Unternehmen, das die höchste Punktzahl erreicht hat, erhält entweder direkt den Zuschlag oder ist erster Partner für **Vertragsgespräche**. Liegen die Werte für zwei Unternehmen sehr nah zusammen, spielen Preis und Zahlungsmodalitäten in entsprechenden Verhandlungen eine zentrale Rolle.

Wird eine stark standardisierte Software im Preissegment von wenigen Tausend Euro beschafft, so gibt es hier zumeist einen deutlich geringeren Regelungsbedarf und Verhandlungsspielraum als bei großen Projekten, deren Volumen bis in den Bereich von mehreren Hunderttausend Euro reichen kann.

6.6 System-Einführung

Die Einführungsphase ist neben dem Projektmanagement und der Qualität des Auswahlprozesses ein maßgeblicher Erfolgsfaktor für ein Software-Projekt. Zuschnitt und Ablauf eines Einführungsprozesses hängen stark von der Art und Komplexität des Projektes ab und sind weniger standardisierbar als der Auswahlprozess. Hier gilt es zunächst zwischen unterschiedlichen Ausgangsbedingungen zu unterscheiden:

– Neueinführung von IT in bislang weitgehend IT-freie Arbeitsbereiche,

– Neueinführung von Fachsoftware-Lösungen in Bereiche, in denen bislang nur mit Standardsoftware (Textverarbeitung, E-Mail usw.) gearbeitet wurde,

– Ablösung alter Fachsoftware durch eine neue.

Insbesondere im ersten Fall müssen Fragen der Technik-Akzeptanz durch die Mitarbeiter berücksichtigt werden. Zwar spielen diese Aspekte bei jeder IT-Innovation eine Rolle, doch sind sie bei einer kompletten Neueinführung meist grundsätzlicherer Natur.

Professionelles Projektmanagement In der Einführungsphase gilt es, zahlreiche Akteure zu koordinieren, der Methode des **Projektmanagements** kommt hier also eine besonders hohe Bedeutung zu. Das Projektteam aus der Auswahlphase kann hierzu entweder beibehalten oder in seiner Zusammensetzung an die neue Aufgabe angepasst werden.

Die Struktur eines Einführungsprozesses lässt sich in acht bis elf Phasen darstellen, von denen bei kleineren Projekten einige entfallen können.

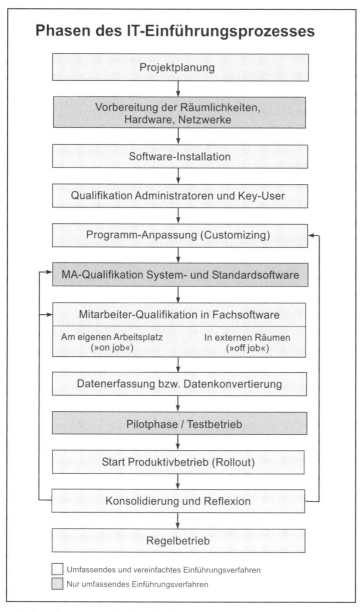

Phasen des IT-Einführungsprozesses

Projektplanung

Vorbereitung der Räumlichkeiten, Hardware, Netzwerke

Software-Installation

Qualifikation Administratoren und Key-User

Programm-Anpassung (Customizing)

MA-Qualifikation System- und Standardsoftware

Mitarbeiter-Qualifikation in Fachsoftware

Am eigenen Arbeitsplatz (»on job«) — In externen Räumen (»off job«)

Datenerfassung bzw. Datenkonvertierung

Pilotphase / Testbetrieb

Start Produktivbetrieb (Rollout)

Konsolidierung und Reflexion

Regelbetrieb

☐ Umfassendes und vereinfachtes Einführungsverfahren
▨ Nur umfassendes Einführungsverfahren

Abbildung 82: Phasen eines IT-Einführungsprozesses

Die nachfolgenden Abschnitte erläutern die zu den einzelnen Schritten gehörigen Fragestellungen und Aufgaben.

6.6.1 Projektplanung

In der Planungsphase werden mit Hilfe der Methoden des Projektmanagements (vgl. Abschnitt 6.4) alle Schritte der Einführung vorbereitet. Hierbei ist eine enge Zusammenarbeit mit dem Lieferanten der Software notwendig, jedoch sollte die Projektsteuerung in der einführenden Organisation verankert und nicht an den Software-Anbieter abgegeben werden.

Im Rahmen der Projektplanung müssen folgende Fragen geklärt werden:

- Einführungs- und Migrationsstrategien
- Termine, Aufgaben und Verantwortlichkeiten
- Technische Voraussetzungen und Spezifikationen
- Software-Anpassung und Mitarbeiter-Schulung
- Datenkonvertierung beim Umstieg von Alt- auf Neusysteme
- ggf. Rückfallkonzept auf das Altsystem bei gravierenden Einführungsproblemen

Organisationsgespräch ergibt Projektplan

Als Rahmen dafür bietet sich insbesondere bei größeren Projekten ein **Organisationsgespräch** mit dem Lieferanten der Software, ggf. unter Beteiligung des Netzwerk- und Hardwarelieferanten an. Die Ergebnisse des Gesprächs werden in einem Protokoll festgehalten, das von allen Beteiligten unterzeichnet wird und als verbindliche Grundlage für den Einführungsprozess gilt. Zentraler Bestandteil ist dieses Protokolls ist ein Termin- und Aufgabenplan, der im Projektverlauf als Controlling-Instrument dient.

Kalenderwoche				19	20	21	22	23	24	25	26	27	28	29	30	31	32	33	34	35	36	37	38	39	40	41	42
Start: 10. Mai 2010																											
Arbeitsaufgaben	**Verantwortlich**	**Durchführung**	**OK**																								
1. Verlegungsplan Kabel erstellen	Maier	System GmbH	x																								
2. Netzkabel Verlegen	Senser	System GmbH	x																								
3. Server-Raum vorbereiten	Senser	Senser	x																								
4. Server und PCs installieren	Senser, Maier	System GmbH	x																								
5. Software XY-Easysoft installieren	Hillmann	Software GmbH	1)																								
6. Auswahl Software-Betreuer	Leitinger	Bereichsleiter																									
7. Schulung Software-Betreuer	Senser	Software GmbH																									
8. Programm-Anpassung	Senser, Leitunger	Softw. G., Sw-Betreuer																									
9. Schulung MA Windows und Office	Hillmann	Hillmann, IHK																									
10. Schulung Mitarbeiter XY-Easysoft	Hillmann	Hillmann, Software G.																									
11. Datenkonvertierung u. -prüfung	Hillmann, Senser	Hillmann, Sw.G																									
12. Testbetrieb	Hillmann, Senser	Mitarbeiter																									
13. Start Echtbetrieb		Mitarbeiter																									

1 = Verzögerung 1 Woche wg. Krankheit Schulungsleiter

Abbildung 83: Beispiel-Projektplan für einen Software-Einführungsprozess, erstellt mit einem Tabellenkalkulationsprogramm

Kernelement der Projektplanung ist besonders bei größeren Projekten die Festlegung der **Einführungs- oder Migrationsstrategie**. Von Einführung spricht man, wenn bislang noch keine IT-Lösung für das betreffende Arbeitsgebiet genutzt wurde, unter Migration wird in der Informationstechnologie der Übergang von einer abzulösenden Software zu einer neuen verstanden. Aus diesen strategischen Überlegungen leiten sich alle weiteren Elemente des Planungsprozesses ab.

Grundsätzlich kann zwischen drei verschiedene Strategien unterschieden werden, die jeweils spezifische Vor- und Nachteile aufweisen. Die Auswahl einer geeigneten Strategie sollte in Absprache mit dem Anbieter der gewählten Lösung getroffen werden.

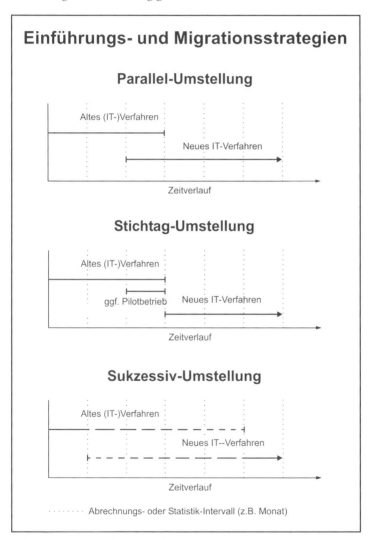

Abbildung 84: IT-Einführungs- und Migrationsstrategien

Sichere Parallel-Umstellung

Im Konzept der **Parallel-Umstellung** wird das alte papier- oder IT-ge-stützte Vorverfahren noch ein oder zwei Bearbeitungsintervalle wei-tergeführt, während das neue Verfahren zeitgleich angewandt wird. Diese Vorgehensweise bietet den Vorteil größtmöglicher Sicherheit und Fehlertoleranz, da die Ergebnisse beider Verfahren unmittelbar mit-einander verglichen werden können.

Die Dauer des Parallel-Betriebs richtet sich vor allem nach den Ar-beitsergebnissen im Neuverfahren. Diese können in der Regel nach Abschluss eines typischen Bearbeitungsintervalls wie einer Monatsab-rechnung oder Wochenstatistik überprüft werden. Nachteil des Paral-lel-Verfahrens ist der erhöhte Aufwand während der Umstellungspha-se, da viele Arbeiten doppelt ausgeführt werden müssen.

Dieses Verfahren kommt vor allem für unternehmenskritische Ge-schäftsprozesse wie Leistungsabrechnung, Gehaltsauszahlung oder Pflegedokumentation in Frage, bei denen Verfahrensfehler einschnei-dende Konsequenzen für die Organisation, die Mitarbeiter oder die betreuten Menschen nach sich ziehen können.

Schnelle Stichtag-Umstellung

Bei der **Stichtag-Umstellung**, auch „Big Bang" genannt, wird das Alt-Verfahren zu einem festgelegten Termin eingestellt. Zum selben Zeit-punkt beginnt der Echtbetrieb mit der neuen IT-Lösung. Vorteil dieser Methode der geringere Aufwand im Vergleich zur Parallel-Umstellung, da keine Doppelarbeiten im laufenden Betrieb notwendig sind. Dem steht als Nachteil ein höheres Risiko gegenüber, da Fehler schwerer zu entdecken sind und ein Rückfall auf das Vorverfahren nur noch unter erschwerten Bedingungen möglich ist. Um dieses Risiko zu minimieren, bietet sich ein **Test- oder Pilotbetrieb** im Vorfeld der Umstellung an. Dieser kann beispielsweise mit einem Teil der Daten, oder einer ein-zelnen Abteilung durchgeführt werden.

Die Stichtag-Umstellung kommt vor allem bei überschaubaren und wenig kritischen Anwendungen in Frage. Sie wird auch gewählt, wenn die Parallel-Umstellung aufgrund eines zu großen Arbeitsaufwands nicht durchführbar ist.

Mittelweg Sukzessiv-Umstellung

Die **Sukzessiv-Umstellung** stellt einen Mittelweg zwischen Parallel- und Stichtag-Methode dar. Sie kann auf zwei verschiedene Weisen umge-setzt werden:

– Die erste Form ist die **zeitversetzte Einführung** in einzelnen Abtei-lungen oder Arbeitsbereichen. So kann etwa eine größere Behin-dertenhilfe-Einrichtung ein Softwaresystem zunächst in der zentra-len Verwaltung und dann zeitlich gestaffelt in den einzelnen Wohn-bereichen einführen. Eine andere, damit kombinierbare Variante ist die aufgabenorientierte Sukzessiv-Umstellung, die sich insbesondere in pädagogisch-pflegerischen Bereichen anbietet: Im ersten Schritt wird beispielsweise die Basisdokumentation eingeführt, dann die Schichtübergabe, anschließend die Hilfe- oder Pflegeplanung. Zusätzlich kann sich ein **Test- oder Pilotbetrieb** in einem ausgewählten Teil der jeweiligen Arbeitsbereiche (Wohngruppen, Tagesstätten usw.) als sinnvoll erweisen: Hier werden Software und Arbeitsabläufe zunächst vollständig aufeinander abgestimmt, bevor der **Rollout** für die Gesamteinrichtung erfolgt.

– Die zweite Form der Sukzessiv-Umstellung bezieht sich auf die zu erfassenden **Datenbestände**: Ist es erforderlich, in der Umstiegsphase große Mengen an Informationen einzugeben und steht kein zusätzliches Personal dafür zur Verfügung, so müssen die Mitarbeiter ihre Daten sukzessive neben ihrer Alltagsarbeit erfassen.

Entscheidender Vorteil der Sukzessiv-Methode ist eine Entlastung der Mitarbeiter, da sich der Umstellungsaufwand zeitlich entzerrt. Dem steht ein deutlich erhöhter Planungs- und Koordinationsaufwand gegenüber. Nachteilig bei dieser Methode ist auch die Beeinträchtigung von Arbeitsprozessen durch Medienbrüche zwischen alter und neuer Verarbeitungsform.

Die **Beteiligung der Mitarbeiter** nimmt in der Einführungsplanung einen noch höheren Stellenwert ein als beim Software-Auswahlprozess: Hier werden die Veränderungen im Arbeitsalltag unmittelbar erlebbar. Nicht selten ist während dieser Zeit ein höheres Engagement und Mehrarbeit erforderlich. Die Motivation dafür kann nur über eine umfassende Information und Mitsprache geschaffen werden. Mitarbeitervertretungen haben bei einigen Fragen der IT-Einführung wie beispielsweise der Organisation von Mehrarbeit oder Weiterbildungsmaßnahmen ein Mitspracherecht und müssen in jedem Fall an der Projektplanung beteiligt werden.

Motivation der Mitarbeiter

6.6.2 Software-Administration und Customizing

Für nahezu jedes Fachsoftware-System, mit dem umfangreiche Daten von Adressaten oder Mitarbeitern verwaltet werden, wird eine organisationsinterne Administration benötigt. Ihre wichtigsten Aufgaben sind:

– Abbildung und Pflege der Einrichtungsstrukturen in der Software: Häuser, Bereiche, Gruppen, Räume etc.

– Anlage und Pflege der Benutzerdaten, Benutzerrollen und Zugriffsrechte

- Änderung von Programmeinstellungen und Programm-Anpassungen für Berechnungs-, Planungs- oder Dokumentationsprozesse sowie für Ein- und Ausgaben (Listen, Statistiken usw.)
- Einspielen bzw. testen von Neuversionen der Software (Patches, Updates) und Schnittstellen
- Ansprechpartner für den Hersteller

Die Software-Administration kann abhängig vom IT-Servicekonzept (vgl. Abschnitt 6.7) zentral in einer IT-Abteilung, zentral in einer anderen Serviceabteilung (z.B. Organisations- und Qualitätsmanagement) oder dezentral in einem Fachbereich angesiedelt sein.

Wichtigste Voraussetzung für diese Aufgabe ist fachlich-inhaltliches Wissen über die von der Software unterstützten Arbeitsprozesse, verbunden mit einem tieferen Verständnis für die eingesetzte Software. Nicht notwendig sind Programmier-, Betriebssystem- oder Hardwarekenntnisse. In jedem Fall sollte darauf geachtet werden, dass das Administratoren-Wissen mindestens von zwei Mitarbeitern geteilt wird, um eine ausgeprägte Abhängigkeit oder plötzlichen Wissensverlust durch Ausscheiden oder längere Krankheit zu vermeiden.

Customizing bestimmt den praktischen Nutzwert

Moderne Fachsoftware-Lösungen können an die speziellen Anforderungen einer Organisation angepasst werden, ohne dass hierzu Programmierkenntnisse erforderlich sind. Diese Form der Programm-Anpassung wird **Customizing, Tayloring** oder **Parametrisierung** genannt und kann oft in weiten Bereichen von der Organisation selbst durchgeführt werden. Für die Erstanpassung ist in der Regel eine enge Zusammenarbeit der Administratoren mit dem Anbieter sinnvoll. Hierzu werden ein oder mehrere Tage mit einem Spezialisten des Anbieters vor Ort vereinbart. Bei komplexen Projekten, einer hochgradig flexiblen Software und mehreren Beteiligten beider Seiten kann hierfür auch eine eigene Teilprojektplanung erforderlich werden.

Die Customizing-Möglichkeiten können sich bei Fachsoftware für soziale Organisationen auf folgende Bereiche beziehen:

- Inhalte von Auswahlfeldern in Eingabemasken (z.B. für standardisierte Angaben zu Leistungen für Adressaten, Staatsangehörigkeit usw.)
- Umbenennung von Feldnamen in Eingabemasken und Listen
- Neu- oder Umgestaltung strukturierter Druck-, Mail- und PDF-Ausgaben (Listen, Anschreiben, Formulare)
- Definition von Abfragemustern und Standard-Statistiken
- Hinterlegung der Einrichtungsstruktur: Bereiche, Gruppen, Räume usw.

– Definition von Berechnungsregeln für Leistungen, Abwesenheiten, Dienste usw.

– Definition von Arbeitsprozessen (z.B. Schichtübergaben, Freigabe- oder Genehmigungsverfahren für Dienstpläne, Hilfepläne usw.)

– Umgestaltung von Bildschirm-Masken

– Neuanlage von Eingabefeldern (Textfelder, Datumsfelder, Auswahlfelder, Skalenfelder) und ihre Platzierung auf Bildschirm-Masken

– Anordnung und Aufbau von Navigationselementen (Menüs, Reiter, Baumstrukturen, grafische Icons usw.)

– Anordnung von Bildschirm-Masken und Reihenfolge ihrer Bearbeitung

– Anlage von Rollenkonzepten für die Steuerung der Zugriffsrechte von Benutzern

– Datenkonfiguration für Schnittstellen-Übergaben

– Organisationsspezifische Hilfetexte für Benutzer

Neben den Grundeigenschaften eines Programms bestimmt das Customizing maßgeblich die **Usability**, also die Nutzbarkeit der Software in der Anwendungspraxis. Grundlage für die Anpassung bilden die Soll-Konzeptionen der Geschäftsprozesse (vgl. Abschnitt 5.4.1) sowie die Anforderungsdefinition im Pflichtenheft (vgl. Abschnitt 6.5.2).

Für Steuerungs- und Statistikzwecke sowie für die Dokumentation der fachlichen Arbeit müssen häufig standardisierte **Item-Sets** definiert und in der Software hinterlegt werden. Wenige Probleme bereitet dies meist bei harten Fakten wie etwa Staatsangehörigkeit oder Schulbildung der Adressaten. Sollen darüber hinaus in größerem Umfang „weiche" Daten wie Diagnosen, Ressourcen des Familiensystems oder Betreuungsziele erhoben und ausgewertet werden, so ist die Definition dieser Kategorien eine fachlich anspruchsvolle Aufgabe. Sie geht weit über die Aufgabe einer technischen Einpassung in die Software hinaus und sollte in einem separaten Projekt oder im Rahmen eines Qualitätsmanagement-Prozesses bearbeitet werden. Dabei geht es auch um grundlegende Fragen der Abbildung von Realität in Fachsoftware sowie zum Verhältnis von Standardisierung und Einzelfallorientierung, die in Abschnitt 4.3.1 erläutert wurden.

Anspruchsvolle Definition von Item-Sets

Ein weiterer elementarer Teil des Customizings ist die Ersteinrichtung der **Zugriffsrechte** der Benutzer. Dieser Schritt reicht über die technische Implementierung hinaus und ist eine organisatorische Aufgabe mit fundamentaler Bedeutung: Hier geht es darum, wer künftig welche Aufgaben, etwa im Rahmen der Stammdatenverwaltung, Betreuungs-

Zugriffsrechte bilden Aufgabenstrukturen ab

planung und Dokumentation, wahrnehmen soll und wie dies in der
Software sinnvoll abgebildet wird. Ist ein alltagstaugliches Qualitäts-
management-System vorhanden, können daraus bereits viele Elemente
des Rechtekonzeptes abgeleitet werden. Ansonsten ist die Festlegung
dieser Benutzerrollen eine Führungsaufgabe, die im Rahmen des Einführungsprozesses in Zusammenarbeit mit den Administratoren geleistet werden muss. Dabei ist den Belangen des Datenschutzes und der
IT-Sicherheit (vgl. Kapitel 7) ebenso Rechnung zu tragen wie den Anforderungen eines reibungslosen Alltagsbetriebes.

6.6.3 Mitarbeiter-Qualifikation

IT-Grundkenntnisse notwendig

Die Arbeit mit fachspezifischen Programmen setzt **fundierte Grundkenntnisse** im Umgang mit dem PC voraus. Ohne sie ist ein erfolgrei-
ches Erlernen der oft komplexen Funktionen von Fachsoftware nicht
möglich.

Zu den Grundkenntnissen zählen in erster Linie:

– Umgang mit Windows: Beherrschung der Fenstertechnik, Start-
  und Taskleiste, Dateien speichern, löschen, verschieben, Ordner
  anlegen, verschieben und löschen.

– Textverarbeitung: Texte schreiben, korrigieren, kopieren, einfü-
  gen, verschieben und löschen, einfache Formatierungen (Schriftart
  und -größe, fett, kursiv, Absatzausrichtung usw.).

Weitergehende Kenntnisse sind:

– Internet- und E-Mail-Nutzung: Browser-Bedienung (Eingabe und
  Speicherung von Internet-Adressen, Navigation, Lesezeichen), Verschicken und Empfangen von E-Mails, Adressverwaltung, Umgang
  mit Dateianhängen

– Tabellenkalkulation: Eingaben in vordefinierte Kalkulationstabel-
  len, Grundfunktionen zur Erstellung eigener Tabellen (Formeln für
  Grundrechenarten, Tabellenformatierung, Sortierung)

Schulungsbedarf an
Kenntnisstand anpassen

In der Praxis sozialer Organisationen trifft man zumeist auf einen sehr
unterschiedlichen Kenntnisstand der Mitarbeiter. Immer mehr Mitarbeiter verfügen bereits über ausgeprägte IT-Nutzerkenntnisse. Andere
kamen bislang noch wenig mit Computern in Kontakt. Daher ist es
sinnvoll, den aktuellen Kenntnisstand systematisch zu erfassen, um mit
einem **differenzierten Schulungsangebot** genau an das vorhandene Wis-
sensniveau andocken zu können.

Unmittelbar im Anschluss an die Schulungen müssen die Mitarbeiter
die erlernten Fähigkeiten an ihrem Arbeitsplatz anwenden können.
Zeitliche Lücken zwischen Schulung und Anwendung wirken sich fatal

auf den Kenntnisstand aus, nach wenigen Wochen ist bereits ein Groß-
teil des Wissens wieder verlernt.

Um die Motivation zu fördern und die Anwendung in den Arbeitsalltag
zu integrieren ist die direkte **Verknüpfung mit konkreten Arbeitsaufgaben** sinnvoll: das Verfassen von Berichten in der Textverarbeitung,
die Nutzung von Tabellen für den Arbeitszeitnachweis sowie deren
Versand per (interner) E-Mail.

Der Umgang mit **fachspezifischen IT-Lösungen** erfordert in der Regel
eine intensive Qualifikation der Mitarbeiter, auch wenn in den Wer-
betexten der Software-Anbieter oft von intuitiver Benutzerführung und
selbsterklärenden Programmen die Rede ist. Zentral für den Erfolg
solcher Schulungen ist, dass sich die Schulungsinhalte an den realen
Arbeitsprozessen der Mitarbeiter orientieren und sich exakt an den
Aufgabenzuschnitten der jeweiligen Mitarbeitergruppen ausrichten.
Dazu muss genau mit der Version des Programmes trainiert werden,
die bereits an die eigene Organisation angepasst wurde (vgl. Abschnitt 6.6.2) und am Arbeitsplatz der Mitarbeiter verfügbar ist.

Fachsoftware-Qualifikation spezifizieren

Gilt es, eine größere Anzahl von Mitarbeitern mit unterschiedlichen
Aufgabenprofilen zu schulen, so erweist sich eine detaillierte Qualifi-
zierungsplanung als sinnvoll. Ein grafisches Raster kann diesen Schritt
erleichtern.

	Stammdaten	Leistungsabrechnung	Barkassen-Verwaltung	Anamnese, Diagnose	Hilfeplanung	Dokumentation	Evaluation	Basis-Statistik	Erweiterte Statistik	Dienstplan-Erstellung	Dienstplan-Nutzung	Allgemeine Adressverwaltung	Ressourcen-Verwaltung
Geschäftsführung													
Abteilungsleitung Jugendhilfe													
Gruppenleitung Jugendhilfe													
Pädagogische Mitarbeiter													
Abteilungsleitung Altenhilfe													
Gruppenleitung Altenhilfe													
Examinierte Pflegekräfte													
Nicht examinierte Pflegekräfte													
Psycholgischer Dienst													
Abteilungsleitung Verwaltung													
Sekretariat													
Leistungsverwaltung													
Rechnungswesen													
Hauswirtschaftsleitung													
Hauswirtschaftliche Mitarbeiter													

Abbildung 85: Beispiel-Raster zur Planung von Fachsoftware-Schulungen

On- oder off-job Schulung

Eine grundlegende Entscheidung betrifft den **Ort** der Mitarbeiter-Qualifikation: Bei einer kleinen Anzahl an Mitarbeitern können diese **on-job**, also direkt am Arbeitsplatz oder **off-job**, also in einem separaten Schulungsraum oder extern, etwa in Schulungsräumen des Software-Anbieters durchgeführt werden. Sind mehr als ca. 10 Mitarbeiter betroffen, sind Gruppenschulungen in Schulungsräumen schon aus Gründen der Organisation und Wirtschaftlichkeit die einzig sinnvolle Form.

Schulungen am Arbeitsplatz sind meist stark individualisiert und bieten den Vorteil einer sehr alltagsnahen Gestaltung. Nachteilig erweist sich hier allerdings das hohe Störpotenzial durch Anrufe, Kollegengespräche, dringend zu erledigende Aufgaben und manches mehr. Die off-job-Schulung bietet den Vorteil der räumlichen Distanz und psychischen Entlastung vom Alltagsgeschäft.

Zu klären ist in dieser Planungsphase weiterhin, welche **Dozenten** zum Einsatz kommen und wie die Vorbereitung auf die Lehrtätigkeit aussieht. Entweder wird auf Schulungsmitarbeiter des Anbieters zurückgegriffen oder es können einrichtungseigene Mitarbeiter als Multiplikatoren ausgebildet werden.

6.6.4 Datenerfassung, Testbetrieb, Rollout und Abnahme

Bei der **Ersteinführung** von Software in einem Arbeitsbereich müssen zunächst die notwendigen Stammdaten der Adressaten, Mitarbeiter, Leistungen, Kostenträger, Kooperationspartner usw. eingegeben werden. Dabei ist es für die spätere Arbeit wichtig, eine **hohe Qualität der Ausgangsdaten** sicherzustellen.

Qualität der Basisdaten
sicherstellen

Die konkrete Organisation der Ersterfassung ist abhängig von der gewählten Einführungsstrategie (vgl. Abschnitt 6.6.1). Informationsgrundlage bilden in der Regel die vorhandenen schriftlichen Unterlagen. Müssen komplexe Bestände manuell erfasst werden, ist es sinnvoll, dass die Administratoren und Key-User die Eingabe im Rahmen einer Pilot-Erfassung vorab testen und eine Handreichung für schwierige oder mehrdeutige Fälle erarbeiten.

Bei einer **Migration** muss zunächst entschieden werden, ob die Daten ganz oder teilweise elektronisch übernommen (konvertiert) oder manuell neu eingegeben werden. Diese Entscheidung sollte bereits in der Planungsphase (vgl. Abschnitt 6.6.1) getroffen werden, da sie die Migrationsstrategie erheblich beeinflusst. Eine wichtige Grundlage hierfür bildet die kritische Sichtung der vorhandenen Datenbestände: Sind sie wirklich auf aktuellem Stand oder bergen sie zahlreiche „Karteileichen" und fehlerhafte bzw. unvollständige Angaben?

Auch technische Hindernisse sind zu beachten: Eine vollständige Datenübernahme mit Standard-Ex- und Import-Funktionen ist in vielen Fällen nicht möglich. Lassen sich die eher statischen **Stammdaten** meist leicht übernehmen, gestaltet sich dies bei **Bewegungsdaten** wie Leistungen, Hilfepläne oder Verlaufsdokumentationen oft weit schwieriger: Fast jede Software verwaltet ihre Daten intern nach einer anderen Logik und benutzt eine programmspezifische Aufteilung der Informationen auf die verschiedenen Datenfelder, woran eine automatisierte Übernahme oftmals scheitert.

Eine **Konvertierung** der Daten ist in der Regel sinnvoll, wenn sich die Altdaten fachlich-inhaltlich in einem guten Zustand befinden und der technische Aufwand, das Fehler-Risiko und die Konvertierungskosten überschaubar sind.

Die Entscheidung für eine **Neuerfassung** liegt nahe, wenn der technische Aufwand, das Fehlerrisiko und die Kosten für eine Konvertierung hoch sind oder in den Altdaten viele Fehler stecken.

Bei komplexen Anforderungen und Arbeitsabläufen können selbst bei guter Vorplanung nicht alle Faktoren bedacht werden. Viele Detailprobleme zeigen sich erst, wenn mit der Software „hart am Alltag" gearbeitet wird. Nicht selten begehen soziale Einrichtungen den Fehler, die Systeme noch in unreifem Implementationszustand flächendeckend einzuführen. Dies verursacht oft erhebliche Störungen im Betriebsablauf. In der Folge gewinnen die Skeptiker die Deutungshoheit und die Zuversichtlichen verlieren das Vertrauen in das Projekt.

Je nach Projektzuschnitt kann zwischen zwei **Formen des Probebetriebs** von Software gewählt werden: Im **Testbetrieb** arbeiten ausgewählte Mitarbeiter vorab mit der neuen Software, um die Funktionsfähigkeit des Systems, die Vollständigkeit des Customizings und die Qualität der Datenkonvertierung zu überprüfen. Das Altsystem ist währenddessen noch aktiv, in ihm werden weiterhin alle laufenden Arbeiten getätigt. Diese Methode ist häufig bei kleineren Projekten oder in zentralen Verwaltungseinheiten die erste Wahl.

In einer **Pilotphase** arbeiten ausgewählte Einrichtungsteile wie etwa einzelne Wohn- oder Tagesgruppen dagegen bereits im **Echtbetrieb** mit der Software, während der überwiegende Teil der Einrichtung von der neuen Software noch unberührt bleibt.

Beide Verfahren können auch kombiniert werden: So kann etwa für Aufgaben der Betreuungsplanung und -dokumentation zunächst ein Testbetrieb und dann eine Pilotphase durchgeführt werden.

Mit dem **Rollout** beginnt der **Produktiv- oder Echtbetrieb**, also die unternehmensweite Bearbeitung aller aktuellen Geschäftsvorfälle in der

Datenqualität und technischer Aufwand entscheiden

Sicherheit durch Test- und Pilotbetrieb

Rollout deckt letzte Schwachstellen auf

neuen Software. Wurden in den bisherigen Projektschritten alle wesentlichen Schwierigkeiten beseitigt, so sind hier keine ernsthaften Probleme mehr zu erwarten. Dennoch wird man etwa auf bislang unentdeckte oder ungenügend durchdachte Teilprozesse oder Spezialanforderungen stoßen, deren Abbildung in der Software noch geklärt werden muss. Ebenso werden trotz guter Schulungen Anwenderfehler oder auch Widerständen gegen Neuerungen sichtbar.

An den Rollout schließt sich daher die **Konsolidierungsphase** an, die etwa mit einem Zeitraum von 3-6 Monaten veranschlagt werden kann. Erst nach Ende dieser Phase sollte das Projekt offiziell beendet und das Projektteam aufgelöst werden. Die Administratoren müssen während dieser Zeit zahlreiche, jedoch kontinuierlich abnehmende Rückfragen der Mitarbeiter bearbeiten. Probleme und Schwachstellen, die nicht unmittelbar intern oder mit Hilfe der Anbieter-Hotline gelöst werden können, sind sorgfältig zu protokollieren. Im Projektteam werden sie analysiert, um Lösungen zu erarbeiten.

Als letzter Schritt erfolgt die **Abnahme** gegenüber dem Lieferanten. Sie kann parallel zu einer internen Abnahme, aber auch zeitversetzt dazu erfolgen. Hier geht es darum zu dokumentieren, dass alle im Pflichtenheft genannten und vertraglich vereinbarten Anforderungen erfüllt sind. In der Regel wird hierfür ein schriftliches Protokoll verfasst, das die einzelnen Bereiche analog zum Aufbau des Pflichtenheftes (vgl. Abschnitt 6.5.2) listet und Kommentare dazu vermerkt. Das Protokoll wird vom Projektleiter des Lieferanten und vom Projektleiter des anwendenden Unternehmens unterzeichnet.

6.7 IT-Servicemanagement

Die Begriffe IT-Management und IT-Servicemanagement werden in der Fachliteratur teilweise synonym verwendet. Dies ist jedoch insofern irritierend, als wichtige Teile des IT-Managements wie etwa die Binnenorganisation des IT-Bereichs oder die Strategie-Entwicklung zumindest im deutschsprachigen Raum nicht unbedingt als Services oder Dienstleistungen aufgefasst werden. Hier wird IT-Servicemanagement deshalb pragmatisch in einem etwas engeren Sinne gefasst:

Definition

IT-Servicemanagement umfasst die Planung, Steuerung, Durchführung und Evaluation aller Prozesse im laufenden IT-Betrieb, die zur Aufrechterhaltung der Funktionsfähigkeit der Systeme, der Unterstützung der Anwender sowie der kontinuierlichen Verbesserung dieser Tätigkeiten dienen.

Damit grenzt sich das Servicemanagement auch vom IT-Projektmanagement ab, das nicht Teil des Regelbetriebes ist und unter anderem durch eine klar begrenzte Laufzeit gekennzeichnet ist. Aufgabe des IT-Servicemanagements ist es, den **laufenden IT-Betrieb** zuverlässig, anwenderfreundlich und wirtschaftlich zu organisieren. In sozialen Einrichtungen ist seine Ausgestaltung stark von der Anwenderzahl, der regionalen Gliederung und dem Grad der IT-Durchdringung geprägt.

6.7.1 ITIL-Modell

Die **Information Technology Infrastructure Library**, kurz **ITIL**, stellt ein weltweit genutztes Referenzmodell für das IT-Servicemanagement dar. Es ist branchenübergreifend konzipiert und wird stetig weiter entwickelt.

ITIL beruht auf drei Kerngedanken:

– **Kundenorientierung**: Der IT-Bereich eines Unternehmens begreift sich als interner Dienstleister, der IT so bereitstellt, dass sie das Erreichen des Unternehmensziels bestmöglich unterstützt.

– **Prozessorientierung**: Alle IT-Dienstleistungen können als Prozesse beschrieben und damit standardisiert und transparent gemacht werden.

– **Qualitätsorientierung**: Die IT-Prozesse werden standardisiert, um ihre Qualität zu sichern und zu verbessern.

Im Jahr 2007 erschien die Version 3.0 von ITIL, die den Schwerpunkt stärker als ihre Vorgängerversion 2.0 auf den Lebenszyklus des IT-Services setzt (vgl. Buchsein et al. 2007, S. 11). Dieser Lebenszyklus besteht aus fünf Bereichen:

– Service-Strategies: Strategie-Entwicklung für die IT-Services

– Service-Design: Planung und Ausgestaltung der Services (taktische Ebene)

– Service-Transition: Implementierung der Services in den operativen Betrieb

– Service-Operation: Management des täglichen Betriebs

– Service-Improvement: Kontinuierliche Verbesserung der Services

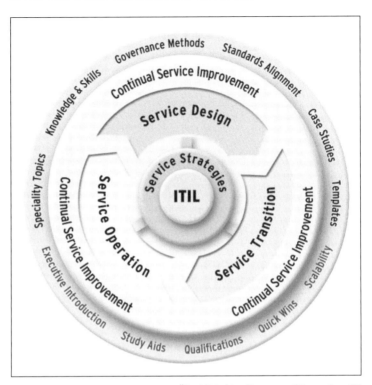

Abbildung 86: Die ITIL-Prozesse im Überblick (Quelle: www.itil.org, Zugriff: 19.12.2011)

Grundgedanke dieses Lebenszyklus-Modells ist, dass auch das IT-Servicemanagement einem stetigen Wandel unterworfen ist. Dies ist einerseits der sich verändernden Geschäftätigkeit der Organisation geschuldet; andererseits müssen technologische und damit verbundene organisatorische Neuerungen im IT-Bereich berücksichtigt werden.

6.7.2 ITIL in der Sozialwirtschaft

Selektive Nutzung oft sinnvoll Ursprung und Haupteinsatzfelder von ITIL liegen im Bereich staatlicher Organisationen und Wirtschaftsunternehmen, die große IT-Abteilungen betreiben. Entsprechend komplex sind Aufbau und Inhalt: Die ITIL-Bibliothek beschreibt insgesamt 26 einzelne Prozesse, die wiederum in zahlreiche Teilprozesse gegliedert sind. In der Sozialwirtschaft gibt es jedoch nur wenige Komplexträger mit großen IT-Abteilungen, die den Nutzen des Modells voll ausschöpfen können.

Folgende Übersicht kann als grobe Orientierung für die Nutzbarkeit des ITIL-Konzeptes in sozialen Organisationen dienen:

Unternehmens-klassifikation	Zahl der IT-Anwen-der und IT-Mitar-beiter	Sinnvolle Nutzungsfor-men von ITIL
Kleine Sozial-Un-ternehmen	unter 500 Anwen-der	ausgewählte operative ITIL-Prozesse
	< 5 IT-Mitarbeiter	
Mittlere Sozial-Unternehmen	500 – 1.500 Anwen-der	ausgewählte operative und taktische ITIL-Pro-zesse
	5 – 10 IT-Mitarbei-ter	
Große Sozial-Unternehmen	> 1.500 Anwender	ITIL-Gesamtkonzept oder große Teile daraus
	> 10 IT-Mitarbeiter	

Abbildung 87: Mögliche Nutzungsformen von ITIL in der Sozialwirtschaft

In weiten Bereichen der Sozialwirtschaft ist das ITIL-Konzept bislang kaum bekannt, lediglich einige Komplexträger haben bereits damit be-gonnen, ihre IT-Bereiche schrittweise in Anlehnung an dieses Modell zu restrukturieren. ITIL kann auch als Referenzrahmen dienen, um die bisherigen Vorgehensweisen an einem Best-Practice-Modell zu messen und die Hebel an den Stellen anzusetzen, wo Handlungsbedarf besteht.

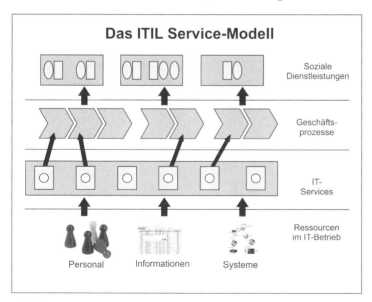

Abbildung 88: Das ITIL-Modell im Kontext eines sozialen Unternehmens

6.7.3 Ausgewählte ITIL-Prozesse für soziale Organisationen

Dieser Abschnitt stellt eine beispielhafte Auswahl von ITIL-Prozessen vor, die für soziale Organisationen unterschiedlicher Größe nutzbar sind. Nach ITIL können IT-Dienste als kundenbezogene Geschäftsprozesse (vgl. auch Kapitel 5.2) verstanden werden, die grundsätzlich in jedem Unternehmen beschreibbar sind. Anders ausgedrückt, gibt der IT-Bereich dem Unternehmen ein **Service-Versprechen**, das beinhaltet, welche Dienste in welcher Qualität, zu welchen Zeiten und an welchen Orten bereitgestellt werden. Umgekehrt bedeutet es für die Organisation aber auch, dass sie sich an die gemeinsam definierten Regeln halten muss.

Incident Management (Störungsmanagement)

Ziel dieses Prozesses ist es, Störungen, die bei den Anwendern im laufenden Betrieb auftreten, möglichst schnell zu beseitigen. Dies setzt voraus, dass Erreichbarkeiten und Zuständigkeiten dieses Services klar und am Bedarf orientiert geregelt sind. Kann eine Störung nicht unmittelbar behoben werden, weil die Kompetenz dafür fehlt, so wird die Störungsmeldung intern oder extern weitergegeben und einer Lösung zugeführt (siehe Abbildung 89). Je nach Komplexitätsgrad einer Organisation kann es sich hier um einen bis zu dreistufigen **Eskalationsweg** handeln: Die Key-User, also speziell ausgebildete Mitarbeiter in den Fachbereichen, bilden die erste Stufe (First-Level-Support), die zentrale Hotline der sozialen Organisation (Helpdesk) die zweite (Second-Level-Support) und die eigenen Spezialisten für Netzwerke, Anwendersoftware bzw. externe Spezialisten bei Systemhäusern oder Software-Herstellern die dritte Stufe (Third-Level-Support).

Prozess	IT-Störungsbehandlung (Incident-Management)		
Verantwortlich	Leitung Service Desk		
Erstellt am	14.12.2011	Freigabe am	05.01.2012
Vorausg. Prozess	keiner		

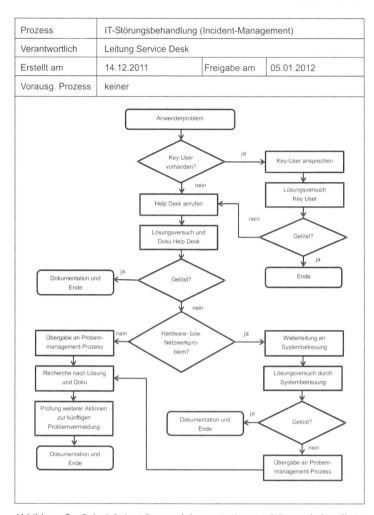

Abbildung 89: Beispiel einer Prozessdokumentation zur Störungsbehandlung in einer sozialen Organisation mit Key-Usern, zentraler Anwender-Hotline (Help Desk) und zentraler Hardware-Systembetreuung

Eine wichtige Aufgabe des Störungsmanagements ist es auch, alle eingehenden Störungsmeldungen und Lösungswege zu dokumentieren. Nützlich für die Incident-Steuerung und Dokumentation ist eine spezielle **Ticketsystem-Software**, in kleineren Einrichtungen genügen gegebenenfalls auch einfache Lösungen auf Basis einer Tabellenkalkulation oder selbst erstellten Datenbank.

Problem-Management

Dieser vom Incident-Management getrennte Prozess geht den Ursachen von Störungen nach oder tritt auf den Plan, wenn Störungen nicht sofort lösbar sind oder ihre Art und Häufigkeit ein tiefer liegendes Problem vermuten lässt. Voraussetzung für diese Tätigkeit ist eine genaue Dokumentation der Störungsmeldungen und Lösungsversuche. Maßnahmen folgender Art sind dabei möglich:

- Technische Maßnahmen (z.B. Customizing von Software, Sperren von Diensten)
- Organisatorische Maßnahmen (z.B. Veröffentlichen oder anpassen von Benutzerrichtlinien, Änderung von Abläufen)
- Trainingsmaßnahmen für einzelne Mitarbeiter oder Mitarbeitergruppen

Aufgabe des Problem-Managements ist es auch, die besten Lösungswege für Störungsfälle zu ermitteln und für das Störungsmanagement in einer geeigneten Form zu dokumentieren.

Change Management (Veränderungsmanagement)

Wird im Problem-Management erkannt, dass die Störungsursachen nur durch umfangreichere Veränderungen in den IT-Systemen beseitigbar sind, so tritt das Change Management auf den Plan. Andere Gründe dafür können Veränderungswünsche aus dem Unternehmen, der Anschluss an technologische Innovationen oder veränderter Geschäftsabläufe sein. Beispiele für Veränderungsanlässe – in ITIL **Change Requests** genannt – sind etwa die Einführung neuer Software oder umfängliche Release-Wechsel auf Betriebssystem- oder Anwendersoftware-Ebene.

Erste Aufgabe ist es dabei, die Änderungsbedarfe hinsichtlich Notwendigkeit, Kosten und Risiken zu analysieren. Auf dieser Basis kann eine qualifizierte Entscheidung über die Einleitung des Veränderungsprozesses herbeigeführt werden. Anschließend wird die Durchführung nach den Regeln des IT-Projektmanagements (vgl. Abschnitt 6.4) geplant, koordiniert und dokumentiert.

Configuration-Management (Konfigurationsverwaltung)

Das Configuration-Management hat vor allem dokumentarische Aufgaben. Mit seiner Hilfe wird die gesamte IT-Infrastruktur der Organisation abgebildet. Erfasst werden dabei vor allem:

- Desktop-PCs, Notebooks, Thin Clients, Tablet-PCs usw.
- Peripheriegeräte (Drucker, Scanner usw.)
- Server

- Netzwerkkomponenten (Router, Switches, Firewalls usw.)
- Systemsoftware (Betriebssysteme, Administrationssoftware, Sicherheitssoftware usw.)
- Anwendersoftware (Standardsoftware, Fachsoftware, Dienstprogramme usw.)
- Datenbanken

Der Detaillierungsgrad der Angaben zu den einzelnen Komponenten hängt dabei von der Komplexität der IT-Landschaft ab. Im Configuration-Management geht es um mehr als klassische Inventarisierung im Sinne der Buchhaltungslogik: Eine vollständige und aktuelle Konfigurations-Datenbasis stellt das Herzstück des Servicemanagements dar. Sie wird täglich als Informationsgrundlage für viele Serviceprozesse genutzt, ebenso für strategische Planungen und das IT-Sicherheitsmanagement (vgl. Abschnitt 7.2). So kann etwa bei Prozessen des Veränderungs- oder Release-Managements jederzeit ermittelt werden, wie viele Arbeitsplätze davon betroffen sind und mit welchem zeitlichen und finanziellen Aufwand bei Umstellungen zu rechnen ist.

Arbeitsaufgaben

13. Ein Träger von sechs stationären Pflegeeinrichtungen, 500 Mitarbeitern und 180 Computerarbeitsplätzen hat eine kleine IT-Abteilung mit zwei Mitarbeitern. Sie beschaffen auf Anforderung der Einrichtungen PCs und Drucker, kümmern sich um die Server und installieren die Fachsoftware, die von den Einrichtungen jeweils eigenständig gekauft wird. Dadurch ist mittlerweile ein buntes Spektrum unterschiedlicher Programme entstanden, in manchen Einrichtungsteilen werden viele Arbeiten auch noch mit Office-Programmen erledigt. Welches Selbstverständnis und welche Entwicklungsstufe des IT-Managements herrschen hier vor? In welche Richtung sollte sich der IT-Bereich dieses Trägers sinnvollerweise entwickeln?

14. Ihr Chef kommt von einer Fachmesse und erzählt begeistert, dass er dort neue Programme gesehen hat, die die Arbeit Ihrer Berufsbildungseinrichtung erheblich erleichtern. Da er selbst keine Zeit hat, bittet er Sie, die ganze Sache mal in die Hand zu nehmen. Was sind Ihre ersten Arbeitsschritte?

15. Welche der folgenden Anforderungen an Software aus einem Pflichtenheft sind bewertungsgerecht formuliert und ermöglichen dem Anbieter eine eindeutige Aussage über ihre Erfüllung? Begründen Sie Ihre Antwort kurz.

a)   Die Software soll Hilfsmittel wie Rollstühle oder Krücken pro Bewohner verwalten können.

b)   Mitarbeiter können Wünsche für ihren persönlichen Dienstplan in der nächsten Planungsperiode in einer von der eigentlichen Dienstsplanungsmaske getrennten Maske eingeben.

c)   Das Hilfeplanungsmodul unterstützt die pädagogischen Mitarbeiter im Anschluss an die Hilfeplanung bei der bei der Suche nach einer geeigneten Einrichtung für den jeweiligen Klienten.

16.   In einer Einrichtung der Behindertenhilfe steht die Einführung einer umfassenden Software für Betreutenverwaltung, Abrechnung und Verlaufsdokumentation an. Das bislang eingesetzte reine Abrechnungsprogramm soll eingestellt werden. Die Stammdaten der Bewohner und Kostenträger können komplett aus dem Altprogramm übernommen werden. Welche Einführungs- bzw. Migrationsstrategien kommen in Frage und warum?

17.   Die Schulung der Mitarbeiter im obigen Beispiel wird geplant. Da die Fachsoftware schon recht teuer war und nach den Angaben des Anbieters kinderleicht zu bedienen ist, schlägt der Einrichtungsleiter vor, Sie als Softwareadministrator auf eine zweitägige Schulung zu schicken. Anschließend sollen Sie die Bedienung ihren 60 Kollegen wenn nötig nach und nach direkt am Arbeitsplatz erklären. – Wären Sie mit diesem kostenbewussten Vorschlag einverstanden? Begründen Sie Ihre Meinung.

Literatur zum Kapitel

Ammenwerth, Elske/Haux, Reinhold: IT-Projektmanagement in Krankenhaus und Gesundheitswesen. Stuttgart 2005

Buchsein, Ralf/Victor, Frank/Günther, Holger/Machmeier, Volker: IT-Management mit ITIL V3. Wiesbaden 2007

Fröschle, Hans-Peter/Strahringer, Susanne: IT-Governance. Heidelberg 2006

Kohlhoff, Ludger: Projektmanagement. Baden-Baden 2004

Kreidenweis, Helmut/Halfar, Bernd: IT-Report für die Sozialwirtschaft 2010 – Wertbeitrag der IT und Markenstärke der Anbieter. Eichstätt 2010

Kreidenweis, Helmut/Halfar, Bernd: IT-Report für die Sozialwirtschaft 2011. Eichstätt 2011

Kreidenweis, Helmut: IT-Handbuch für die Sozialwirtschaft. Baden-Baden 2011

Schlegel, Helmut: Digitale Nächstenliebe? – Werteorientierte Führung in der IT von Non-Profit-Organisationen. In: Kreidenweis, Helmut/ Halfar, Bernd (Hrsg.): Dokumentation der 4. Eichstätter Fachtagung Sozialinformatik. Eichstätt 2009, S. 107-122

Tiemeyer, Ernst: Projekte erfolgreich managen. Methoden, Instrumente, Erfahrungen. Weinheim/Basel 2002

Tragner, Bernd: Richtig investieren. In: Creditreform Nr. 2/2008, S. 22-24.

7 Datenschutz und IT-Sicherheit

Soziale Organisationen erfassen und speichern hochsensible persönliche Daten über Menschen. Diese sind meist zur Beantragung oder Durchführung von Hilfeleistungen erforderlich, werden aber oftmals nicht vollkommen freiwillig offenbart. Eklatante Fälle von Missbrauch solcher Daten geraten zwar nur selten an die Öffentlichkeit. Doch wenn, dann ist der Schaden groß: Die betroffenen Menschen fühlen sich in ihrer persönlichen Integrität verletzt und die Auswirkungen auf das Image der Organisation sind verheerend. Dabei steckt vielfach nicht einmal eine böse Absicht oder kriminelle Energie dahinter: Die Mehrzahl der Datenschutzpannen geschieht aus Unwissen, Nachlässigkeit oder aufgrund mangelnder organisatorischer oder technischer Vorkehrungen.

Hochsensible Daten

Schwere Panne bei der Uni-Psychiatrie

Patientendaten auf dem Flohmarkt verkauft

„Es kommt beim Probanden zu Angstattacken": Was ein Rentner auf einer gebrauchten Festplatte fand

---

Abbildung 90: Beispiel einer folgenschweren Datenschutzpanne (Süddeutsche Zeitung, 11.7.2008, S. 41)

In der Praxis sozialer Organisationen steht es mit Datenschutz und IT-Sicherheit nicht immer zum Besten: Ein Drittel aller Einrichtungen verfügen über keine IT-Sicherheitskonzept und 20 Prozent haben keinen Datenschutzbeauftragten. Lediglich ein Viertel verwendet allgemein anerkannte Sicherheitsnormen, die anderen behelfen sich mit selbst erstellten Regelwerken oder verfügen über keine entsprechenden Direktiven (vgl. Kreidenweis/Halfar 2011, S. 27 f.).

Die Daten betreuter Menschen angemessen zu schützen, ist nicht nur eine ethisch-moralische Verpflichtung und grundlegende Voraussetzung für eine vertrauenswürdige, helfende Beziehung. Der Schutz personenbezogener Daten genießt in Deutschland unter dem Begriff der „informationellen Selbstbestimmung" Verfassungsrang (vgl. Wilmers-Rauschert 2004, S. 3) und ist als gesetzliche Pflicht verankert.

Gesetzliche Verpflichtung

Die Regelungen zum Datenschutz sind jedoch über zahlreiche **unterschiedliche Gesetzeswerke** verstreut, weichen voneinander ab, sind teilweise widersprüchlich und sehr abstrakt oder dehnbar formuliert. Dies macht es auch für Experten nicht immer einfach, sie genau einzuhalten (vgl. Bake/Blobel/Münch 2004, S. 7).

Vom Datenschutz als gesetzlich normierte Pflicht zu unterscheiden ist die **IT-Sicherheit**. Sie muss die technischen Vorkehrungen zur Gewährleistung des Datenschutzes treffen, ihre Aufgaben erstrecken sich je-

Datenschutz und IT-Sicherheit unterscheiden

doch auch auf die betriebliche Verfügbarkeit der IT, die Datenintegrität bei Stromausfällen, Vorkehrungen gegen Defekte der Speichermedien und weitere sicherheitsrelevante Punkte. Umgekehrt beinhalten die gesetzlichen Regelungen zum Datenschutz Aspekte ohne direkten Technik-Bezug. Hier geht es etwa um die Fragen, welche Daten in welchen Fällen überhaupt erfasst werden dürfen, wann ein Datenschutzbeauftragter bestellt werden muss und welche Voraussetzungen dabei gelten.

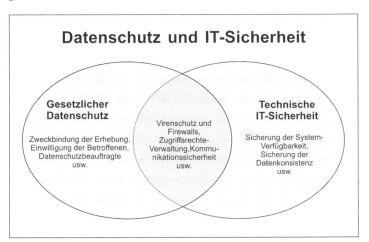

Abbildung 91: Verhältnis von gesetzlichem Datenschutz und technischer IT-Sicherheit

Die Einhaltung der Anforderungen des Datenschutzes und der IT-Sicherheit werden, zusammen mit der Einhaltung weiterer gesetzlicher oder vertraglicher Regelungen häufig auch unter dem Begriff der **IT-Compliance** zusammengefasst.

Datenschutz-GAU in der Kindertagesstätte – Ein Szenario

Die Kindertagesstätte des örtlichen Diakoniewerkes verwaltet die Daten der Kinder und ihrer Familien auf einem PC mit Internetanschluss. Neben den Namen und Adressen der Kinder und Eltern sind auch Beobachtungen und Einschätzungen der Erzieherinnen zu den Kindern und ihren Familien in einer Fachsoftware gespeichert. Den PC und die Programme hat vor zwei Jahren ein mittlerweile ausgeschiedener Praktikant installiert, der sich nach eigenem Bekunden gut damit auskannte. Die Leiterin hält die Daten für sicher, da sich die Nutzer mit einem Passwort am Programm anmelden müssen. Eines Tages tauchen Kommentare der Erzieherinnen wie „vermutlich werden in der Familie

Maier die Kinder häufig geschlagen" in Facebook auf. Die Tagespresse breitet den Vorfall zu einem stadtweiten Skandal aus. Zahlreiche Eltern melden ihre Kinder von der Tagesstätte ab, sie steht kurz vor der Schließung.

Die Polizei ermittelt und stellt fest, dass der PC gegen Fremdzugriffe kaum gesichert war und Ziel eines Hackerangriffs wurde. Der Hacker hatte leichtes Spiel, da der Internet-Zugang kaum geschützt und das Betriebssystem falsch konfiguriert war. Den Passwortschutz der Fachsoftware konnte er durch Ausprobieren einiger Vornamen der Erzieherinnen leicht knacken.

Der Staatsanwalt erhebt Anklage gegen die Leiterin, da Verdacht auf eklatante Verstöße gegen einschlägige Datenschutzbestimmungen besteht. Wie spätere Ermittlungen ergeben, stammte der Angriff von einem Informatiker und Vater eines ehemaligen Kindergarten-Kindes, der sich Vorwürfen über seinen Erziehungsstil ausgesetzt sah und dafür Rache nehmen wollte.

7.1 Datenschutz-Recht

Die Befolgung gesetzlicher Regelungen zum Datenschutz setzt zunächst Klarheit darüber voraus, welche Normen für welche Institutionen gelten. Aufgrund der Vielgestaltigkeit der sozialen Landschaft in Deutschland, der subsidiär-föderalen Organisation des Datenschutzrechtes sowie der Verteilung der Vorschriften auf zahlreiche Einzelgesetze und sie ergänzende Verordnungen, ist dies nicht immer einfach. Die nachfolgende Tabelle liefert eine erste Orientierung, Erläuterungen folgen im anschließenden Text.

Geltungsbereiche der Normen

Gesetz	Geltungsbereich
Bundesdatenschutzgesetz (BDSG)	Alle staatlichen und nicht-staatlichen Organisationen und Unternehmen, außer Kirchen und kirchlichen Institutionen
Landesdatenschutzgesetze	Landesbehörden und Kommunalverwaltungen der jeweiligen Bundesländer
Datenschutzgesetz der Evangelischen Kirche in Deutschland (DSG-EKD)	Behörden, sonstige Dienststellen, Werke und Einrichtungen der Evangelischen Kirche in Deutschland und deren Gliedkirchen, Diakonisches Werk und Fachverbände

Gesetz	Geltungsbereich
Anordnung über den kirchlichen Datenschutz (KDO) mit Durchführungsverordnung (KDO-DVO)	Katholische Bistümer und Kirchengemeinden, Deutscher Caritasverband und Fachverbände mit Untergliederungen, Kirchliche Körperschaften, Stiftungen, Anstalten, Werke, Einrichtungen und sonstige kirchliche Rechtsträger
Sozialgesetzbuch SGB I (§ 35) und X (§ 67 – 85 a) (Allgemeine Regelungen zum Sozialdatenschutz)	Leistungsträger im Sinne der Sozialgesetzbücher: Jugendämter, Sozialämter, Arbeitsagenturen, Verbände und Arbeitsgemeinschaften der Leistungsträger, gemeinsame Servicestellen, Integrationsfachdienste usw.
Strafgesetzbuch, StGB, § 203 (Schweigepflicht)	Besondere Berufsgruppen in sozialen Organisationen, v.a. Ärzte und Angehörige anderer Heilberufe, Berufspsychologen, Ehe-, Familien-, Erziehungs- oder Jugendberater, Suchtberater, Schwangerschaftskonfliktberater, staatlich anerkannte Sozialarbeiter/Sozialpädagogen

Abbildung 92: Gesetzliche Datenschutznormen und ihre Geltungsbereiche

Gesetzlicher Schutz von Mitarbeiterdaten

Der Schutz von **Mitarbeiterdaten** im Sinne von Mitwirkungs- oder Informationspflichten der Mitarbeitervertretung ist ebenfalls bereichsspezifisch geregelt: Für nichtkonfessionelle frei-gemeinnützige Träger im Betriebsverfassungsgesetz (BetrVG), für öffentliche Träger in den Personalvertretungsgesetzen (PersVG) des Bundes und der Länder und für die konfessionellen Träger in den Arbeitsvertragsrichtlinien (AVR) von Caritas und Diakonie. So ist etwa die Einführung und Anwendung von Systemen, die eine computergestützte Kontrolle der Arbeitsleistung oder des Verhaltens von Arbeitnehmern ermöglichen, nach § 87 Abs. 1 Nr. 6 BetrVG mitbestimmungspflichtig. Ähnliche Regelungen existieren in den Personalvertretungsgesetzen und Arbeitsvertragsrichtlinien. Darüber hinaus gibt es teilweise tarifvertragliche Regelungen oder Betriebsvereinbarungen, die den Umgang mit Mitarbeiterdaten betreffen. Diese können enger gefasst sein, als die gesetzlichen Normen.

Sozialdatenschutz gilt für Behörden

Der **Sozialdatenschutz** im Sinne der Sozialgesetzbücher entfaltet seine unmittelbare Wirkung nur auf staatliche Behörden. Nach Wilmers-Rauschert (2004, S. 55) ist die Anwendung dieser Vorschriften auf frei-gemeinnützige oder privatwirtschaftliche Träger weder nach dem

Wortlaut des Gesetzes, noch aufgrund der gesamten Gesetzessystematik ohne weiteres möglich. Insbesondere gilt dies für Einrichtungen unter kirchlicher Trägerschaft, die dem verfassungsrechtlichen Schutz der Religionsgemeinschaften und damit auch einer eigenständigen Datenschutzgesetzgebung unterliegen.

In den Sozialgesetzbüchern wird hinsichtlich des Datenschutzes nur an wenigen Stellen Bezug auf die freien Träger genommen. Im Bereich der Kinder- und Jugendhilfe verpflichtet § 61 Abs. 3 SGB VIII die öffentlichen Träger bei Inanspruchnahme von Leistungen sicherzustellen, dass der Schutz der personenbezogenen Daten im Sinne des SGB gewährleistet ist. Der Gesetzgeber lässt jedoch offen, wie dies zu geschehen hat. Noch unkonkreter formuliert das SGB XII in § 4 Abs. 3 diese Verpflichtung: soweit im Bereich der Sozialhilfe mit anderen Stellen oder Verbänden zusammengearbeitet wird und dabei „eine Erhebung, Verarbeitung und Nutzung personenbezogener Daten erfolgt, ist das Nähere in einer Vereinbarung zu regeln." Das SGB IX als eines der jüngsten Sozialgesetze nimmt hingegen keinen Bezug auf den Datenschutz bei Leistungserbringern.

Unmittelbar gilt für freie Träger nach § 78 Abs. 1 und 2 SGB X jedoch die Verpflichtung, Sozialdaten, die sie von einem Leistungsträger (z.B. Sozialamt, Krankenkasse, Pflegekasse, Jugendamt) erhalten haben, im Sinne dieses Gesetzes geheim zu halten. In der Praxis sind Daten dieser Art jedoch kaum von selbst erhobenen Daten im Zuge einer Anamnese, Diagnose oder Betreuung zu trennen, sie werden in aller Regel gemeinsam in einer Datenbank vorgehalten. Daher muss jenseits juristischer Detailfragen zur Reichweite einzelner Gesetze der Datenschutz für praktisch alle personenbezogenen Leistungen, die auf einer Beauftragung durch staatliche Leistungsträger beruhen, denselben Voraussetzungen genügen, wie denen der staatlichen Stellen.

Im Unterschied zum SGB ist das **Bundesdatenschutzgesetz** (BDSG) nicht speziell auf den Sozialdatenschutz zugeschnitten; es regelt den Umgang mit Daten bei Privatfirmen und staatlichen Institutionen aller Art. Bei den letzten Novellierungen des BDSG stand vor allem der gewerbliche Umgang mit Daten angesichts der mit dem technischen Fortschritt stark gewachsenen Möglichkeiten und Tatbestände des Datenmissbrauchs im Mittelpunkt. Diese Verschärfungen tangieren soziale Organisationen primär im Bereich des Spendenmarketings. So wurden etwa in § 28 Abs. 3 die Regeln für den Adresshandel verschärft und im Bereich der Privatadressen teilweise unter Einwilligungsvorbehalt der Betroffenen gestellt.

Bundesdatenschutzgesetz und kirchlicher Datenschutz

Ebenso finden sich im **kirchlichen Datenschutzrecht** keine bereichs-spezifischen Regelungen zum Sozialdatenschutz. Hinsichtlich der Schutzanforderungen bleibt es zum Teil hinter den staatlichen Regelungen zurück (vgl. Wilmers-Rauschert 2004, S. 81). In weiten Bereichen lehnt es sich jedoch eng an die im BDSG oder SGB formulierten Normen an.

Vom Datenschutz zu unterscheiden ist die **Schweigepflicht**. Diese ist für bestimmte Berufsgruppen wie Berufspsychologen, Ehe-, Familien-, Erziehungs- oder Jugendberater im Strafgesetzbuch (StGB § 203) geregelt und mit Geld- oder Freiheitsstrafen bis zu einem Jahr versehen. Weiterhin ergibt sich die Pflicht zur Verschwiegenheit für Arbeitnehmer in Bezug auf betriebliche Geheimnisse als Nebenpflicht aus dem Arbeitsvertrag gemäß § 242 des Bürgerlichen Gesetzbuches. Im Bereich der katholischen Kirche schützt der kirchliche Codex Iuris Canonici das Recht auf Schutz der Intimsphäre in Canon 220. Für Mitarbeiter mit Dienstverträgen auf Grundlage der Arbeitsvertragsrichtlinien des Deutschen Caritasverbands (AVR) regelt § 5 Abs. 1 die Verschwiegenheitspflicht als besondere Dienstpflicht. In den AVR der Diakonie ist dies analog in § 3 geregelt. Darüber hinaus ist sie in zahlreichen Arbeitsverträgen direkt verankert.

Die Schweigepflicht hat im Gegensatz zum gesetzlichen Datenschutz, der sich vor allem auf Organisationen bezieht, einen stark **personenbezogenen Charakter**: Während es beim gesetzlichen Datenschutz primär um Fragen der Berechtigung zur Speicherung von Daten und der Gewährleistung ihrer Sicherheit vor missbräuchlicher Nutzung geht, setzt die Schweigepflicht direkt am „Schwachpunkt Mensch" als Informationsträger an. Schweigepflicht, Datenschutz und IT-Sicherheit sind jedoch miteinander verknüpft: So müssen etwa fallbezogene Aufzeichnungen eines Therapeuten in einem IT-System so geschützt sein, dass sie nicht von Dritten, also auch nicht von anderen Mitarbeitern der Einrichtung, eingesehen werden können, wenn sie den Vorgaben des § 203 StGB genügen sollen.

7.1.1 Schutzwürdigkeit persönlicher Daten

Im Zentrum des Datenschutzes stehen **personenbezogene Daten**. Sie werden im SGB, im BDSG und in den kirchlichen Gesetzeswerken auf gleiche Weise definiert:

Definition

> Personenbezogene Daten sind Einzelangaben über persönliche oder sachliche Verhältnisse einer bestimmten oder bestimmbaren natürlichen Person.

Unter diese Definition fallen sowohl Fakten wie Name, Anschrift, Geburtsdatum, Geschlecht, Nationalität, Familienstand, Einkommen, Schulbesuche oder Berufsausbildung als auch Beobachtungen, Einschätzungen und Bewertungen, die sich etwa im Rahmen von Anamnesen, Diagnosen oder im Laufe der Betreuung ergeben. Die Schutzwürdigkeit ist dabei unabhängig von der Art der Gewinnung dieser Daten gegeben. Unter die Datengewinnung fallen neben schriftlichen oder mündlichen Formen auch Foto-, Audio- oder Videoaufzeichnungen.

Die gesetzlichen Vorschriften schützen personenbezogene Daten gegen **unerlaubte Eingriffe**. Diese können geschehen durch

– Erheben von Daten, also ihre Beschaffung, etwa durch mündliche bzw. schriftliche Befragung oder Beobachtung

– Speichern von Daten, d.h. ihre Aufbewahrung auf unterschiedlichen Medien

– Nutzen und Verändern von Daten wie zur Erstellung von Hilfebedarfsplänen oder Berichten

– Übermitteln von Daten an Dritte außerhalb der Organisation, z.B. an die Polizei oder eine Schule

– Eingriffe Dritter in die Speichersysteme oder Übermittlungswege

7.1.2 Grundlegende gesetzliche Erfordernisse

Den oben genannten Gesetzen ist eine Reihe grundlegender Erfordernisse des Datenschutzes gemeinsam, die im Folgenden ungeachtet von Detailunterschieden gelistet werden. Denn wichtiger als juristische Feinheiten erscheint die praktische Umsetzbarkeit dieser Erfordernisse, auf die in den folgenden Abschnitten ebenso eingegangen wird.

Datenvermeidung und Datensparsamkeit

Oberstes Prinzip des gesetzlichen Datenschutzes ist die Datenvermeidung und Datensparsamkeit (§ 3 BDSG, § 2 a KDO und DSG-EKD). Dieses Prinzip besagt, dass die Erhebung, Verarbeitung und Nutzung personenbezogener Daten sowie die Auswahl und Gestaltung von Datenverarbeitungssystemen an dem Ziel auszurichten sind, **so wenig personenbezogene Daten wie möglich** zu erheben, zu verarbeiten oder

So wenige Daten wie möglich erheben

zu nutzen. Darüber hinaus sind personenbezogene Daten zu anonymisieren oder zu pseudonymisieren, soweit dies nach dem Verwendungszweck möglich ist.

Der Sinn dieses Prinzips ist offensichtlich: Daten, die nicht erhoben und gespeichert werden, können auch nicht missbraucht werden. Damit wendet sich diese Grundregel ausdrücklich gegen den „Datenhunger" der mitunter auch bei der Einführung neuer Fachsoftware in sozialen Organisationen zu beobachten ist.

Mit dem Gebot der Anonymisierung oder Pseudonymisierung werden in den Gesetzen konkrete Anforderungen an Software formuliert, die als zentrale Beschaffungskriterien gelten können: Werden beispielsweise Daten von ausgeschiedenen Adressaten über gesetzlich definierte Aufbewahrungsfristen hinaus noch für statistische Auswertungen benötigt, führt kein Weg an ihrer **Anonymisierung** vorbei.

Während die Anonymisierung nicht mehr umkehrbar ist, handelt es sich bei der **Pseudonymisierung** um eine Trennung der Daten von ihrem Personenbezug über eine Schlüsselnummer, die eine erneute Zusammenführung möglich macht. Dies ist etwa zur Speicherung oder Übermittlung besonders sensibler Informationen sinnvoll: werden Daten und Schlüssel getrennt aufbewahrt oder versendet, so ist eine Zuordnung zu den jeweiligen Personen nicht möglich.

Verbot mit Erlaubnisvorbehalt

Generelles Verbot mit Ausnahmen

Zweites Basisprinzip des Datenschutzes (§ 4 BSDG, DSG-EKD, § 3 KDO), ist ein generelles Verbot zur Erhebung, Speicherung, Nutzung und Weitergabe personenbezogener Daten, die nicht öffentlich zugänglich sind. Erlaubt ist dies im Sinne von Ausnahmetatbeständen nur in folgenden Fällen:

- Es besteht eine Rechtsvorschrift, welche dies vorsieht oder zwingend voraussetzt.
- Der Betroffene hat eingewilligt.
- Die Erhebung beim Betroffenen würde einen unverhältnismäßigen Aufwand erfordern.
- Es bestehen Anhaltspunkte dafür, dass überwiegende schutzwürdige Interessen des Betroffenen beeinträchtigt werden.

Im Mittelpunkt dieser Vorschrift steht die Forderung, Daten nicht über Umwege, sondern **direkt beim Betroffenen** zu erheben. Damit will der Gesetzgeber gewährleisten, dass der Betroffene „Herr" seiner Daten bleibt, also darüber bestimmt, welche Daten er herausgibt, und die Stelle kennt, die diese Daten erhält. Doch auch hier sind Ausnahmen möglich, die sehr offen formuliert sind. So wäre es etwa aufgrund der

Ausnahme „unverhältnismäßiger Aufwand" denkbar, in der Sozialpädagogischen Familienhilfe Daten über einen nicht mitwirkungsbereiten
oder nicht auffindbaren Vater zu speichern, obwohl diese Informationen nicht bei ihm selbst erhoben wurden. Fälle dieser Art sollten jedoch
einzeln begründet und dokumentiert werden.

Einwilligung

Da in der Praxis sozialer Organisationen oft keine unmittelbar gesetzlich begründete Notwendigkeit für die Erfassung aller für die praktische Arbeit notwendigen Personendaten vorliegt, ist eine ausdrückliche
Einwilligung des Betroffenen zur Erhebung personenbezogener Daten
erforderlich.

Nur mit bestimmten Voraussetzungen gültig

Diese Einwilligung muss immer **vor der Datenerfassung** erteilt werden,
eine nachträglich erteilte Zustimmung hat keine legalisierende Wirkung. Für eine rechtsgültige Einwilligung müssen folgende Voraussetzungen erfüllt sein:

1. Der Betroffene muss die Tragweite seiner Entscheidung erkennen
   können. Dies setzt voraus, dass ihn die speichernde Stelle über den
   Zweck der Erhebung, Verarbeitung oder Nutzung und – soweit
   nach den Umständen des Einzelfalles erforderlich oder auf Verlangen – auf die Folgen der Verweigerung der Einwilligung hinweist.

2. Wird die Unterschrift zusammen mit anderen Erklärungen, wie etwa einem Pflege- oder Betreuungsvertrag, erteilt, so ist der Betroffene darauf besonders hinzuweisen. Dazu muss die Einwilligung im
   Schriftbild beispielsweise durch Einrahmung oder Fettdruck her-
   vorgehoben und durch eine separate Unterschrift erteilt werden.

3. Wenn besondere Arten personenbezogener Daten wie Angaben
   über ethnische Herkunft, politische Meinungen, religiöse oder philosophische Überzeugungen, Gewerkschaftszugehörigkeit, Gesundheit oder Sexualleben erfasst werden, muss sich die Einwilligung ausdrücklich auch auf diese Daten beziehen.

4. Die Einwilligung bedarf im Regelfall der Schriftform. Die Unterschrift muss vom Betroffenen dazu eigenhändig im Original auf die
   Erklärung gesetzt werden.

Abweichungen von dieser Form der Einwilligung sind lediglich aufgrund von Eilbedürftigkeit, etwa in medizinischen oder sozialen Not-
fällen möglich oder wenn der Betroffene in der aktuellen Situation aufgrund seiner körperlichen oder geistigen Verfassung nicht zur eigen-
händigen Unterschrift in der Lage ist. Ist dies dauerhaft der Fall, muss
ein gesetzlicher Betreuer bestellt werden, der die Einwilligung stellver-

tretend erteilt. Bei Minderjährigen müssen dies die Erziehungsberechtigten tun.

Muster

Einwilligungserklärung

Ich erkläre mich damit einverstanden, dass meine persönlichen Daten (insbesondere auch Daten zu meiner ethnischen Herkunft, Gesundheit...) ausschließlich zum Zweck der ... (z.B. Beratung, Betreuung, Pflege) von ... (Name der Organisation) in Papierform und auf elektronischen Datenträgern gespeichert werden. Im Rahmen des organisatorisch Notwendigen werden Teile dieser Daten intern auch an Beschäftigte, die nicht unmittelbar an der ... (z.B. Beratung, Betreuung, Pflege) beteiligt sind, weitergegeben. An Dritte (z.B. Kostenträger) werden meine Daten nur unter Beachtung der gesetzlichen Datenschutzbestimmungen übermittelt.

Wird diese Einwilligung nicht erteilt, kann eine ... (Beratung, Betreuung, Pflege) durch ... (Name der Organisation) nicht erfolgen.

Über den Zweck der Speicherung wurde ich ausreichend informiert.

....
Ort, Datum   Eigenhändige Unterschrift

Zweckbindung und Erforderlichkeit

Eng definierter Rahmen

Einwilligungserklärungen sind kein Freibrief für die beliebige Speicherung und Weiterverarbeitung personenbezogener Daten. Werden Informationen von Adressaten oder Mitarbeitern mit deren Einwilligung erfasst, so sind sie an den Verwendungszweck im Rahmen eines bestehenden oder sich anbahnenden Vertragsverhältnisses gebunden. Eine Nutzung oder Weitergabe, die über diesen Zweck hinausgeht, ist nicht gestattet.

Weiterhin dürfen nur Daten erhoben werden, die für die Zweckerfüllung erforderlich sind. Eine Datenerfassung „auf Vorrat", also für einen unbestimmten oder in Zukunft liegenden Zweck, ist untersagt. Nicht vom Gesetz gedeckt ist auch die Erfassung von Hintergrundinformationen, die lediglich „das Bild abrunden", ohne dass sie konkret erforderlich wären. So gehören beispielsweise Daten zur Krankheitsgeschichte eines Pflegeheimbewohners zum Verwendungszweck und sind für die Pflege erforderlich. Die Speicherung von Daten über seine finanzielle Situation wäre jedoch in diesem Kontext nicht zulässig, da weder ein unmittelbarer Verwendungszweck noch eine konkrete Erforderlichkeit erkennbar ist. Genau anders herum verhält es sich etwa bei einer Schuldnerberatungsstelle: Sie benötigt zur Erfüllung ihrer Aufgaben detaillierte Daten über die finanzielle Situation ihrer Adressaten, im Regelfall jedoch keine Angaben über die persönliche Krankheitsgeschichte.

Bei der Auswahl und Einführung von Fachsoftware ist in diesem Zusammenhang zu prüfen, ob und welche Pflichtfelder darin existieren, die diesem Prinzip gegebenenfalls zuwider laufen.

Löschung und Sperrung

Sind Daten einmal in IT-Systemen gespeichert, werden sie dort gerne dauerhaft belassen. Angesichts der hohen Kapazitäten und günstigen Preise moderner Speichermedien ist Platzbedarf kein Thema und eine Überprüfung oder Löschung würde nur lästige Zusatzarbeit bedeuten. Da jedoch die Daten zu einem späteren Zeitpunkt häufig nicht mehr der Realität entsprechen oder bereits ihre Erfassung fehlerhaft sein kann, verlangen die Datenschutzgesetze (z.B. § 19 und 35 BDSG, § 84 SGB X) ihre Korrektur oder Löschung, wenn

– sie unrichtig sind,

– ihre Speicherung unzulässig war

– und ihre Speicherung zur Zweckerfüllung nicht mehr erforderlich ist.

Zur **Löschung** von Daten im Sinne des Gesetzes ist eine physikalische Entfernung vom Datenträger erforderlich. Eine logische Löschung, bei der nur der Zugriff auf die Daten ausgeblendet wird, sie aber rekonstruierbar bleiben, reicht in diesem Kontext nicht aus.

Unwiederbringliche Entfernung

An die Stelle einer Löschung tritt die Sperrung, wenn

– der Löschung gesetzliche, satzungsmäßige oder vertragliche Aufbewahrungsfristen entgegenstehen,

– Grund zu der Annahme besteht, dass durch eine Löschung schutzwürdige Interessen des Betroffenen beeinträchtigt würden (z.B. wenn die Löschung zur Unvollständigkeit oder sonstiger Unrichtigkeit zulässigerweise gespeicherter verbleibender Daten führen würde),

– eine Löschung wegen der besonderen Art der Speicherung nicht oder nur mit unverhältnismäßig hohem Aufwand möglich ist (z.B. bei Archivierung auf nur einmal beschreibbaren, nicht selektiv löschbaren optischen Speichermedien),

– die Richtigkeit der Daten vom Betroffenen bestritten wird und sich weder die Richtigkeit noch die Unrichtigkeit feststellen lässt.

Die **Sperrung** von Daten bedeutet, dass sie für die Mitarbeiter nicht mehr auf übliche Art und Weise, also etwa durch einfache Suche in einer Fachsoftware, verfügbar sind. Technisch kann die Sperrung bei-

spielsweise durch eine Zugriffssperre in einer Datenbank mit beson-
derem Administratoren-Passwort oder – besser – durch eine Auslagerung in eine separate Archivdatei realisiert werden.

Verpflichtung der Mitarbeiter auf das Datengeheimnis

Regelung im Arbeitsvertrag Um den Datenschutz in der Praxis zu gewährleisten, müssen alle Mitarbeiter mit Zugang zu schutzwürdigen Personendaten die einschlägi-
gen Vorschriften kennen und ihr berufliches Handeln daran ausrichten. Der Gesetzgeber fordert von den Arbeitgebern, diese Mitarbeiter
auf das Datengeheimnis zu verpflichten (§ 5 BDSG, § 4 KDO, § 6 DSG-
EKD). Angehörige des öffentlichen Dienstes sind bereits aufgrund
dienstrechtlicher Vorschriften zur Wahrung des Datengeheimnisses
verpflichtet. In den Arbeitsvertragsrichtlinien der Caritas (§ 5 Abs. 1)
und der Diakonie (§ 3 Abs. 1) ist die Schweigepflicht als besondere
Dienstpflicht verankert. Da der gesetzliche Datenschutz jedoch darüber hinausgehende Aspekte umfasst und eine persönlich unterzeichnete
Verpflichtungserklärung eine größere Bindungswirkung entfaltet als
abstrakte Regelungen in Tarifverträgen oder Richtlinien, sollten alle
Mitarbeiter persönlich auf das Datengeheimnis verpflichtet werden.

Muster

Mitarbeiter-Verpflichtung auf das Datengeheimnis

Gemäß den gesetzlichen Bestimmungen[1,2] verpflichte ich mich hier-
mit, das Datengeheimnis einzuhalten. Es ist mir untersagt, geschützte
personenbezogene Daten sowie Geschäftsgeheimnisse unbefugt zu
einem anderen, als dem zu meiner rechtmäßigen Aufgabenerfüllung
gehörenden Zweck zu erheben, zu verarbeiten, bekannt zu geben,
anderen zugänglich zu machen oder anderweitig zu nutzen.

Diese Verpflichtung besteht auch nach dem Ende meiner Tätigkeit
bzw. nach meinem Ausscheiden fort.

Eine Befugnis zur Offenbarung besteht nur, wenn der Betroffene
einwilligt oder wenn Gesetze oder andere Rechtsvorschriften dies
ausdrücklich vorsehen.

Verstöße können nach dem § 203 StGB, dem § 823 BGB, dem § 43
und 44 BDSG und anderen einschlägigen Rechtsvorschriften geahn-
det werden sowie arbeitsrechtliche Konsequenzen nach sich ziehen.

Ort, Datum   Eigenhändige Unterschrift

---

1. Bei nicht-kirchlichen Organisationen: § 5 **BDSG**, bei Organisationen der Caritas, ihrer Fachverbände und der katholischen Kirche: § 4 **KDO**, bei Organisationen der Diakonie, ihrer Fachverbände und der evangelischen Kirche: § 6 **DSG-
   EKD**
2. Zusätzlich § 203 **Strafgesetzbuch** bei den dort genannten Personengruppen (vgl.
   Abschnitt 7.1).

Bestellung eines Datenschutzbeauftragten

Um die Einhaltung der datenschutzrechtlichen Vorschriften in der Praxis zu gewährleisten, verlangt das BDSG (§ 4 f.) von öffentlichen und nichtöffentlichen Stellen die Bestellung eines Beauftragten für den Datenschutz. Diese Pflicht besteht, wenn personenbezogene Daten von mindestens zehn Personen automatisiert bearbeitet werden oder wenn mindestens 20 Mitarbeiter dies regelmäßig auf andere Art – also etwa mündlich oder papiergestützt – tun.

Für den Geltungsbereich der katholischen KDO ist ein Diözesan-Datenschutzbeauftragter zuständig (§ 16), den es in jeder Diözese geben muss. Andere kirchliche Stellen können – müssen aber nicht – einen eigenen Datenschutzbeauftragten bestellen (§ 18 a). Im evangelischen Bereich ist es ähnlich geregelt: Die EKD und ihre Gliedkirchen müssen nach § 18 DSG-EKD einen Datenschutzbeauftragten bestellen, für diakonische Einrichtungen ist dies als Kann-Bestimmung formuliert. An dieser Stelle bleibt das kirchliche Datenschutzrecht deutlich hinter den staatlichen Bestimmungen zurück.

Abweichende kirchliche Regelungen

Auch hinsichtlich der Voraussetzungen für die Bestellung, ihrer Form sowie der genauen Rechte und Pflichten dieser Beauftragten weichen kirchliche und staatliche Regelungen voneinander ab. Die detailliertesten Regeln dazu finden sich im BDSG. Da diese Regeln als eine zentrale Voraussetzung für eine wirksame Aufgabenwahrnehmung in dieser anspruchsvollen Funktion angesehen werden können, sollen sie im Unterschied zu den teils weniger konkreten kirchlichen Regelungen hier vorgestellt werden.

Besonderen Wert legt das BDSG auf die Ernennung einer **geeigneten Person**: Zum Beauftragten für den Datenschutz darf nur bestellt werden, wer die zur Erfüllung seiner Aufgaben erforderliche **Fachkunde und Zuverlässigkeit** besitzt. Dabei bestimmt sich das Maß der Fachkunde insbesondere nach dem Umfang der Datenverarbeitung und dem Schutzbedarf der personenbezogenen Daten, die erhoben und verwendet werden (§ 4 f, Abs. 2). Bei Sozialdienstleistern, die beispielsweise Pflege- oder Fallverläufe ihrer Adressaten elektronisch dokumentieren, ist demnach von einer hohen Anforderung an die Fachkunde auszugehen. Die Einrichtung muss dem Datenschutzbeauftragten die Teilnahme an Weiterbildungen ermöglichen und deren Kosten übernehmen (§ 4 f, Abs. 3).

Fachkunde und Zuverlässigkeit

Um Interessenskonflikte zu vermeiden, sollte der Datenschutzbeauftragte **keine leitende Stellung** einnehmen. In seiner Funktion muss er unmittelbar der Geschäftsleitung oder dem Vorstand zugeordnet sein. Bei der Ausübung seiner Tätigkeit ist er nicht weisungsgebunden. Er darf wegen der Erfüllung seiner Aufgaben nicht benachteiligt werden und genießt einen umfassenden Kündigungsschutz, der nach seiner Abberufung für ein Jahr aufrecht erhalten bleibt (§ 4 f, Abs. 3). Alle zur Aufgabenerledigung erforderlichen Mittel wie Hilfspersonal, Räume, Einrichtungen oder Geräte müssen ihm zur Verfügung gestellt werden (§ 4 f, Abs. 5). Statt einem angestellten Mitarbeiter kann diese Aufgabe auch einer externen Person übertragen werden, sofern sie die gesetzlichen Voraussetzungen erfüllt.

Aufgabe des Datenschutzbeauftragten ist es, auf die Einhaltung der Datenschutzgesetze innerhalb der Organisation hinzuwirken. Dazu gehören nach § 4 g BDSG insbesondere:

- Die Überwachung der ordnungsgemäßen Anwendung aller Programme, mit denen personenbezogene Daten verarbeitet werden.

- Die Unterrichtung der Mitarbeiter, die personenbezogene Daten verarbeiten, über die gesetzlichen Vorschriften und Erfordernisse des Datenschutzes.

7.2 IT-Sicherheit

IT-Sicherheit reicht über Datenschutz hinaus

Das Thema IT-Sicherheit umfasst zunächst alle **technischen und organisatorischen Maßnahmen**, die sich aus den Erfordernissen des Datenschutzes ergeben. IT-Sicherheit reicht jedoch weit darüber hinaus. So müssen etwa auch betriebliche Daten aus dem Controlling oder der Gebäudeverwaltung geschützt und vor Verlust gesichert werden, obwohl sie nicht oder nur teilweise der Schutzpflicht nach den Datenschutzgesetzten unterliegen. Weiterhin müssen die Verfügbarkeit der IT-Systeme und der Schutz der Datenbestände vor Verlust gewährleistet sein, um reibungsloses und effizientes Arbeiten zu gewährleisten und das Vertrauen der Mitarbeiter und Adressaten in die IT zu sichern.

7.2.1 Gefahren für Computersysteme und Daten

Verwundbarkeit komplexer Systeme

Bereits einzelne Smartphones, Desktop-PCs oder Notebooks sind hochkomplexe technische Systeme. Noch mehr gilt dies für Server und Netzwerke mit zahlreichen unterschiedlichen Komponenten. Ihre innere Komplexität, insbesondere in Verbindung mit der Anbindung an weltweite Netzwerkstrukturen, automatischen Update-Verfahren und vielem mehr macht sie verwundbar. Die **Gefahrenpotenziale** für IT-Systeme können in fünf Hauptgruppen gegliedert werden:

- Physikalische Zerstörung: Feuer, Wasser, Blitzschlag, magnetische Felder, Strahlung, Überspannung usw.

- Technische Fehler: Übertragungs- und Speicherfehler, Hardware-Materialfehler, Programmierfehler in der Software usw.

- Menschliche Fehler: Bedienungsfehler, Nichtbeachtung von Sicherheitsregeln usw.
- Organisatorische Mängel: Fehlende oder unzureichende Handlungsanweisungen und Schulungen für Mitarbeiter, mangelnde Überwachung der Einhaltung von Regeln usw.
- Bewusste Manipulation: Unberechtigte Nutzung eines IT-Systems, unbefugte Informationsaneignung, Herstellen und Verbreiten von Computerviren usw.

Eine der größten Gefahren stellt heute die IT-Kriminalität dar. 2010 wurden in Deutschland bereits 50.000 Fälle gezählt. Die Dunkelziffer ist dabei hoch und für das Jahr 2011 wurde ein Anstieg um 70 Prozent prognostiziert (vgl. www.focus-online.de, Zugriff: 6.9.2010).

Im Bereich der IT-Sicherheit können oft winzige Fehler größte Wirkung entfalten: vom versehentlichen Klick auf einen verseuchten E-Mail-Anhang über Konfigurationsdetails einer Firewall bis hin zu Flüchtigkeitsfehlern in der Software-Programmierung können sich Einfallstore für Schadprogramme oder Spionagesoftware öffnen. Fehler dieser Art können im Extremfall zur Lahmlegung kompletter Netzwerk-Infrastrukturen oder zu einem folgenschweren Missbrauch personenbezogener Daten führen.

7.2.2 Organisatorische Verankerung

Angesichts der heutigen Bedrohungsszenarien ist die Herstellung und Aufrechterhaltung von IT-Sicherheit eine anspruchsvolle Aufgabe, die fest im Unternehmen verankert und einer oder mehreren Personen dauerhaft zugewiesen werden muss. Im Gegensatz zur gesetzlich normierten Bestellung eines Datenschutzbeauftragten besteht hierzu keine Pflicht. Dennoch müssen Geschäftsführung oder Vorstand gewährleisten, dass die dazu notwendigen Maßnahmen durchgeführt werden.

Zu den Aufgaben des IT-Sicherheitsbeauftragten gehören insbesondere (vgl. Bake/Blobel/Münch 2004, S. 148):

- Die Erstellung eines IT-Sicherheitskonzeptes.
- Die physikalische Sicherung der Rechner, Netzwerke und Speichersysteme vor Zugriff durch Fremde, Feuer, Wasser und Naturgewalten.
- Die sicherheitstechnische Konfiguration aller relevanten Systemkomponenten wie Firewalls Virenschutzprogramme, Betriebssysteme, Verschlüsselungssysteme, Speichermedien und Anwendungsprogramme.

- Die Überwachung der Netzwerke und ihrer Außenverbindungen auf unerwünschten Datenverkehr und Auswertung entsprechender Systemaufzeichnungen.
- Die Vergabe, Verwaltung und Löschung von Benutzerrechten und zugehöriger Geräte (Chips, Steckkarten usw.) für Zugriffe auf Speichermedien, Programme und Datenbanken.
- Die Prüfung neu zu beschaffender Software auf Einhaltung datenschutzrechtlicher und IT-sicherheitstechnischer Erfordernisse.
- Die laufende Prüfung aller IT-Systeme auf Sicherheitslücken.
- Die technische Beratung des Datenschutzbeauftragten.
- Die Schulung des IT-Personals und der Benutzer in Abstimmung mit dem Datenschutzbeauftragten.
- Das Verfassen von Handreichungen und Dienstanweisungen zu Datenschutz und zur IT-Sicherheit in Zusammenarbeit mit dem Datenschutzbeauftragten, der Mitarbeitervertretung und der Geschäftsführung.
- Die Überwachung der Einhaltung aller Regeln zu Datenschutz und IT-Sicherheit.

7.2.3 Konzeptionelle Grundlagen

Angesichts der oben beschriebenen Komplexität der IT und der Vielfalt der Bedrohungsszenarien kann nur ein durchdachtes und sorgfältig geplantes Vorgehen die IT-Sicherheit in sozialen Organisationen gewährleisten.

IT-Sicherheit ist jedoch kein spezifisches Thema sozialwirtschaftlicher Organisationen; Bedrohungen und Maßnahmen unterscheiden sich nicht grundsätzlich von gewerblichen Unternehmen oder staatlichen Stellen. Zur Herstellung und Aufrechterhaltung der betrieblichen IT Sicherheit wurden daher bereits eine Reihe von organisationsunabhängigen Basiskonzepten und Vorgehensmodellen entwickelt. Die wichtigsten davon sind:

- Die **BSI Grundschutz-Kataloge** des Bundesamtes für Sicherheit in der Informationstechnik stellen ein umfassendes Standardwerk für die betriebliche IT-Sicherheit dar, das laufend aktualisiert wird und kostenfrei zur Verfügung steht. Darin sind auch konkrete Umsetzungshinweise und -beispiele enthalten (Quelle: www.bsi.bund.de).
- Die **ISO/IEC/DIN-Norm 27001** spezifiziert die Anforderungen für Einführung, Betrieb, Überwachung und Verbesserung eines IT-Sicherheits-Managementsystems innerhalb einer Organisation. Da-

bei werden sämtliche Arten von Organisationen, u.a. auch Non-Profit-Organisationen berücksichtigt.

– Die **ITIL-Bibliothek**, welche die gesamte Organisation des IT-Service-Managements beschreibt (vgl. Abschnitt 6.7.1), enthält unter der Rubrik **IT-Security-Management** Verfahrensanweisungen zur Herstellung von IT-Sicherheit in Unternehmen. Wird das ITIL-Konzept eingesetzt, so kann IT- Sicherheit als eines seiner Teilbereiche begriffen und entsprechend organisiert werden.

Der Begriff „IT-Sicherheit" beschreibt einen gefahrenfreien Idealzustand für IT-Systeme, der folgende **Kriterien** oder Eigenschaften der betrieblichen IT umfasst (vgl. Tiemeyer 2009, S. 522 ff.):

– **Verfügbarkeit** bedeutet, dass sich die IT in einem Zustand befindet, in der sie ihre Aufgaben jederzeit erfüllen kann. Verfügbarkeit wird zumeist in Prozentwerten ausgedrückt, die die Wahrscheinlichkeit wiedergeben, sie zu einem beliebigen Zeitpunkt in einem voll funktionstüchtigen Zustand vorzufinden. So sagt etwa eine Verfügbarkeit von 99 Prozent, dass über ein ganzes Jahr gerechnet mit einer Ausfallzeit von 3,65 Tagen gerechnet werden muss.

– **Vertraulichkeit** besagt, dass Informationen nur von berechtigten Personen gelesen werden dürfen. Da es in der Praxis verschiedene Grade der Vertraulichkeit gibt, müssen sich diese auch in den Konzepten der IT-Sicherheit wiederfinden. Dies wird über Vertraulichkeitsstufen geregelt (vgl. Abschnitt 7.2.4). Die Höhe der Vertraulichkeitsstufe bestimmt dabei den Umfang und die Qualität der Sicherheitsmaßnahmen, die ergriffen werden müssen.

– Unter **Integrität** von Daten versteht man die Tatsache, dass Daten nur von Befugten in einer beabsichtigten Weise verändert werden können. Die Integrität von Daten ist gegeben, wenn der Nutzer sie nach einer elektronischen Übertragung vollständig und unverändert erhält.

– Die **Authentizität** gewährleistet, dass Informationen tatsächlich von demjenigen stammen, der als ihr Urheber oder Absender angegeben ist. Technisch kann dies etwa durch eine qualifizierte digitale Signatur sichergestellt werden.

– **Nachvollziehbarkeit** bezeichnet die Möglichkeit, innerhalb von IT-Systemen zurückzuverfolgen, welche Person welche Aktionen durchgeführt hat. Dies ist insbesondere für datenschutztechnisch kritische Bedienschritte wie das Löschen, manipulieren oder den Export von Daten in Fremdsysteme bedeutsam.

7.2.4 Erstellung eines IT-Sicherheitskonzeptes

Wer IT-Systeme wirksam schützen will, muss zunächst genau wissen

- welche Systeme vorhanden sind und wie diese interagieren,
- welche Informationen mit ihnen verarbeitet werden,
- welche Organisationsbereiche und Personen sie nutzen
- und welche Sicherheitsvorkehrungen bereits im Einsatz sind.

IT-Komplexität bestimmt Vorgehensweise

Die Vorgehensweise für die Entwicklung eines IT-Sicherheitskonzeptes bemisst sich nach der Komplexität der IT-Landschaft der jeweiligen Organisation. In diesem Abschnitt werden nur die grundlegenden Schritte dargestellt, die für kleinere und mittlere Organisationen vielfach ausreichend sind. Für große Träger mit komplexen IT-Strukturen empfiehlt sich das Vorgehen nach dem umfassenden Regelwerk der IT-Grundschutz-Kataloge.

IT-Sicherheit kann nicht einmalig hergestellt werden, sie ist als zyklischer Prozess aus Analyse, Planung, Durchführung und Kontrolle zu begreifen. Daher müssen IT-Sicherheitskonzepte mindestens im jährlichen Rhythmus fortgeschrieben werden. Eine Aktualisierung wird ferner notwendig, wenn grundlegende Änderungen in der IT-Infrastruktur, wie etwa der Umstieg auf Server-based Computing, vorgenommen werden oder wenn sich neue Erkenntnisse und Notwendigkeiten auf dem Gebiet der IT-Sicherheit zeigen.

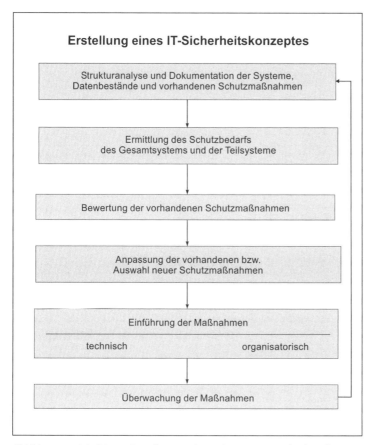

Abbildung 93: Schritte zur Erstellung und Revision eines IT-Sicherheitskonzeptes

Schritt 1–2: Strukturanalyse und Dokumentation

Bei der Strukturanalyse werden alle Komponenten der einrichtungseigenen IT-Landschaft – also Rechner, Netzwerk-Komponenten, Programme und Kommunikationsverbindungen – erfasst, dokumentiert und analysiert. Dies geschieht nach den Kategorien **Infrastruktur, IT-Systeme und Netze** sowie **Anwendungssoftware**.

Ein weiterer Schritt ist die Bewertung der Systeme hinsichtlich der Kriterien Vertraulichkeit und Verfügbarkeit. Die **Vertraulichkeitsstufe** drückt die Schutzwürdigkeit der Daten aus und die **Verfügbarkeitsstufe** besagt, wie wichtig eine permanente Zugriffsmöglichkeit auf die Daten im Sinne der Aufrechterhaltung eines geregelten Betriebes oder der Servicequalität für die Adressaten ist.

Vertraulichkeitsstufe	Beispiele
öffentlich	Presse-Informationen, Jahresberichte, Leistungskataloge
intern	Kontaktdaten kooperierender Einrichtungen, allgemeine Korrespondenz, Dienstanweisungen, Qualitätshandbuch
vertraulich	Finanzbuchhaltung, Kostenrechnung, Controlling-Daten
streng vertraulich	Adressaten-Stammdaten, Betreuungsdokumentation, Personal- und Gehaltsdaten

Verfügbarkeitsstufe	Beispiele
normal	Presse-Informationen, Jahresberichte, Leistungskataloge, Kontaktdaten kooperierender Einrichtungen
hoch	Allgemeine Korrespondenz, Dienstanweisungen, Qualitätshandbuch, Kostenrechnung, Controlling-Daten
sehr hoch	Finanzbuchhaltung, Adressaten-Stammdaten, Leistungs- und Betreuungsdokumentation, Personaldaten

Abbildung 94: Vertraulichkeits- und Verfügbarkeitsstufen mit Beispielen für soziale Organisationen

Schritt 3–4: Analyse und Bewertung der vorhandenen Schutzmaßnahmen

Kaum eine Organisation wird sich heute noch völlig ohne Schutzmaßnahmen den vielfältigen IT-Gefahren ausliefern. Die entscheidende Frage ist jedoch, ob diese Maßnahmen dem Schutzbedarf der Daten angemessen sind oder ob es **Schwachstellen** gibt, die die Wahrscheinlichkeit eines Zwischenfalls erhöhen. Schutzmaßnahmen können auf den unterschiedlichen Ebenen der IT-Landschaft bzw. Organisation angesiedelt sein:

– Bauliche Infrastruktur

– Rechner- und Netzwerk-Hardware

– Betriebssysteme

– Sicherheitssoftware

– Anwendungssoftware

– Organisation/Mitarbeiter

Zunächst ist es sinnvoll, alle vorhandenen technischen und organisatorischen Maßnahmen systematisch zu erfassen und nach Schwachstellen zu analysieren. Im Anschluss daran gilt es, konkrete Handlungsbedarfe zu ermitteln.

Schritt 5–6: Einführung und Überwachung der Maßnahmen

Die Umsetzung der erforderlichen Maßnahmen muss anschließend in einem **Maßnahmenplan** mit Verantwortlichkeiten, Terminen, Ressourcenbedarf und Methoden zu ihrer Überwachung festgehalten werden. Der IT-Sicherheitsbeauftragte stimmt diesen Plan mit der obersten Leitungsebene und dem Datenschutzbeauftragten ab und ist für die Durchführung der Maßnahmen verantwortlich.

Arbeitsaufgaben

18. Sie leiten eine heilpädagogische Tagestätte. Ein computerbegeisterter Kollege erzählt Ihnen, er hätte ein kleines Programm entwickelt, in das man die Diagnosen der Kinder, die Probleme in den Familien, mit Lehrern usw. sowie die Hilfepläne ganz einfach eingeben könne. Er würde Ihnen das Programm zum Test kostenfrei zur Verfügung stellen und Sie könnten sofort beginnen. – Was antworten Sie ihm aus Sicht des Datenschutzes?

19. Das kleine PC-Netzwerk eines Beratungsdienstes verfügt über einen Internet-Anschluss. In dem Netzwerk sind keine Adressatendaten gespeichert. Die meisten Daten bestehen aus der Korrespondenz mit den Kostenträgern und dem Trägerverband, den Jahresberichten und sonstigen Texten für die Öffentlichkeitsarbeit oder den eigenen fachlichen Konzeptionen. Wird hier ein IT-Sicherheitskonzept benötigt? Und wenn ja: warum?

Literatur zum Kapitel

Bake, Christian/Blobel, Bernd/Münch, Peter: Datenschutz und Datensicherheit im Gesundheits- und Sozialwesen. Frechen 2004

Kreidenweis, Helmut/Halfar, Bernd: IT-Report für die Sozialwirtschaft 2011. Eichstätt 2011

Tiemeyer, Ernst: Handbuch IT-Management. Konzepte, Methoden, Lösungen und Arbeitshilfen für die Praxis. München 2009

Wilmers-Rauschert, Bogislav: Datenschutz in der freien Jugend- und Sozialhilfe. Stuttgart u.a. 2004.

8 Anhang

8.1 Internet-Quellen

Sozialinformatik, Soziale Arbeit und Informationstechnologien

Deutschland

Fachverband IT in Sozialwirtschaft und Sozialverwaltung e.V.

www.finsoz.de

Arbeitsstelle für Sozialinformatik an der Kath. Universität Eichstätt-Ingolstadt: Wissenschaftliche Studien, Materialien und Literatur zu Sozialinformatik

www.sozialinformatik.de

Kommerzielle und nichtkommerzielle Informationen zu Fachsoftware für Organisationen des Sozial- und Gesundheitswesens

www.social-software.de

Informationen zum Thema Software für Kranken- und Altenpflege

www.pflebit.de

Außeruniversitäres Forschungsinstitut zu Themen der Sozialinformatik

www.ifs-bielefeld.de

International

Rob Kling Center for Sozial Informatics (USA)

rkcsi.indiana.edu

University of Ljubljana, Faculty of Social Sciences (Slowenien)

Centre of Informatics and Methodology

www.social-informatics.org

National Association of Social Workers (USA) – Standards for technology in social work practice

www.socialworkers.org/practice/standards/NASWTechnologyStandards.pdf

Centre for Human Services Technology (England)

www.southampton.ac.uk/chst

Non Profit Technology Network (USA)

www.nten.org

Aus- und Weiterbildung

Sozialinformatik-Studiengänge

Katholische Universität Eichstätt-Ingolstadt

Weiterbildender Masterstudiengang Sozialinformatik

www.sozialinformatik.de/master

Zentralstelle für Fernstudien an Fachhochschulen

Bachelorstudiengang Sozialinformatik

www.fernstudi.net/fernstudium/400-sozialinformatik

Schwerpunktbildung Sozialinformatik in Bachelorstudiengängen der Sozialen Arbeit

Katholische Universität Eichstätt-Ingolstadt

www.ku-eichstaett.de/Fakultaeten/SWF

Hochschule Neubrandenburg

www.hs-nb.de/studiengang-soza-ba/studiengang/

Georg-Simon-Ohm-Hochschule Nürnberg

Zertifikatskurs Onlineberatung

www.ohm-hochschule.de/seitenbaum/home/fakultaeten/sozialwissenschaften/studienwerkstaetten/onlineberatung/angebote/zertifikatskurs-onlineberatung/page.html

(Teil-)Module Sozialinformatik in Masterstudiengängen Sozialmanagement

Leuphana-Universität Lüneburg

www.leuphana.de/master-soziale-arbeit-berufsbegleitend.html

Ostfalia-Hochschule für angewandte Wissenschaften, Braunschweig/Wolfsbüttel

www.ostfalia.de/cms/de/s/Studiengaenge/fernstudiengang_sozialmanagement_master/

Evangelische Fachhochschule Nürnberg

www.efh-nuernberg.de/ms_sm.html

Katholische Hochschule Nordrhein-Westfalen

www.katho-nrw.de/muenster/studium-lehre/fachbereich-sozialwesen

Sonstige Weiterbildungsangebote

FINSOZ-Akademie: Weiterbildungsbereich des Fachverbandes IT in Sozialwirtschaft und Sozialverwaltung e.V. mit Kompaktseminaren zu verschiedenen Themen

www.finsoz.de/akademie

Zertifikatskurs „Informatik-Projektleitung – IT-Lösungen für den Sozial- und Gesundheitsbereich" an der Fachhochschule St. Gallen (Schweiz)

www.fhsg.ch/informatikleitung

Sozialberatung im Internet

Übersicht zu Online-Beratungsstellen mit unterschiedlichen Beratungs-schwerpunkten

www.das-beratungsnetz.de

Informationen, Projekte und Links zum Thema Online-Beratung

www.beranet.de

Virtuellen Beratungsstelle der Bundeskonferenz für Erziehungsbera-tung e.V.

www.bke-beratung.de

Online-Beratung durch Peers und Professionelle unter Trägerschaft des Kinderschutz und Mutterschutz e.V.

www.kids-hotline.de

Datenschutz und IT-Sicherheit

Bundesbeauftragter für den Datenschutz und die Informationsfreiheit: Gesetzestexte, Rechtsprechung, Informationsmaterialien u.a. zu Da-tenschutz in verschiedenen Sozialleistungsbereichen

www.bfd.bund.de

Virtuelles Datenschutzbüro des Landeszentrums für Datenschutz Schleswig-Holstein: Informationen zu Recht und Technik

www.datenschutz.de

Bundesamt für Sicherheit in der Informationstechnik: Informationen zu Internet-Sicherheit und IT-Grundschutz für Organisationen und Unternehmen

www.bsi.bund.de

Bundesamt für Sicherheit in der Informationstechnik: Hinweise zu Da-tenschutz, IT- und Internet-Sicherheit für Bürger

www.bsi-fuer-buerger.de

8.2 Lösung der Arbeitsaufgaben

Aufgabe 1:

Es ist anzunehmen, dass es dem Einrichtungsleiter hier weniger um theoretisch-sozialwissenschaftliche, sondern eher um handlungsprak-tische Aspekte geht. Daher bietet sich etwa folgende Antwort an:

Ziel und Aufgabe der Sozialinformatik ist es, die Informationstechno-logie in sozialen Organisationen so einzusetzen, dass sie die Arbeit dort bestmöglich unterstützt. Im Bereich der gewerblichen Wirtschaft gibt es dazu seit vielen Jahren die Wirtschaftsinformatik. Da jedoch die So-ziale Arbeit nicht mit der Arbeit eines Produktionsbetriebes oder einer

Bank vergleichbar ist, hat sich als spezialisierte Disziplin für den Bereich der sozialen Dienstleistungen die Sozialinformatik herausgebildet. Sie thematisiert die Bedingungen und Möglichkeiten des IT-Einsatzes in sozialen Organisationen und weist auch auf Gefahren durch
unprofessionellen oder unreflektierten Technikeinsatz hin. Sie begleitet
die Entwicklung und den Einsatz von IT-Lösungen für soziale Organisationen kritisch und erforscht deren Wirkungen auf fachliche Arbeit
und organisationale Prozesse. Damit kann sie dazu beitragen, den
Nutzwert der IT in sozialen Organisationen zu steigern.

Aufgabe 2:

Der Technik-Determinismus geht davon aus, dass Technik das Geschehen in den sozialen Systemen, in denen sie eingesetzt wird, dominiert. Er übersieht jedoch, dass Menschen und Organisationen der
Technik nicht einfach ausgeliefert sind. Sie gestalten diese vielmehr
selbst mit. So werden beispielsweise Veränderungswünsche an die Hersteller von Software weitergegeben und von diesen realisiert. Auch eignen sich Menschen die Technik, die sie nutzen sollen, auf sehr unterschiedliche Weise an. So gibt es beispielsweise Mitarbeiter, die die
Software nur so weit wie unbedingt nötig einsetzen und andere
„Power-User", die ihre Funktionalität komplett ausreizen.

Aufgabe 3:

Bei der Aufnahme eines Jugendlichen in eine Einrichtung handelt es
sich nicht um einen Algorithmus im Sinne der Informatik. Zwar enthält
der Aufnahmeprozess auch formal beschreibbare Elemente wie Anträ-
ge oder Formulare und bei bestimmten Schritten ist eine definierte Reihenfolge einzuhalten. Wesentliche Teile dieses Prozesses sind jedoch
sehr individuell geprägt, beruhen auf Absprachen der Beteiligten und
sind daher nicht algorithmisch exakt beschreibbar. So etwa die Entscheidung des Jugendamtes über die Dauer der Maßnahme oder die
Entscheidung innerhalb der Einrichtung, in welche Gruppe der Jugendliche kommen soll und wer sein Bezugsbetreuer wird. Eine wesentliche Rolle spielt dabei auch das nicht vorhersagbare Verhalten des
Jugendlichen und seiner Familie, die den Aufnahmeprozess beispielsweise an verschiedenen Stellen abbrechen können.

Aufgabe 4:

An Stelle der fünf LANs mit PCs als Endgeräten könnte ein zentrales,
serverbasiertes Netzwerk eingerichtet werden. Dadurch sinkt der Administrationsaufwand erheblich und wäre im Rahmen der vorhandenen Personalkapazitäten vermutlich weiterhin leistbar. Dabei können
die vorhandenen PCs weiter genutzt werden. Besser, weil mit weniger
Wartungsaufwand verbunden, wäre der Einsatz von Thin Clients an

den Arbeitsplätzen. Vorab müsste jedoch geprüft werden, ob die in der Organisation benutzte Software für den Einsatz unter einer solchen Architektur geeignet ist.

Aufgabe 5:

Diese Frage kann auf verschiedenen Ebenen beantwortet werden: Hier zwei mögliche Antworten aus sozialpädagogischer und aus erkenntnistheoretischer Sicht.

Computerprogramme, gleich wie komplex sie sind, können nur nach eindeutigen logischen Algorithmen arbeiten. Die gleiche Kombination von Eingabe-Elementen führt immer zur gleichen Ausgabe. Menschliche Kommunikations- und Handlungsprozesse sind dagegen offen und nicht beliebig reproduzierbar. Dies gilt auch für den Prozess der Aushandlung von Unterstützungsmaßnahmen für eine Familie. Dabei ist der Prozess ebenso wichtig wie sein Ergebnis: Ein wirksamer Hilfeplan kann nur in der unmittelbaren Interaktion und unter Koproduktion der Adressaten entstehen und daher nicht in einen Computer verlagert werden.

Selbst wenn ein solches Programm funktionieren würde, müsste immer ein Mensch die Lebenswelt der Familie wahrnehmen und den im Programm gespeicherten Kategorien zuordnen. Diese Lebenswelt besteht jedoch aus so vielen Facetten und oft widersprüchlichen Wahrnehmungsmustern, dass sie sich einer vollständigen und logisch-stimmigen Beschreibung entzieht. Werden dabei vom eingebenden Menschen beispielsweise einzelne Problemlagen oder Ressourcen nicht gesehen oder anders gewichtet, so führt dies unter Umständen zu völlig anderen Vorschlägen des Programms. Da der Prozess der Auswahl von Hilfen von den Beteiligten in einem solchen System jedoch nicht nachvollzogen werden kann, kann er auch nicht hinterfragt werden. Das Ergebnis wäre mindestens ebenso „zufällig" wie die bisherige Form der Planung von Hilfen. Außerdem würde sich ein von Software „ausgespucktes" Ergebnis dem Bereich der menschlichen Verantwortung entziehen. Doch nur Menschen können Verantwortung übernehmen für Handlungen, die das Leben anderer Menschen maßgeblich beeinflussen.

Aufgabe 6:

Grundsätzlich ist es richtig, dass für das Betriebssystem Linux keine Lizenzgebühren zu entrichten sind. Ebenso gibt es unter Linux Office-Software, die kostenfrei zur Verfügung steht. Betriebssystem und Office-Paket sind funktional den bislang benutzten Microsoft-Lösungen ebenbürtig. Dennoch ist die Umstellung auf Linux nicht kostenfrei. Zum einen wird Know-how zur Einrichtung und Wartung des Netzwerkes und der PCs unter Linux benötigt. Zum anderen müssen die Mitarbeiter auf die neuen Systeme umgeschult werden.

Die größte Hürde dürfte bei der Fachsoftware liegen, da bislang kaum entsprechende Programme unter Linux verfügbar sind. Zunächst wäre zu klären, ob der Anbieter des derzeit benutzten Fachprogramms eine Version unter Linux bereithält oder entwickelt. Falls dies nicht der Fall ist, wäre ein Umstieg nur dann möglich, wenn eine gleichwertige, auf Linux basierende Fachsoftware gefunden werden kann. In diesem Fall müssen die entstehenden Einsparungen den Kosten ebenso wie die Chancen den Risiken gegenübergestellt werden, um eine fundierte Entscheidung treffen zu können.

Aufgabe 7:

Der Ansatz von ERP-Lösungen, alle betrieblichen Funktionen einer Branche unter einer Software mit einer gemeinsamen Datenbank zu vereinen, führt grundsätzlich in die richtige Richtung. Allerdings bringt er häufig auch enorm komplexe Programme und entsprechend hohe Investitionskosten mit sich. Da derzeit noch keine Programme existieren, die die enorme Vielfalt an Anforderungen der unterschiedlichen Arbeitsfelder sozialer Organisationen in hinreichender Funktionstiefe abdecken, müsste das Werbeversprechen des Anbieters genau geprüft werden. Insbesondere würde das für die Customizing-Fähigkeiten dieser Software gelten, mit denen sie an die sehr heterogenen Anforderungen dieser Einrichtung angepasst werden müsste.

Aufgabe 8:

Bei der unreflektierten Einführung einer Software besteht in der Tat die Gefahr, dass sie die Soziale Arbeit in der betreffenden Einrichtung in eine Richtung beeinflusst, wie sie Ihr Kollege befürchtet. Dies ist jedoch nicht zwangsläufig der Fall. Wichtig ist es, genau zu prüfen, in wie weit in der Software das fachliche Konzept der Einrichtung und die bereits benutzten Kategorisierungssysteme abgebildet sind bzw. über Anpassungsmöglichkeiten im Programm (Customizing) abgebildet werden können. Dabei ist unter anderem darauf zu achten, dass genügend Möglichkeiten vorhanden sind, um individuelle Gegebenheiten des jeweiligen Falles festhalten zu können und dass die Ablaufstrukturen des Programms so offen gestaltet sind, dass sie fachliche Entscheidungen im Rahmen der Gesamtkonzeption nicht einengen.

Aufgabe 9:

a) Die Gruppensupervision der Mitarbeiter im pädagogischen Dienst ist ein Unterstützungsprozess. Er dient der Reflexion und Qualifikation der Mitarbeiter und ist von den Kernprozessen der Arbeit mit den Adressaten abgekoppelt, läuft also im Hintergrund ab.

b) Die Pflegeplanung für einen Altenheim-Bewohner ist ein Kernprozess, der unmittelbar zur Dienstleistung einer Pflege-Einrichtung gehört und maßgeblich für die Qualität der Betreuung verantwortlich ist.

c) Die Planung eines neuen Dienstes der offenen Behindertenhilfe ist ein Managementprozess. Hier müssen strategische Fragen des Bedarfs, der Nachfrage, der Finanzierung oder der Personal-Ausstattung beantwortet werden. Dies sind Leitungsaufgaben, die über die tägliche Arbeit hinausreichen.

e) Die Durchführung von Elternabenden in einer heilpädagogischen Tagesstätte ist ein Kernprozess. Als Element der Elternarbeit ist er Teil der geleisteten erzieherischen Hilfen, gehört also unmittelbar zur sozialen Dienstleistung der Einrichtung.

Aufgabe 10:

a) Es handelt sich um einen Medienbruch mit Redundanzen: Die gleiche Information wird doppelt und in verschiedenen Medien erfasst (zuerst von Hand, dann im PC).

Falls fachlich und räumlich möglich, könnte beides durch Zusammenfassung beseitigt werden: Die Sozialarbeiter geben die Daten künftig selbst per PC oder Mobilgerät unmittelbar dort ein, wo sie entstehen. Wenn die Akten komplett elektronisch geführt werden können, ist auch der Ausdruck eines Deckblattes überflüssig. Hier kommt der Lösungsansatz „Weglassen" zum Tragen.

b) Es handelt sich um fehlerhafte Information und Zeitverzögerung: Die Buchungen werden nicht richtig erfasst und die Eingabe ist stark im Verzug.

Als Lösung bietet sich die Auslagerung der Finanzbuchhaltung an einen externen Dienstleister (z.B. Steuerberater, verbandseigener Service) an. Die Verwaltungskraft wird dadurch entlastet und die Buchungen werden von ausgebildeten Kräften mit geringerer Fehlerwahrscheinlichkeit eingegeben. Eine zeitnahe Erfassung kann bei entsprechender Vertragsgestaltung ebenso gewährleistet werden.

Aufgabe 11:

Vorgang/Information	Physische Form	Darstellungsform	Qualität	Zeitpunkt
	Ist	Ist	Ist	Ist
AuslastungsStatistik für Außenstellen	Papier	tabellarische Gesamtdarstellung, keine dienstspezifische Selektion	unvollständig, da Platzmeldungen unzuverlässig	zufällig, kein fester Berichtszeitpunkt

Aufgabe 12:

Vorgang/Information	Physische Form	Darstellungsform	Qualität	Zeitpunkt
	Soll	Soll	Soll	Soll
AuslastungsStatistik für Außenstellen	elektronisch	dienstspezifische Darstellung als Tabelle und Grafik	vollständig	am 2. Arbeitstag nach Monatsanfang

Je nach den technischen Voraussetzungen der Organisation kämen mehrere Lösungsalternativen in Frage:

Die in der Zentrale erstellten Auswertungen können den Führungskräften über ein Intranet oder Unternehmensportal zur Verfügung gestellt werden. Eine Minimallösung wäre die Zusendung von Dateien per E-Mail-Anhang. Die Übermittlung der Belegungsdaten an die Zentrale könnte ebenfalls über ein Intranet, beispielsweise mit einem speziell dafür entwickelten Eingabeformular erfolgen.

Die Darstellungsform der Ausgabe ist abhängig von der Software, in der die Belegungszahlen in der Zentrale verwaltet werden. Hier müsste zunächst überprüft werden, ob eine einrichtungsspezifische Selektion mit grafischer Darstellung möglich ist. Ist dies nicht der Fall, könnte dies hilfsweise auch durch nachträgliche Bearbeitung in einem Tabellenkalkulationsprogramm gelöst werden.

Umfassend lösbar wäre das Informationsproblem mit einer zentral geführten Fach- bzw. BI-Software und dezentraler Zugriffsmöglichkeit mit Workflow-Funktionalität: Die Mitarbeiter in den Außenstellen geben ihre Belegungszahlen selbst direkt in das Programm ein und werden gegen Monatsende nochmals an eine Überprüfung der Werte erinnert. Die Führungskräfte bekommen die sie betreffenden Auswertungen automatisch zusammengestellt und können sie zum Monatsanfang online abrufen. Dabei kann zwischen tabellarischen und grafischen Darstellungsformen gewählt werden.

Aufgabe 13:

Das Selbstverständnis dieses IT-Bereichs ist das eines Dienstleisters und Lieferanten. Eine Beratung der Einrichtungen oder gar eigene Impulse zur Gestaltung der IT-Landschaft sind nicht erkennbar. Der IT-Bereich bewegt sich damit auf der Entwicklungsstufe der technologischen Infrastruktur, an Prozessen der Software-Beschaffung arbeitet er nicht mit, beschaffte Programme werden lediglich reaktiv installiert. Sinnvoll wäre hier die Weiterentwicklung hin zu einer beratenden und mitsteuernden Funktion des IT-Bereichs mit dem Ziel, eine einheitliche Software-Plattform zu schaffen und die Einrichtungen auf ein gleiches Niveau der IT-Nutzung zu bringen. Dazu gehört vor allem die aktive Mitarbeit in Projekten der Software-Beschaffung.

Aufgabe 14:

Bei diesem Auftrag handelt es sich um ein komplexes Projekt, das nur mit den Methoden des IT-Projektmanagements sinnvoll gemeistert werden kann. Erster Schritt ist also, dass Sie gemeinsam mit Ihrem Chef oder, wenn dies nicht möglich ist, alleine eine Projektskizze erstellen, in welcher der Rahmen grob umrissen wird. Diese Projektskizze ist die Auftragsgrundlage für die weitere Projektarbeit. Anschließend machen Sie sich Gedanken über die erforderliche Projektorganisation mit dem Projektteam und allen weiteren notwendigen Akteuren. Wenn diese Strukturen stehen und die Leitung Ihnen die für die Projektarbeit notwendigen Zeit- und Finanzressourcen zur Verfügung stellt, kann die inhaltliche Projektplanung angegangen werden.

Aufgabe 15:

a) Die Formulierung ist nicht bewertungsgerecht, da nicht präzisiert wird, was unter „verwalten" genau verstanden wird. Dabei könnte es sich etwa um Datenfelder für die Ausgabe und Rückgabe, um Eigenschaften wie „neu" oder „gebraucht" oder vieles andere handeln. Auch eine Abrechnung mit dem Bewohner und/oder Kostenträger wäre hier denkbar, deren Modus aber genau beschrieben werden müsste.

b) Die Anforderung ist insgesamt bewertungsgerecht formuliert, auch wenn eine noch präzisere Formulierung möglich wäre. Dies betrifft etwa die Dauer der Planungsperiode oder die Form der Erfassung etwa in Uhrzeiten von-bis pro Tag, in denen ein Dienst gewünscht bzw. nicht gewünscht ist.

c) Diese Formulierung ist nicht bewertungsgerecht, da keine Aussage darüber enthalten ist, mit welcher Programmfunktionalität die Einrichtungssuche unterstützt werden soll. Dies könnte etwa über Filterfunktionen nach Angebotstypus, behandelten Indikationen, Altersgruppen oder ähnliches geschehen.

Aufgabe 16:

Nach den hier vorliegenden Informationen könnten verschiedene Strategien gewählt werden. Da die Stammdaten komplett übernommen werden können, wäre für Betreutenverwaltung und Abrechnung gegebenenfalls eine Stichtag-Umstellung möglich. Da es sich hier um einen unternehmenskritischen Bereich handelt, müsste zuvor ein Testbetrieb erfolgreich absolviert werden. Alternativ kann eine Parallelumstellung in Betracht gezogen werden, wenn ein hoher Grad an Verfahrenssicherheit vorrangig ist.

Für den Bereich der Verlaufsdokumentation, der eine komplette Neueinführung im Betreuungsbereich darstellt, kommt die Sukzessivmethode in Betracht: Hier sollte die Einführung erst in einem zweiten Schritt nach der erfolgreichen Umstellung im Verwaltungsbereich angegangen werden. Handelt es sich um mehrere Wohn- bzw. Pflegebereiche, kann die Einführung hier ebenfalls gestaffelt erfolgen. Da jedoch die Stammdaten bereits aus der Verwaltung verfügbar sind, ist eine sukzessive Erfassung der Daten vermutlich nicht nötig, in den jeweiligen Bereichen kann also sofort mit der Dokumentation für alle Adressaten begonnen werden.

Aufgabe 17:

Dieser Vorschlag ist leider wenig geeignet, da er nur vordergründig kostenbewusst ist. Soll Fachsoftware effizient genutzt werden, setzt dies zumeist eine gründliche Schulung der Benutzer voraus. Ansonsten ist die Gefahr groß, dass die teure Software-Investition ins Leere läuft, da die Mitarbeiter nur einen Bruchteil des Programmes nutzen oder sich gar verweigern.

Voraussetzung für eine erfolgreiche Fachsoftware-Schulung sind Grundkenntnisse im Umgang mit dem PC. Zunächst muss also erst einmal festgestellt werden, über welche Grundkenntnisse die Mitarbeiter verfügen. Mitarbeiter ohne oder mit nur geringen Grundkenntnissen brauchen zuerst eine Basisschulung. Nur auf der Grundlage eines sicheren Umgangs mit dem PC ist eine Fachsoftware-Schulung sinnvoll. Diese kann durchaus von eigenen Mitarbeitern geleistet werden, jedoch müssen diese Multiplikatoren das Programm selbst gut beherrschen und dafür intensiv ausgebildet werden. Die Schulung am Arbeitsplatz ist aufgrund der Anzahl der zu schulenden Mitarbeiter und der dort zu erwartenden Störungen nicht effektiv. Es sollte besser ein Schulungsraum dafür eingerichtet oder angemietet werden. Je nach Umfang des Stoffes ist eine Schulung in mehreren Staffeln sinnvoll. Zwischendurch kann das Gelernte jeweils praktisch erprobt und vertieft werden. Ein solches Konzept erscheint zwar aufwendig, gewährleistet jedoch, dass die mit der IT-Investition gesteckten Ziele erreicht werden.

Aufgabe 18:

Die Informationen, die mit Hilfe der Software erfasst werden sollen, sind personenbezogene Daten und unterliegen den geltenden Datenschutzgesetzen. Der Einsatz dieses Programmes ist daher erst möglich, wenn verschiedene gesetzlich definierte Voraussetzungen erfüllt sind:

Die elektronische Erfassung solcher Daten ist grundsätzlich nur mit Einwilligung der Betroffenen oder auf der Grundlage eines Gesetzes möglich. Da hier keine unmittelbare gesetzliche Notwendigkeit erkennbar ist, müssen schriftliche Einwilligungen eingeholt werden. Bei Minderjährigen müssen die Erziehungsberechtigten diese Einwilligung erteilen. Sollen auch Daten von Eltern erfasst werden, müssen diese die Einwilligung zusätzlich für sich selbst erteilen. Weiterhin muss geprüft werden, ob die Angaben, die in dem Programm gemacht werden können, ausschließlich dem Zweck der erzieherischen Hilfe in einer heilpädagogischen Tagesstätte dienen und für diese Arbeit unmittelbar erforderlich sind. Arbeiten mehr als zehn Mitarbeiter mit der Software, muss außerdem ein Datenschutzbeauftragter eingesetzt werden. Ebenso sichergestellt sein muss die Verpflichtung der Mitarbeiter auf das Datengeheimnis sowie die programmtechnische Möglichkeit der endgültigen Löschung personenbezogener Informationen.

Aufgabe 19:

Obwohl auf dem Netzwerk keine Klientendaten gespeichert sind, wird dennoch ein IT-Sicherheitskonzept benötigt. Die Daten sind für die reibungslose Arbeit der Einrichtung wichtig und ihr Verlust hätte unter Umständen gravierende Folgen. Daher muss in jedem Falle die Verfügbarkeit und die Integrität der Daten sichergestellt sein. Zu prüfen ist auch, inwieweit trotz fehlender Verpflichtung für einen Teil der Daten, wie etwa die Korrespondenz, die Vertraulichkeit gewährleistet sein muss. Unproblematisch ist dieser Punkt etwa bei Texten, die ohnehin öffentlich, etwa über die Website oder in gedruckter Form zugänglich sind.

Zum Verfasser
Prof. Helmut Kreidenweis

Jahrgang 1960, Dipl.-Sozialpädagoge (FH), Dipl.-Pädagoge (Univ.).
Nach praktischer Tätigkeit in Gemeinwesenarbeit und Familienhilfe
über 5 Jahre Projekt- und Marketingverantwortung in einem Software-
Unternehmen. Seit 1998 Inhaber der Beratungsfirma KI Consult in
Augsburg mit Schwerpunkt IT-Beratung für soziale Organisationen.
2002-2005 Professor für Sozialinformatik an der Hochschule Neubrandenburg, seit 2006 Professor für Sozialinformatik an der Kath.
Universität Eichstätt-Ingolstadt. Mitbegründer und Mitorganisator
der ConSozial. Gründer und Vorstand des Fachverbandes Informationstechnologie in Sozialwirtschaft und Sozialverwaltung – FINSOZ
e.V., Beiratsmitglied der Zeitschriften Sozialwirtschaft und Sozialwirtschaft aktuell im Nomos Verlag.

Schwerpunkte in Forschung, Beratung und Lehre: Sozialinformatik,
IT-Management, Informations-, Geschäftsprozess- und Wissensmanagement, Marketing und Internet-Marketing in sozialen Organisationen.

Kontakt: hk@ki-consult.de